KB203139

하나님은 선하시다

GOD IS GOOD

빌 존슨 지음 / 김광석 옮김

서로사랑

하나님은 선하시다

1판1쇄 발행   2017년 1월 9일

지은이   빌 존슨
옮긴이   김광석
펴낸이   이상준
펴낸곳   서로사랑(알파코리아 출판 사역기관)
만든이   이정자, 주민순, 장완철
         이소연, 박미선, 엄지일
이메일   publication@alphakorea.org

등록번호   제21-657-1
등록일자   1994년 10월 31일
주소   서울시 서초구 방배중앙로 16, 5층
전화   02-586-9211~3
팩스   02-586-9215
홈페이지   www.alphakorea.org

ⓒ서로사랑 2017
ISBN _ 978-89-8471-332-1 03230

차례

. . . . .

BILL JOHNSON

GOD

is

그분은 당신이 생각하는 것보다 더 선하시다

GOOD

...

헌정사

43년간 나와 함께한 아내 베니에게 이 책을 바친다. "당신은 나에게 하나님의 선하심을 날마다 생각나게 해 주는 사람이오. 하나님, 나, 우리 가족 그리고 인생을 향한 당신의 사랑은 영감을 준다오. 당신의 사랑을 경험하고 당신과 삶을 나누는 것이 내가 '주님의 선하심을 맛보고 목도할 수 있는' 방법 중 하나라오. 당신을 사랑하오."

_ 빌

감사의 글

스케줄을 잡고 연구하는 일을 도와준 나의 비서 마이클 반 틴터런과 크리스티 틸먼에게 감사하고 싶다. 특히 원고 편집을 도와준 팸 스피노시에게 너무 감사하다. 놀라운 방식으로 부록 작업을 해준 단 파렐리와 BSSM 팀에게도 많은 감사를 전한다. 또한 데스티니 이미지의 래리 스파크스에게도 감사를 전한다. 그는 「하나님은 선하시다」에 '보통 저술 과정보다 더 많은 시간이 걸렸는데도' 격려해 주고 인내해 주었다. "여러분 모두는 그분을 잘 대표합니다. 감사합니다."

서언

　'하나님은 선하시다' 는 선언은 기억하기 쉬운 기독교 슬로건을 뛰어넘는 신학적 선언 이상의 것이다. 하나님의 사랑과 본성 그리고 그분의 성품은 모두 완전하게 **선하시다.** 그분은 다른 것이 될 수 없으시다.

　하나님의 선하심에 대해 당신이 무엇을 믿는지가 당신 삶의 모든 면에 영향을 미친다. 마찬가지로 당신의 기도하는 방식은 당신이 하나님을 어떤 분으로 생각하는지에 따라 결정된다. 그분은 당신의 기도에 응답하길 원하시는가? 그분은 오늘도 여전히 고치시는가? 그분은 여전히 포로 된 자들을 자유하게 하시는가? 그분은 여전히 산을 옮기시고 불가능한 상황을 뒤집으시는가?

　이 기념비적인 책에서 빌 존슨은 그리스도의 제자들로 하여금 하나님이 누구신지에 대한 이해도를 더 높여 주고, 나아가 이 지식을 적용함으로 그들과 그들의 목적(destinies)을 연결해 줄 무언가를 이루었다.

　그렇다면 하나님이 선하심을 아는 지식은 그리스도 안에서 우리의 목적과 부르심을 성취하는 데 있어서 어떤 관계가 있는가?

신자인 우리는 예수님의 대사와 대표자가 될 운명이다. 빌이 그리스도의 몸에 전하는 위대한 메시지 중 하나는 우리는 성령의 능력을 통해 예수님을 **충성되게 나타낼** 능력을 힘입었다는 사실이다. 예수님이 하신 일을 우리도 할 수 있다. 다른 이들은 예수님을 나타내는 것에 대해 가르치는 반면에 빌은 그분을 **충성되게** 나타내는 것을 자주 강조한다.

나는 예수님을 나타낸다고 주장하는 많은 사람들을 보았지만 슬프게도 실제로 그들은 그분을 잘못 나타내고 있다. 어떤 이들은 잘못된 종교적 열심에서 그렇게 행한다. 어떤 이들은 순전히 무지에서 그렇게 한다. 다른 이들은 이단적인 위험한 신학에서 그분을 나타낸다. 이유가 무엇이든 간에 사실은 여전히 사실로 남는다. 이 세상에는 언제나 예수님을 제대로 나타내지 못하는 일이 있고 앞으로도 있을 것이다.

진실은 이것이다. 즉 그분을 정확히 나타내기 위해서 우리는 그분을 다르게 봐야 한다. 예수님은 바꾸실 필요가 전혀 없으시다. **우리가 바뀌어야 한다.** 그분은 '더' 선하실 필요가 없으시다. 그분은 **이미** 선하시다.

세상은 그리스도의 몸에게 "일어나 충성되게 예수님을 나타내라"고 외치는 예언적 소리를 필요로 한다. 나는 빌이 이 책에서 그 일을 한다고 믿는다. 이 책은 자신이 저술하고 있는 하나님을 깊이 알고 그분과 상호 반응하는 사람이 그리스도의 몸에게 외치는 예언적 소리다. 친구처럼 다정하고 심지어 아버지와 같은 어조로 그는 당신을 성경 속으로 안내한다. 구약에서 신약에 이르기까지의 이 여정은 당신이 하나님을 보고 반응하는 방식을 혁신적으로 변화시킬 방법을 발견하는 길이 될 것이다.

로버트 모리스
Gateway Church 개척 담임목사
베스트셀러인 「축복된 삶」(The Blessed Life),
「내가 결코 알지 못했던 하나님」(The God I Never Knew), 「참된 자유」(Truly Free)와
「하나님 마음에 맞추라」(Frequency)의 저자

추천사

　빌 존슨은 그의 책 「하나님은 선하시다」(God is Good)에서 하늘에서 오는 믿음, 곧 우리의 의지를 하나님에게 복종시키는 과정에서 생기는 심오한 믿음을 이해하도록 도움을 준다. 우리는 그분의 임재 안에서 시간을 보내고 마태복음 25장의 지혜로운 처녀들처럼 은밀한 곳에서 우리 시간을 들여 기름을 '살 때' 이것을 받을 수 있다.

　이 책을 읽을 때 당신 안에 하나님이 당신의 생각과 삶을 변화시켜 주시길 갈망하는 마음이 더욱 깊어지리라 믿는다. 당신은 그 무엇보다도 그분의 임재를 원했던 다윗과 모세와 같은 예배자가 되라는 초대를 받았다. 빌은 나의 가장 소중한 친구이며 믿음의 영웅 중 하나다. 당신의 생각에 자극이 될 이 책을 통해 당신은 당신이 사랑하는 분을 향한 더욱 깊은 차원의 거룩한 순종을 경험하게 될 것이다.

하이디 G. 베이커
신학박사, Iris Global의 공동 창시자이며 CEO
베스트셀러 「기적의 탄생」(Birthing the Miraculous)의 저자

교회에 다니면서 우리는 "하나님은 언제나 선하시다" 라는 말을 듣고 말하는 데 익숙하다. 그러나 이 강력한 말을 정말 믿는 사람이 우리 중에 얼마나 될까? 빌 존슨의 책 「하나님은 선하시다」는 놀라운 논쟁을 불러일으킨다. 왜냐하면 이 책은 하나님의 선하심에 대한 숨겨진 불신앙에 도전하고 우리가 소망할 수 있는 것이 무한히 더 많다는 사실을 우리에게 일깨워 주기 때문이다. 우리의 참소망은 하나님의 **참된** 성품에 그 뿌리와 근거를 두고 있으며, 그 성품은 예수님 안에서 완전하게 계시되었다. 나는 하나님의 선하심에 대해 쓸 수 있는 사람 중에 내 좋은 친구인 빌 존슨보다 더 자격 있는 사람을 생각할 수 없다. 빌은 참으로 하나님의 선하심의 자리에서 살고 있기 때문이다. 그 결과 빌은 우리의 정의들(definitions)을 재정의하고 그리스도의 몸인 우리에게 단지 하나님은 선하시다는 확신을 넘어 그분의 선하심을 우리가 숨 쉬는 대기로 만들라고 도전한다. 이는 우리로 하여금 그들의 아버지가 되시는 하나님에 대한 이해와 계시를 절실히 필요로 하는 세상에 예수님을 온전히 '대표'하는 자가 되게 하기 위함이다.

체 안 박사
캘리포니아 HROCK교회 개척 목사
Harvest International Ministry 회장
Wagner Leadership Institute 국제 학장

이 믿을 수 없는 책이 그리스도인의 고전이 되길 간절히 바라고 소망한다. 「하나님은 선하시다」는 지금까지 내가 우리의 사랑하는

하늘 아버지의 선하심에 대해 읽은 가장 심오하고 신학적으로 건전한 책 중 하나다.

오늘날 교회 안에 너무나 많은 사람들이 닻을 강하게 내리지 못한 채 그들 앞에 놓인 소망을 잃어버려 아버지 하나님의 성품에 대해 원수가 하는 거짓말을 받아들이고 그들의 믿음이 약해지고 두 마음을 품으면서 삶의 폭풍 가운데 이리저리 쓸려 다닌다. 이 모든 것의 뿌리는 우리 영혼의 원수가 교묘하게 아버지 하나님의 성품을 훼손했기 때문이다. 이렇게 하는 목적은 우리의 전선을 교란하고 우리의 영혼을 약화시키며, 우리 믿음의 기초(그것은 하나님의 **선하심**이다)의 핵심인 우리의 소망의 닻을 훔치고 강탈하고 파괴하기 위함이다.

만일 이 핵심적인 신학적 교리가 우리 마음에서 제거되면 교회는 약화되고 마비되며 소망이 없어질 것이고, 이는 믿을 수 없을 정도로 우리를 긍휼히 여기고자 하시는 하나님 아버지의 의도에 그늘을 드리운다. 빌 존슨은 오늘날 그리스도의 몸 가운데 가장 균형 있고 건전하고 성숙한 교사 중 한 사람일 뿐만 아니라 내가 만난 사람 중에서 가장 사랑이 많고 가장 많은 사랑을 받은 자 중 하나다. 그는 진실로 이 책에 쓴 내용대로 살고 있다.

그러므로 나는 내 마음을 다해 문자 그대로 생수의 강이 이 책에서 흘러나와 당신의 마음에 직접 전달되어 온 세상의 삶들을 변혁시킬 초자연적인 만남(encounter)과 방문(visitation)과 계시를 일으키리라 믿는다.

수많은 사람들이 자신의 눈물을 닦고 새로운 소망과 힘을 가지고 우리의 사랑하는 하늘 아버지에게 감사하다고 외치게 되길 기도한다. 이 심오한 책을 쓸 용기를 가진 우리의 사랑하는 빌 존슨에게 감사하고, 감사하고, 또 감사한다.

이 외침이 열방의 모든 교회와 영적 영역에서 울려 퍼지길 바란다. **하나님은 선하시다!**

웬디 알렉
GOD TV의 창시자
베스트셀러인 「하늘에서 온 비전들」(Visions from Heaven)의 저자

그의 새로운 책 「하나님은 선하시다」에서 빌 존슨은 그의 놀라울 정도로 매력적인 방식으로 완전한 아버지이신 하나님이 그분의 환상적인 계획을 어떻게 펼치시는지를 드러낸다. 완전한 사랑이시면서 동시에 완전한 진리가 되신 그분은 우리를 구원하시고 구속하시고 우리를 포함하시며 그분의 나라를 열방에 승리 가운데 전하도록 우리를 파송하신다. 신약성경은 구약성경을 놀랍게 성취한다. 예수님의 계시와 가르침 그리고 라이프스타일과 기적은 이제 하나님의 복음으로 우리가 사는 세상이 변혁되는 모습을 보게 하는 우리의 모델이 된다.

존 아노트
Catch the Fire Toronto의 창시자

내 친구 빌 존슨의 최근에 출판된 책의 추천사를 쓰는 것은 나의 기쁨이다. 이 책 「하나님은 선하시다」는 선함이 넘치는 우리 아버

지 하나님의 변치 않는 성품과 본성에 대해 시기적절한 선언을 풀어낸다. 주님과 가까이 동행하고 그분의 능력 안에서 움직이며 그분의 선하심을 풀어내려면 단순히 교회 안에서 전통적으로 가르친 진리의 시스템에 대해 바른 믿음을 갖는 이상의 것이 필요하다. 하나님의 성품에 대해 갖는 당신의 믿음이 당신의 운명을 결정한다. A. W. 토저의 말이 정말 옳다. 우리가 하나님에 대해 무엇을 생각하고 무엇을 믿는지는 절대적으로 중요하다.

효과적인 기도를 하려면 우리는 하나님은 선하시다는 진리에 깊이 뿌리를 내려야 한다. 이 진리에는 이것에 대해 그저 무심코 떠올려 본 사람이 생각할 수 있는 것보다 더 많은 것이 담겨 있다. 기적을 보고 돌파하려는 인내를 위해 우리는 우리의 마음과 생각에 하나님의 선하심이라는 중심 이슈를 반드시 해결해야 한다.

빌 존슨은 이 세대에 가장 중요한 소리 중 하나다. 나는 그의 책들을 사랑하고 그 책을 통해 도움과 영감을 받았다. 많은 사람들이 빌을 탁월하고 실제적인 성경 교사로 인식하고 또한 초자연적 사역 안에서 움직이는 사람으로 인정한다. 이는 분명 사실이다. 동시에 나는 빌을 존경하고 그에게 감사하는데, 이는 그의 겸손함과 친절함 그리고 예수님을 향한 깊은 갈망 때문이다.

빌은 하나님의 주권, 주를 경외함, 인간의 책임 혹은 하나님의 사랑과 자비와 같은 종종 성경에서 긴장감이 있는 진리들을 다루길 두려워하지 않는다. 그는 이러한 핵심 진리들을 간과하지 않는다. **하나님은 선하시다**는 이러한 주제들을 정면으로 다룬다. 이는 오늘날 교회에서 더 많이 강조해야 할 것이다.

이 책이 당신이 가지고 있는 모든 문제에 대답해 줄 거라고 기대하지 말라. 빌은 그럴 의도가 없다. 그러나 그는 이 모든 질문 중에 가장 중요한 질문, 즉 **하나님은 참으로 선하신가?**라는 질문에 답하도록 우리를 무장시킨다. 이 진리가 우리 마음에 굳건히 선다면 비록 우리의 다른 질문들이 여전히 존재할지라도 그것들이 우리를 무겁게 짓누르지 않을 것이다. 왜냐하면 우리는 **하나님은 선하시다**는 가장 영광스럽고 중요한 진리를 대면해서 보았기 때문이다. 이 한 가지 진리가 진실한 신자들의 삶에서 많은 것들을 변화시킬 것이다!

이제 준비하라. 나는 성령님이 이 책을 사용해서 우리의 영광의 하나님을 더 깊이 만나도록 인도하실 것을 믿는다. 그리고 그분은 그분의 선하심의 빛 가운데 날마다의 삶을 실제적으로 어떻게 살 것인지를 보여 주실 것이다.

마이크 비클
캔자스시티의 International House of Prayer 디렉터
베스트셀러인 「예수님을 향한 열정」(Passion for Jesus)과
「기도 가운데 자라 가라」(Growing in Prayer)의 저자

빌 존슨의 최근 신작인 이 책은 우리 시대에 내가 읽은 책 중에 가장 중요한 책이다. 이 책은 하나님의 본성에 대한 올바른 견해를 창조하는 본질을 잡아낸다. 그리고 이 때문에 이 책은 교회 전반에 걸쳐 지금 진행되고 있는 신학적 전쟁의 문제를 다루기 시작한다. 그는 너무 커서 믿기 어려운 다른 주제들 가운데 교회가 심판, 율법

그리고 하나님의 선하심에 대해 고수했던 잘못된 이해들을 규명하고 심지어 잘못되었음을 밝히는 데 펀치(punch)를 아끼지 않는다. 나는 이 책을 읽고 나서 더 건강해지고 더 에너지가 많아진 느낌이다. 나는 나의 믿음을 새롭고 능력 있게 그리고 분명하게 설명할 수 있을 것 같다. 빌은 기본적으로 사랑의 선한 싸움을 싸울 때 필요한 무기로 우리를 무장시킨다. C. S. 루이스, 토저 그리고 다른 위대한 현대 그리스도인 작가들과 사상가들처럼 빌은 우리가 삼켜야 할 고전을 하나 더했다.

샨 볼츠
「하나님 해석하기」(Translating God)와
「천국 경제의 열쇠」(Keys to Heaven's Economy)의 저자
www.bolzminstries.com

믿음과 사랑은 돋보기와 같다. 돋보기로 태양빛을 한 점에 모으면 엄청나게 뜨거워진다. 빌 존슨의 책 「하나님은 선하시다」는 이처럼 백열성의 초점을 가진다. 믿음과 사랑으로 그는 그분의 날개(혹은 빛줄기) 아래에 치유를 가지고 떠오르는 의의 태양(the Sun of Righteousness)을 강조한다.

나는 이 놀라운 책을 높이 추천한다!

복음 전도자 라인하르트 본케
Christ for All Nations의 창시자
「불의 전도」(Evangelism by Fire)와 「행동하라」(Taking Action)의 저자

광야에서 모세의 영도 아래 있었던 이스라엘의 삶에서 중요하고 어두운 계절에 모세는 반역으로 마땅히 받아야 할 심판에서 이스라엘 자녀들을 구해 달라고 중보했다. 출애굽기 33장에 나오는 하나님을 향한 그의 간구는 심오하고 감동적이다. 기도의 전략적 순간에 모세는 하나님의 영광을 보여 달라고 간구한다. 모세는 이미 그 영광의 나타남을 보았지만 그는 또 다른 무언가를 마음에 갈망했다. 그의 영은 이미 보고 경험한 것 이상의 무언가가 있음을 알았다. 놀랍게도 하나님은 모세의 간구를 허락하시면서 다음과 같이 말씀하셨다: "내가 내 모든 선한 것을 네 앞으로 지나가게 하고 여호와의 이름을 네 앞에 선포하리라 나는 은혜 베풀 자에게 은혜를 베풀고 긍휼히 여길 자에게 긍휼을 베푸느니라"(출 33:19). 하나님이 그의 영광을 궁극적으로 표현하신 것은 그분의 선하심이었다! 나는 빌 존슨 목사를 깊이 존경한다. 나는 그를 소중한 친구로뿐만 아니라 성령님의 충만함과 아버지 하나님의 마음에 있어서 우리 세대에 교부와 같은 존재로 여긴다. 나는 우리의 '선하고 선하신 아버지 하나님'의 바로 그 마음과 성품 속으로 우리를 데려갈 수 있는 다른 목소리를 알지 못한다. 당신이 지금 들고 있는 이 책은 소장해야 할 뿐만 아니라 필독서이며 반복해서 읽어야 할 책이다. 성부와 성자의 성품에 관한 심오한 통찰들과 성령님의 권능으로 우리에게 하나님의 선하심을 보이시고자 하는 그분의 의도의 현실과 너무나 자주 간과되는 신학적 타협을 흡수하라. 이러한 타협은 악의 참된 본질과 우리의 신앙 체계를 계속해서 파고들려 하는 악한 자와 관련이 있다. 악한 자는 우리가 진리의 말씀을 바르게 분별하는 문제에 있어서 비판적으로 사고하는 기술이 부족하기 때문에 우리의 신앙 체계를 파고든다. 빌의 음성과 지혜 그리고 진리에 대한 충성심과 하나님과 그분의 자녀들에 대한 사랑에 감사를 표한다.

마크 J. 치로나 박사
Mark Chironna Ministries
플로리다 올랜도에 위치한 Church on the Living Edge

빌 존슨의 강연을 100번 정도 들었을 것이다. 하지만 이는 보통 컨퍼런스를 통한 것이었기에 빌의 가르침 중 어떤 것은 좀 더 섬세하게 이해할 기회를 얻지 못했다. 「하나님은 선하시다」를 읽게 되어 무척 감사하게 생각한다. 이 책을 통해 빌은 그의 가르침을 온전히 개발하고 컨퍼런스에서는 할 수 없는 방식으로 섬세하게 가르침을 줄 수 있었다. 나는 「하나님은 선하시다」를 사랑했다. 이 책의 출판은 시기적절하다. 이 책은 서로 모순되어 보이는 구약성경과 신약성경의 주제들을 어떻게 연결시킬 것인가에 대한 해석학적 문제들을 다룬다. 그리고 이런 문제들은 하나님의 목적에 대한 보다 더 큰 그림의 맥락에서 적절하게 이해되어야 한다.

이 책이 신학적 문제들을 다루지만 빌은 이 문제들을 매우 용이하게 다루고 있으며, 하나님에 대해 우리가 무엇을 믿는가(이것은 개인의 신학이다)가 일상에 어떻게 영향을 미치는지를 드러낸다. 이 책의 주제에 인간의 자유와 하나님의 주권이 들어 있다(하나님이 모든 것을 통제하시는가 아니면 일들을 인도만 하시는가? 하나님이 병을 만들어 내시는가? 하나님의 뜻을 어떻게 이해해야 하는가? 신자의 권세를 어떻게 이해해야 하는가? 믿는 것과 경험하는 것이 일치하지 않을 때 오는 실망을 어떻게 설명하는가? 예수님의 본성에 대한 합당한 관점은 무엇인가? 그분은 기적을 자신의 신성으로 행하셨는가 아니면 인성으로 행하셨는가? 하나님의 선하심과 그분의 징계 사이의 관계는 무엇인가?). 그리고 그는 다른 많은 신학적 관심사를 다룬다. 다시 말하지만 「하나님은 선하시다」는 시기적절한 책이다.

이 책은 훌륭한 저술로서 평신도도 신학적으로 토론되고 있는 몇몇 중요한 부분을 소화할 수 있게 해 준다. 종합적으로 볼 때 나는 이 책이 균형이 잘 잡혔고 현대 신학의 많은 문제들을 21세기 관점으로 다루고 있다고 느꼈다. 은혜에 깊이 뿌리를 두면서도 은혜를 너무 강조하는 현대의 가르침의 실수를 피한다. 모든 목회자, 주일학교 교사 그리고 교회 리더들에게 「하나님은 선하시다」는 필독서다. 이 책은 빌 존슨의 최고 작품이다. 나는 이 책에서 너무나 심오한 문구들을 인용하고 싶은 유혹에 빠진다. 빌, 아주 잘하셨습니다!

랜디 클라크
목회학 박사, 신학 박사
Apostolic Network of Global Awakening의 대감독
Global Awakening의 창시자
베스트셀러인 「더 많은 것이 있다」(There is More!)의 저자이며
「치유를 위한 필수 안내서」(Essential Guide to Healing)의 공동 저자

이것은 정말 중요한 책이다. 세상은 하나님의 선하심을 믿으려고 애쓰고 있다. 교회 또한 애쓰고 있다. 빌은 하나님이 참으로 얼마나 선하신지에 대해 성경이 가르치는 바를 다시 생각하고 상상

하도록 우리를 초청한다. 만일 우리가 예수님이 아버지 하나님의 선하심에 대해 가지셨던 그 확신을 가지고 있다면 우리는 다른 사람이 되었을 것이고 세상도 다른 곳이 되었을 것이다. 이 책은 당신에게 도전을 주지만, 하나님에 대한 더 높은 견해를 갖게 하는 초청은 그만한 가치가 있다!

존 엘드리지
Ransomed Heart Ministries
베스트셀러 「와일드 하트」(Wild at Heart), 「내 삶이 풍성해지는 이야기」(EPIC),
「산을 옮기는 기도」(Moving Mountains)의 저자

나는 종종 지구상에서 천국에 가장 가까운 곳은 벧엘교회라고 말했다. 내가 그렇게 생각하는 이유는 하나님이 얼마나 선하고 친절하신가를 설명한 이 책의 신학 때문이다. 하나님은 그분의 사랑과 선하심의 본성을 선포하실 때 그분의 임재를 드러내길 정말 좋아하신다. 빌 존슨은 이러한 메시지를 중심으로 한 문화를 창조했으며 지금 전 세계에 영향을 미치고 있다. 그것은 하나님의 백성들을 불신앙과 두려움에 가둔 종교의 패러다임들을 파쇄한다. 하나님이 얼마나 친절하고 선하신지를 아는 지식 가운데 여전히 자라가고 있는 나에게 이것은 정말 필요한 책이다. 이 책을 읽으면서 우리 함께 변화를 받자.

루 잉글
The Call의 창시자
「예수님의 금식」(The Jesus Fast)과
「부흥의 우물을 파라」(Digging the Wells of Revival)의 저자

참으로 패러다임을 바꿔 주는 책이다. 나는 교회에 가장 중요하고 분열을 일으키는 질문들에 대해 해답을 제공하는 책보다 우리 세대에 더 중요한 것은 없다고 생각한다. 당신은 이 책을 읽으며 하나님이 정말 당신이 바라던 것만큼 선하시다는 확신을 더욱더 갖게 될 것이다. 언제나 그들의 선하신 아버지가 되시는 하나님과 더 깊은 친밀감과 관계를 갈망하는 모든 사람들에게 이 책은 필독서다.

크리스타 블랙 기퍼드
작곡가, 강연자, 「하나님은 추한 것을 사랑하신다」(God Loves Ugly)와
「온전케 된 마음」(Heart Made Whole)의 저자

성령님이 역사 가운데 일하실 때마다 하나님의 본성에 대한 진리가 한 가지씩 조명되었다. 500년 전에 마틴 루터가 종교개혁의 선봉에 섰다. 성령님이 "의인은 믿음으로 말미암아 살리라"는 로마서의 한 구절을 집중 조명하셨을 때 불이 붙었다. 점진적인 계시가 뒤를 이었고 교회사는 바뀌었다. 지난 20년 동안 하나님의 본성에 대한 또 다른 면을 성령님이 다시 한 번 집중 조명하셨다. 이번에 그 중심은 하나님의 선하심이다. 나는 내 친구 빌 존슨이 "그리스도의 몸 안에 가장 잘 숨겨진 비밀은 하나님이 기분이 좋으시다는 사실입니다"라고 말하는 것을 자주 들었다. 오늘날 나는 빌 존슨보다 이 주제를 더 훌륭하고 적절하게 다룬 사람을 알지 못한다. 왜냐하면 그와 그의 팀은 캘리포니아 레딩에 위치한 벧엘교회에서 전염성이 있는 한 가지 문화를 창조했다. 그들이 하는 것과 그들이

목격하고 있는 모든 치유와 기적은 하나님의 본성에 대한 이 한 가지 계시에 근거를 둔다. 이 책은 오늘날 하나님의 역사를 새로운 높이와 넓이와 깊이로 도약하게 하는 데 사용될 것이다. 빌, **하나님은 선하시다**는 이 진리의 선한 청지기가 되어 주셔서 감사합니다!

제임스 W. 골
God Encounters의 창시자, Life Language 트레이너, GOLL Ideation LLC의 CEO
베스트셀러인 「선견자」(The Seer), 「선지자의 라이프스타일」(Lifestyle of a Prophet),
「꿈의 언어」(Dream Language)의 저자

나는 하나님에 대한 빌 존슨의 책을 추천한다. 나는 빌을 알고 그의 가치들을 알며, 하나님의 말씀 교사로서의 그의 능력과 그의 뛰어난 사역을 알기 때문이다. 그는 성경을 빼놓고 무언가를 찾는 수많은 사람들에게 영향을 미치고 있다. 빌이 살아 계신 하나님의 성품, 사랑, 능력에 대해 말하고 그 길을 가르쳐 줄 때 사용하는 책이 바로 이것이다. 빌은 하나님의 말씀을 섬기지만 또한 그리스도가 그러하실 것처럼 하나님을 경험하도록 사람들을 인도한다.

잭 W. 헤이포드 박사
텍사스 사우스레이크에 위치한 The King's University 학장이며 창시자
캘리포니아 반 누이스에 위치한 The Church on the Way 원로목사

우리 주변의 세상을 천국의 영향력으로 변혁시키는 것은 하나님의 선하심을 모르고는 불가능한 일이다. 이러한 계시는 하나님의 임재 가운데 거할 때 온다. 빌 존슨의 책 「하나님은 선하시다」는

하나님의 마음의 깊이와 우리를 향하신 그분의 사랑의 위대함을 발견하라는 초대장이다. 우리가 그분의 선하심의 크기를 언제나 다 이해할 순 없지만 그렇다고 우리가 그분의 선하심의 충만함을 경험할 수 없다는 뜻은 아니다. 「하나님은 선하시다」는 당신을 그분의 성품에 매이도록 도와줄 것이다. 당신이 하나님을 만남으로 세상은 회개에 이르게 하는 그분의 선하심을 경험하게 될 것이며, 그분과 그들의 관계를 재정의하게 될 것이다.

레이프 헤트랜드
Global Mission Awareness의 창시자이며 회장
베스트셀러인 「천국의 눈으로 보라」(Seeing Through Heaven's Eyes)의 저자

책 중에 읽으면 고양되는 느낌을 주는 책들이 있다. 어떤 책들은 당신의 믿음을 성장시켜 준다. 그러나 이런 책들과 달리 빌 존슨의 책인 「하나님은 선하시다」는 내 영혼에 지울 수 없는 흔적을 남겼다. 내 사고 중에 많은 부분을 다시 정렬해야 했다. 내 신학은 바르지만 내 마음은 내가 사랑하는 그분을 새롭게 생각해야 했다.

이 책을 읽으라. 그러면 당신도 당신의 마음에 사랑의 인을 받게 될 것이다.

신디 제이콥스
Generals International의 공동 창시자
베스트셀러인 「대적의 문을 취하라」(Possessing the Gates of the Enemy)의 저자

이 책은 하나님의 마음을 반영하는 부흥에 대한 열정과 깊은 긍

휼 두 가지 모두를 계시한다. 빌 존슨은 성경에서 우리가 어떻게 하나님의 마음을 듣고 이를 받아들여야 하는지를 강조한다. 하나님은 참으로 선하시며 우리에게 최선의 것을 원하신다. 이 타락한 세상에서 하나님은 고통을 사용하시고 종종 우리를 그 가운데로 부르시지만 우리를 위한 하나님의 원초적이고 이상적이며 친절한 목적은 완전한 나라, 약속하신 나라 안에서 명백하다. 치유, 영적 은사들을 포함해 하나님이 이 세상에서 제공하시는 축복들은 그 나라의 놀라운 맛보기다.

크레이그 키너 박사
Asbury Theological Seminary 성서학 교수
「기적들: 신약성경 진술의 신빙성」(Miracles: The Credibility of New Testament Accounts)과 「사도행전: 강해 주석」(Acts: An Exegetical Commentary)의 저자

빌 존슨은 우리 세대의 가장 비범한 사람 중 하나다. 하나님은 그를 사용하셔서 전 세계의 수많은 사람들을 축복하셨다. 나는 빌을 친구로 여긴다. 어떤 점들은 동의하고 어떤 점들은 동의하지 않지만 여기 온 마음을 다해 예수님을 사랑하고 들을 만한 가치가 있는 사람이 있다. 나는 이 책이 당신에게 축복이 되길 바란다.

R. T. 켄달
Westminster Chapel의 사역자(1977~2002)
베스트셀러 「완전한 용서」(Total Forgiveness)의 저자

여러 해 동안 나는 빌 존슨을 통해 하나님과 그분의 영광스러운

나라에 대해 생명을 주는 수많은 계시적인 메시지와 가르침을 받았다. 각 메시지는 나의 굶주린 영혼에 심오한 영향을 미치고 만족을 주었다. 나는 이 새로운 책 「하나님은 선하시다」를 사랑한다. 하나님의 선하심에 대한 계시는 그의 모든 설교와 이전에 출판된 책들에서 발견되는 진리 가운데 가장 중요하고 생명을 주는 기본적인 진리 중 하나이기 때문이다.

이 모든 아름다운 진리의 가닥들이 한 권의 책으로 능숙하게 모인 모습이 얼마나 놀라운지 모르겠다. 「하나님은 선하시다」는 당신과 그분의 교회 그리고 세상을 향한 하나님의 마음에 관한 진리로 당신을 변화시키고 세울 것이다.

패트리샤 킹
Patricia King Ministries
「영적 혁명」(Spiritual Revolution)과 「규례」(Decree)의 저자
www.particiaking.com

매우 드물긴 하지만 인생과 삶을 변화시킬 만한 메시지를 만날 때가 있다. 이 메시지를 만나면 우리는 자신과 말씀 또는 세상을 이전과 동일하게 볼 수 없다. 빌 존슨의 새 책 「하나님은 선하시다」는 이러한 메시지 중 하나다. 매 문단마다 지혜의 말씀이며, 매 장마다 계시의 번개가 친다. 심오한 통찰을 하나하나 묵상하기 위해 발걸음을 자주 멈추는 나 자신을 발견했다. 나는 이 책을 다시 읽기를 기다릴 수가 없다. 나는 당신의 가족, 교회 그리고 성경공부 그룹뿐만 아니라 당신 개인의 필독서로서 「하나님은 선하시다」를 강력하

게 추천한다.

다니엘 콜렌다
Christ for All Nations의 회장이자 CEO
「죽기 전에 먼저 살라」(Live Before You Die)의 저자

이 책은 내가 기다려 왔던 책이다. 하나님의 선하심에 대한 우리의 견해만큼 오해가 많은 주제는 없다. 하나님의 선하신 성품은 사람들을 예수님에게로 인도한다. 하나님의 선하심은 우리가 생각하거나 상상할 수 있는 것보다 더 낫다. 주님과 동행하는 데 있어 이 기초를 놓은 것에 대해 빌 존슨에게 영원히 감사를 드린다. 우리가 하나님을 어떻게 보느냐는 우리 삶의 모든 영역에 영향을 미친다. 「하나님은 선하시다」에서 빌은 하나님의 선하심에 대한 성경적 근거를 분명하게 펼쳐 보이며 이 주제와 씨름할 때 우리를 넘어뜨리는 바로 그 난제들에 답한다. 이 책은 가장 선한 방법으로 당신에게 도전을 주며 당신 마음에 그분의 선하심의 깊이를 일깨워 줄 것이다. 나는 당신이 이 책을 손에 들어서 너무너무 행복하다. 당신은 삶을 변화시킬 계시를 곧 만나게 될 것이기 때문이다.

배닝 립스처
Jesus Culture 창시자이자 목사
「지저스 컬처」(Jesus Culture)와 「뿌리를 내리다」(Rooted)의 저자

빌 존슨의 새 책 「하나님은 선하시다」는 이 세상의 모든 악에도 불구하고 하나님은 자신의 본질적인 성품(그분은 선하시다)에 진실하

시다는 진리를 다시 한 번 우리에게 일깨워 준다. 나는 우리 하나님의 놀라운 선하심에 대해 질문이 있는 모든 사람에게 이 책을 추천한다.

빈슨 사이난 박사
Regent University의 명예 학장
「성령의 세기」(Century of the Holy Spirit)의 저자

빌 존슨을 위해 추천사를 쓴다는 것은 나의 명예이며 특권이다. 하나님의 사람인 그를 내가 개인적으로 그리고 성령님을 통해 안다는 것은 나의 명예다. 그는 마지막 때에 가장 위대하고 가장 강력한 사도적인 사람 중 하나다. 그리고 나는 이 말을 가볍게 하지 않는다.

빌은 전 세계 수많은 사람들을 훈련하고 무장시키고 활성화시켜 하나님의 초자연적인 능력 안에서 움직이게 만들었다. 그는 계속해서 수많은 사람들에게 천국을 이 땅에 가져오고(천국을 실상으로 만들고) 삶과 사역에서 그들이 직면하는 불가능한 일들을 공격하는 법을 가르치고 있다. 그는 성령 안에서 이 세대에게 아버지이자 모범이다.

많은 사람들이 좋은 책을 썼지만 계시가 부족하다. 왜냐하면 그들은 그들이 쓰고 있는 내용을 경험하지 못했기 때문이다. 그러나 이 새 책 「하나님은 선하시다」는 분명 두 가지 이유 때문에 강력함과 변혁의 계시로 가득하다. 곧 빌 존슨은 하나님의 선하심을 경험했고 그분을 안다. 그는 이 두 가지 사실로부터 글을 썼기 때문에

이 책은 수많은 사람들을 활성화시켜 개인적으로 하나님의 선하심과 능력을 만나게 해 줄 것이다.

「하나님은 선하시다」를 읽을 때 당신은 천국을 이 땅에 가져오는 법을 배우고, 초자연적인 영역에서 행하고, 하나님의 임재의 전달자가 되도록 성취되며, 성령님을 만나게 될 것이다. 나는 이 책을 크게 추천한다! 이 책은 당신의 삶에 엄청난 영향을 미칠 것이다.

기예르모 말도나도
플로리다 마이애미에 위치한 King Jesus International Ministry의 담임 지도자
베스트셀러인 「하나님의 영광」(The Glory of God)과
「능력의 나라」(The Kingdom of Power)의 저자

빌 존슨은 이 세상의 위대한 영적 지도자들 가운데 큰 자로 서 있다. 캘리포니아 레딩의 벧엘교회는 지구상에서 발견되는 순전한 부흥을 가장 명확하게 보여 주는 현장이다. 이 책은 중요한 주제와 깊은 관계가 있고 우리 모두에게 하나님의 선하심을 보여 줄 것을 도전하고 있다. 이 책은 필독서다! 감사해요, 빌!

잭 테일러
Dimensions Ministries의 회장

나는 빌 존슨의 새 책 「하나님은 선하시다」를 사랑한다. 그는 하나님이 우리를 가르치시기 위해 병을 보내신다고 믿으면서 그 병을 치료하기 위해서 의사를 찾아가는 우리 신학의 불일치를 보여 준다. 그는 신학이 경험으로 포장되어야 하며, 완전한 신학이신 예

수님의 라이프스타일과 일치해야 한다고 설득력 있게 주장한다.

빌은 어둠이 지구를 덮고 있을 때는 축하를 중단하고 대신에 언덕 정상의 등불이 되어 하나님의 영광을 우리의 도시에 비춰야 할 때라고 선언한다. 지금은 교회가 꼬리가 아니라 머리가 되어 "천국이 가까이 왔다"고 선포하고, 병자를 고치고 귀신을 쫓아내며 세상의 빛이 되어야 할 때다. 나는 "아멘!"으로 화답한다.

마크 버클러 박사
Christian Leadership University 총장
베스트셀러인 「하나님의 음성을 듣기 위한 네 가지 열쇠」
(4 Keys to hearing God's Voice)의 저자

놀랍다! 이 책은 신자들로 하여금 우리 아버지 하나님을 온전히 신뢰하지 못하게 하는 거짓말을 폭로함으로써 처음부터 하나님의 선하심의 본질을 공략한다. 단순하지만 도전적인 계시들로 가득한 또 다른 명작에 놀랄 준비를 하라. 그 계시들은 우리 믿음의 기초를 강화시키는 데 도움이 될 것이다! 개인적으로 나의 신앙 체계와 믿음의 행함은 빌이 말한 것을 듣고 그 원리들을 날마다 적용한 덕분이라고 말할 수 있다. 나는 모든 신자들과 스스로 무신론자라고 선포하는 사람들에게 이 책을 추천한다. 정말 뛰어난 책이다!

토드 화이트
Lifestyle Christianity

하나님은 선하시다. 그분은 정말 그러하시다! 이 책의 페이지들은 하나님의 선하심에 대한 계시로 가득하다. 지금 당신이 어떤 계절을 통과하고 있더라도 우리를 향한 하나님의 본성은 변함이 없으시다. 성령님이 이 진리를 당신 마음의 가장 깊은 곳에 계시하시도록 초청하실 때 당신의 삶은 결코 이전과 같을 수 없다고 확신한다.

달린 첵
국제적으로 인정받는 예배 인도자
"내 구주 예수님"(Shout to the Lord), "토기장이의 손"(The Potter's Hand),
"승리의 면류관"(The Victor's Crown)의 작곡가

히브리서 기자는 아들 하나님을 "그 본체(아버지 하나님의 본성)의 형상"이라 말하고 요한은 "아들 하나님이 성부 하나님을 설명해 주었다"고 말한다. 그러나 누군가가 예수님을 선하다고 부르자 주님은 하나님 외에 어느 누구도 선하지 않다고 응대하셨다!

성경 전체를 꿰뚫고 있는 빌 존슨은 허울만 그럴듯한 광범위한 추정들을 대적한다. 이 추정들은 오래전 예레미야가 고발한 내용을 성취하고 있는 이 근본 진리를 방해한다: "내 백성이 두 가지 악을 행하였나니 곧 그들이 생수의 근원되는 나를 버린 것과 스스로 웅덩이를 판 것인데 그것은 그 물을 가두지 못할 터진 웅덩이들이니라."

조셉 L. 갈링턴 시니어 감독
피츠버그의 Covenant Church 목사
「예배」(Worship)와 「바르거나 화목되다」(Right or Reconciled)의 저자

들어가는 말

하나님의 선하심이라는 주제는 글로 쓰기에 어려운 것이 되어
서는 안 된다. 그것은 삶에서 가장 명백한 실상 중 하나다. 이러한
저술 프로젝트를 행하기 전에 나의 이해가 더 온전해질 때까지 기
다려야 한다는 유혹이 있다면 지금이 그때일 것이다.

나는 해답보다 질문이 더 많다. 그리고 나는 내가 쓴 것이 어떤
사람들에게는 많은 도전이 되고 다른 사람들에게는 도움이 될 거
라고 확신한다. 그러나 내가 이 책을 쓴 이유가 있다면 단 하나, 그
것은 하나님이 그렇게 하라고 하셨기 때문이다. 정말이다. 그분은
목회자 기도회 시간에 나에게 말씀하셨다. 그때 나는 책을 쓸 생각
이 딱히 없었고 하나님의 선하심이라는 주제에 대해 쓸 생각은 더
더욱 없었다. 우리는 우리 도시에서 행하신 하나님의 놀라운 일에
대해 간증을 나누고 있었다. 그리고 자주 그러시듯이 그분이 매우
강한 내적 인상을 통해 내 생각에 개입하셨다.

귀에 들리는 음성은 아니었지만 거의 귀에 들리는 듯했다: "나
는 네가 나의 선함에 대한 책을 쓰기 원한다." 그동안 책을 쓰면서
이런 일을 경험한 적이 없다. 아이디어를 가지고 가서 확증을 구했

고 책을 쓰는 과제(assignment)에 대해 구체적인 방향을 구한 적은 있지만 이처럼 그분이 나에게 명령하신 적은 결코 없었다. 나는 많은 경우에 "하나님이 나에게 이렇게 하라고 말씀하셨습니다"라는 말을 그들이 원하는 것을 말하는 변명으로 삼는다는 것을 알고 있지만 이 경우에 나도 그렇다.

나는 순종의 행위로서 나의 최선을 다해 이 책을 올려드린다. 당신이 하나님의 선하심이라 불리는 이 소중한 주제를 생각할 때, 여전히 해답이 없는 질문 때문에 당신이 하나님에 대해 알고 있는 것을 결코 희생하지 않고 나와 함께하길 기도한다.

즐거운 시간을 가지길 바란다.

_ 빌

1장

BILL
JOHNSON

GOD

— is —

그분은 당신이 생각하는 것보다 더 선하시다

GOOD

...

선하심에 대한 갈등

우리가 하나님에 대해 생각할 때 우리 마음 가운데 떠오르는 것이 우리에 대해 가장 중요한 것이다

_ A. W. 토저

지구 역사상 가장 위대한 계절의 변화는 천사가 한 고지(announcement)에 의한 것이었다: "하나님이 기뻐하신 사람들 중에 평화로다"(눅 2:14). 이 계획은 세상이 창조되기 전부터 기다리고 있었지만 때가 찰 때까지 유보되어야 했다. 죄가 세상을 덮자 사람들은 자신의 삶에 대해 하나님의 관점에서 멀어졌고 세상은 참되고 유일하신 하나님을 알고자 하는 열정이 없었다. 이때야말로 완벽한 타이밍이다.

우리 대부분은 매년 크리스마스 때마다 이 메시지를 축하한다. 이 선포는 이전의 그 어느 때보다 하나님의 마음을 더 분명하게 계시했다. 이 메시지는 인류를 향한 하나님의 의도를 재정의해 주었다. 그리고 그것은 지금까지 2천 년 동안 계속되었다. 그러나 이 모든 세월이 지났어도 우리 중 많은 사람들은 그분이 선포하신 계획과 일치하는 생각으로 전환하지 않았다. 그것은 하나님이 기뻐하시는 사람들 중에 평화를 주시려는 계획이다. 생각이 바뀌지 않으

면 예수님이 결코 허락하지 않으실 일들이 **우리 눈앞에서** 일어날 것을 기대하고 허용함으로써 이 장엄한 계획을 너무 쉽게 왜곡할 것이다.

그분은 아버지시다

만일 많은 사람들이 하나님이 자기 자녀들에게 하시리라 생각하는 것을 내 자녀들에게 행한다면 나는 아동학대로 체포될 것이다. 사람들은 하나님이 선하시다고 말하지만 암과 자연재해의 원인과 테러리스트의 활동을 그분의 탓으로 돌린다. 어떤 이들은 이처럼 수치스러운 추론의 고통을 피하기 위해 "그분이 그 일을 일으키셨다"는 말 대신에 "그분이 그것을 허락하셨다"고 말한다. 나의 사고방식으로 볼 때는 차이가 없다. 내가 내 아이를 학대하거나 이웃으로 하여금 학대하도록 '허락하거나 동의한다면' 이는 분명 내게 심각한 문제가 있는 것이다. 그리고 우리가 **하나님은 신비로운 방법으로 일하신다**고 하는 카펫 밑에 이 폭력적인 악행을 쓸어 넣을 때 우리는 상처에 모욕을 더한다. 하나님은 자비를 베푸시기 위해 악이 일어나도록 만들거나 허용하신다는 생각이 많은 사람들 가운데 팽배해 있다. 이는 마치 내가 내 자녀의 팔을 부러뜨리고 난 뒤에 내 기술을 사용해서 부러진 뼈를 다시 붙이는 것과 같을 것이다. 사람들은 내게 묻는다: "그러면 욥은 어떻게 된 겁니까?" 나는 이

사람들은 내게 묻는다: "그러면 욥은 어떻게 된 겁니까?" 나는 이렇게 대답한다: "예수님은 어떻습니까?" 욥은 질문을 제시한다. 예수님은 답을 주신다.

렇게 대답한다: "예수님은 어떻습니까?" 욥은 질문을 제시한다. 예수님은 답을 주신다. 욥의 이야기는 고난 가운데 우리의 믿음을 지키고 하나님이 모든 것을 혁혁하게 회복하시는 것을 보여 준다. 그러나 예수님의 이야기는 내가 따르는 유일한 이야기다.

하나님이 모든 상황을 그분의 영광과 우리의 유익을 위해 바꾸실 수 있다는 데에는 의문의 여지가 없다. 그리고 이것은 물론 세상에서 인간에게 알려진 최악의 상황도 포함한다. 그러나 그것은 그분의 위대하심과 구속의 목적을 드러내는 증거다. 그것은 그분의 본래 의도를 대표하지 않는다. 악을 그분에게 돌리는 것은 비극적이게도 이 땅에서의 우리의 목적을 훼손하고, 인간을 향한 하나님의 호의(goodwill)의 현현이신 예수님을 **다시** 제시할 우리의 능력을 망가뜨린다. 우리가 만일 그분이 어떤 분이신지를 확신하지 못한다면 주어진 상황에서 그분의 어떠하심을 선포하고 증거하는 우리의 담대함은 심각한 손상을 입는다. 하나님의 영이 충만한 사람에게 정상적인 이 담대함이 축소될 때 우리가 치르는 대가는 클 수밖에 없다. 그분을 불가능한 상황으로 이끄는 것은 종종 우리의 담대함일 때가 많다.

> "주여 이제도 그들의 위협함을 굽어보시옵고 또 **종들로 하여금 담대히 하나님의 말씀을 전하게** 하여 주시오며 손을 내밀어 병을 낫게 하시옵고 표적과 기사가 거룩한 종 예수의 이름으로 이루어지게 하옵소서 하더라" (행 4:29~30)

하나님이 악을 일으키신다는 이런 견해에 있어서 더욱 큰 폐해는 하나님의 징계와 실제적인 귀신의 공격의 차이를 분별하는 우리의 능력을 궁극적으로 타협한다는 것이다. 그리고 그것은 우리가 더 이상 지니고 다닐 수 없는 약점이다. 하나님이 선한 의도로 이것을 행하신다는 생각 때문에 사람들은 계속해서 그들의 삶 가운데 지옥의 상황을 수용한다. 이런 식의 사고방식은 마귀의 일과 본질적으로 마귀적인 인간의 추론을 구분하는 하나님이 주신 능력을 감염시킨다. 실제로 문제가 되는 것은 분별력뿐만이 아니다. 영적으로 성숙해야 한다는 과제를 수행하지 못할 때 우리는 진짜 적이 누구인지 그리고 우리가 실제로 무엇을 대항해 싸우고 있는지를 망각하게 된다. 예수님은 우리에게 알아야 할 모든 것을 알려 주셨다: "도둑이 오는 것은 도둑질하고 죽이고 멸망시키려는 것뿐이요 내가 온 것은 양으로 생명을 얻게 하고 더 풍성히 얻게 하려는 것이라 나는 선한 목자라 선한 목자는 양들을 위하여 목숨을 버리거니와"(요 10:10~11). 이것은 복잡하지 않다. 상실, 죽음, 파괴는 어떤 주어진 상황에서 마귀가 영향을 미칠 때 남겨진 것들이다. 예수님은 선한 목자시다. 그분의 선하심은 어떤 모습인가? 그분은 풍성한 삶을 주신다. 여기 상실, 죽음, 파괴와 반대로 풍성한 삶이 있다. 하나는 나쁘고 다른 하나는 좋다. 이 둘을 분별하는 것은 그렇게 어렵지 않아야 한다. 그리고 그것으로 충분하지 않다면 요한은 왜 예수님이 이 땅에 오셨는지를 요약해 말해 준다: "죄를 짓는 자는 마귀에게 속하나니 마귀는 처음부터 범죄함이라 하나님의 아들이 나타나신 것은 마귀의 일을 멸하려 하심이라"(요일 3:8). 예수님은 우리에게 마귀의 일을 분별하는 법을 가르쳐 주신 후에 우리가 그 일을 어떻게 파괴하는지를 모델로 보여 주셨다. 우리는 예수님이 명하신 대로 행하지 않는 삶과 사역을 새롭게 세울 권리가 있는가? 아니다. 절대로 그렇지 않다!

이제 우리의 신앙 체계를 재점검하고 성경이 하나님의 본성에 대해 정말로 가르치고 있는 바를 발견해야 할 때다. 이 모든 것은 참으로 다음과 같이 요약된다. 즉 많은 사람들이 예수 그리스도의 인격 안에서 분명하게 계시된 하나님의 성품을 거절했다는 것이다.

하나님은 선하신가?

대부분의 신자들은 하나님이 선하시다고 고백한다. 우리는 그렇게 해야 한다. 그 말씀은 성경에 나와 있다. 우리를 위협하는 것은 하나님의 선하심에 대한 믿음이 아니다. 그것은 하나님의 집에 많은 토론과 때로는 갈등과 요동을 가져다준 이 선함에 대한 우리의 정의(definition)다.

만일 하나님이 많은 사람의 주장처럼 선하시다면 우리가 이 진리에 반응하는 방식은 우리의 삶을 사는 방식에 거대한 변화를 요구할 것이다. 우리의 연약함과 빈혈증적인 믿음을 설명하는 교리들을 만드는 대신에 우리는 실제로 왜 "그보다 큰 일"이 우리 안에서 그리고 주변에서 일어나지 않는지 그 이유를 찾아내야 한다(요 14:12). **오늘날에는 기적이 없다**는 교리를 만들어 내는 것은 그분의 말씀에 모순될 뿐만 아니라 책임을 회피하는 교묘한 방법이다. 2천

년 전에 이 땅을 거니셨던 예수님이 주신 삶의 기준을 변개하는 대신에 우리는 그분의 모범을 수용하고 따라야 한다. 우리는 죽은 자 가운데 부활하시고 하나님 아버지 우편에 앉으신 예수님의 형상을 닮을 수 있는 능력을 갖도록 고안되었다(요일 4:17). 우리는 이 문제를 나중에 다룰 것이다. 그러나 요점은 이것이다. 즉 우리가 살고 있는 시간이 예수님의 지상 사역 때보다 결코 열등할 필요가 없다는 것이다. 오히려 이와 반대다.

> "내가 진실로 진실로 너희에게 이르노니 나를 믿는 자는 내
> 가 하는 일을 그도 할 것이요 또한 그보다 큰 일도 하리니 이
> 는 내가 아버지께로 감이라" (요 14:12)

바리새인들은 예수님을 권세와 영향력이 있는 그들의 자리에 위협적인 존재로 보았다. 비슷하게 오늘날 많은 지도자들은 우리가 할 수 있는 만큼 사역에 있어서 성공적이지 못하다는 사실을 암시하는 신학적 입장의 변화의 가능성에 대해 위협을 느낀다. 우리는 우리가 믿는 거짓을 강화하고 있다. 우리 역사의 신성함을 보호하기 위해 싸우면서 우리는 더 의미 있는 미래를 제한했다. 나는 나의 과거에 감사한다. 나는 우리가 그리스도 안에서 더 큰 자유를 가지고 살 수 있도록 우리 선조들이 싸워 준 것에 감사한다. 그러나 거기에는 더 많은 것이 있다. 그리고 모든 시대 중에 가장 위대한 영혼의 추수가 다가오고 있기 때문에 모든 일이 바뀌려 하고 있다. 그 추수는 우리의 탁월한 설교 기술과 미디어의 사용, 심지어 우리

의 강력한 음악 때문에 오지는 않을 것이다. 이런 영역들은 모두 중요하지만 본질은 아니다. 이것들은 모든 시대 중에 가장 위대한 계시인 하나님은 선하시며 그분은 완전한 아버지시라는 계시를 전달하는 도구들이란 점에서 중요하다.

그분의 선하심은 우리의 이해를 초월하지만 경험할 수 있는 능력을 초월하지는 않는다. 우리의 마음은 우리의 머리에 맞지 않은 곳으로 데려갈 것이다. 이해가 중요하지만 이해는 하나님을 경험함으로 생길 때가 많다. 하나님과 동행하는 여정에 대한 믿음은 하나님과의 만남으로 이어진다. 그것은 지식의 성장과 진리의 이해를 낳으며, "믿음으로 모든 세계가 하나님의 말씀으로 지어진 줄을 우리가" 알게 해 준다(히 11:3). 그렇긴 해도 그분의 선하심을 경험하는 것과 관련된 성경의 위대한 명령 중 하나는 "너희는 여호와의 선하심을 맛보아 알지어다"는 말씀이다(시 34:8). 당신 스스로 그 맛을

> 그분의 선하심은 우리의 이해를 초월하지만 경험할 수 있는 능력을 초월하지는 않는다. 우리의 마음은 우리의 머리에 맞지 않은 곳으로 데려갈 것이다.

보면 보다 더 선명하게 **그 선하심을 보게** 될 것이다. 진리에 대한 당신의 인식은 진리를 더욱 깊이 경험할수록 증가될 것이다.

거듭남처럼 중요한 교리의 경우가 그러하듯이 일단 이것을 경험하면 언제나 이 주제를 보다 더 분명하게 이해한다. 거듭나지 않은 사람이 거듭남에 대해 가르치는 걸 들으면 거의 웃음이 나온다. 그런 가르침을 소중히 여길 신자들은 어느 곳에도 없다. 그러나 기독교 내에서 이와 비슷한 경우가 거의 고귀한 것으로서 박수를 받는

다. 경험이 필요 없는 신학의 경우가 그렇다. 나는 어떤 이들이 신학은 경험에 근거한 것이라고 믿고 있다고 생각한다는 것을 안다. 이 말은 어떤 이들에게 우리가 이성을 문 밖으로 던져 버린다는 것을 의미한다. 그러나 현대 교회 생활에 훨씬 더 많은 손상을 입힌 문제는 경험이 없는 신학이다. 바리새인들은 그들 자신의 생활에 결코 영향을 미치지 못한 이론으로 유명하다. 이것과 전투를 벌이기 위해 우리는 우리가 믿는 바를 요구하는 믿음을 실천해야 한다. 단순한 지적 동의로 이야기가 끝나서는 안 된다.

평범한 믿음은 도전을 받아야 한다!

우리의 신학이 바뀐다고 그분이 바뀌진 않는다. 그분은 온전히 선하시든지 아니면 그렇지 않든지 둘 중 하나시다. 나는 그분이 원래의 그분과 다른 분인 것처럼 행동하자고 제안하는 것이 결코 아니다. 우리의 상상력으로 우리 자신의 하나님의 이미지를 만들어 낸다면 아무것도 성취할 수 없다. 그럴 경우에 그분은 나무나 돌 또는 인간의 의도로 만든 신들과 다를 바가 없다. 우리 마음으로 그분을 발명하거나 우리 손으로 그분을 건조하는 것은 허무하고 결국 파괴적인 것이 되고 만다. 그분이 누구시며 그분이 현실에서 어떤 분이신지를 발견할 때에야 비로소 그분의 참된 선하심을 유일하게 발견할 수 있다. 그분의 무한한 선하심을 영원히 탐구하는 이 여정은 우리가 품어야 할 특권이다.

나는 일종의 실망이나 비극적 상실을 경험한 후에 하나님을 더 이상 믿지 않는다는 사람들의 이야기를 들었다. 그들의 상황을 무시할 의향은 없지만 당신은 하나님에 대한 인식을 그처럼 껐다 켰다 할 수는 없다. 당신은 하나님에게 화가 나 있을지 모른다. 당신은 그분을 비난하고 그분을 섬기길 거절할지 모른다. 그러나 그분이 더 이상 존재하지 않는다고 당신이 결정할 수 있는 건 아니다. 무신론을 신앙 체계로 주장한다고 해서 그분이 제거되지는 않는다. 그럴 경우에 단지 한 사람의 그분에 대한 인식이 죽을 뿐이며 일상의 맥락에서 그분에 대한 그의 필요를 제거하려는 시도에 지나지 않는다. 우리의 신학을 바꾸는 것도 마찬가지다. 우리만 바뀌지 그분은 바뀌지 않으신다.

그분이 어떤 분이신지에 대한 개념을 만들 때 우리가 실제의 그분보다 더 큰 그분을 만드는 건 불가능하다. 그분은 우리가 이해하고 인식하고 설명하고 상상하는 것보다 더 크시다. 그렇지 않다면 그분은 하나님이 아니시다. 우리는 그분의 선하심을 결코 과장할 수도 없다. 그것을 왜곡하고 희석하고 잘못 제시할 순 있지만 우리가 할 수 없는 한 가지는 하나님의 선하심을 과장하는 것이다. 단지 그분의 선하심의 주제를 꺼내는 것만으로도 영원의 시간이 요구될 것이다. 사도 바울은 이 점에 대해 지극히 도전적인 약속을 한다. 그것은 에베소서 3장 20~21절이다: "우리 가운데서 역사하시는 능력대로 우리가 구하거나 생각하는 모든 것에 더 넘치도록 능히 하실 이에게 교회 안에서와 그리스도 예수 안에서 영광이 대대로 영원무궁하기를 원하노라 아멘."

"우리가 구하거나 생각하는 모든 것에 더 넘치도록"이란 말씀은 매우 인상적이다. "우리가 구하는 모든 것에 더 넘치도록"이란 말씀은 우리의 기도에 영향을 미친다. 그 기도는 외적으로 표현된 것뿐만 아니라 마음에 비밀히 외친 것도 모두 포함된다. 하나님이 우리를 위해 행하시는 것은 우리의 가장 위대한 날에 가장 높은 수준의 믿음을 가지고 드린 우리의 가장 위대한 기도보다 더 넘친다. 그분은 그 영역에 존재하시면서 우리를 위해 일하신다. "우리가 생각하는 모든 것에 더 넘치도록"이란 말씀도 우리 상상력의 영향력을 다루는 매우 강력한 또 다른 말씀이다. 이 말씀은 우리의 가장 좋은 날에 가장 훌륭한 생각에서 나온 꿈과 계획과 목적과 상상을 가진 우리의 모습을 그리고 있다. 우리를 향한 그분의 헌신은 우리의 상상이 한계를 넘어 작동하며 우리를 위해 생각할 수 없는 일들을 행한다. 이것이 바로 그분의 존재에서 나오는 그분의 선하심을 표현한 것들이다. 그분은 완전한 선함의 인격체시다.

나는 오래전에 이 여정에 "예"라고 답했다. 그리고 그 이래로 그분의 선하심이 나의 가장 큰 꿈보다 더 크다는 것을 발견했다. 내가 "예"라고 말한 것은 내가 범죄했고 하나님의 목적과 설계에 미치지 못한다는 것을 깨달았기 때문이다. 그러자 예수님은 나에게 완전한 선함으로 현현하셨다. 그분은 나를 파괴할 모든 것에서 나를 구하시고 그분과 관계를 맺게 하셨다. 그 관계 안에서 나는 그분의 더 많은 선하심을 발견할 수 있었다. 많은 사람들이 이처럼 첫 걸음을 떼었지만 불행하게도 한 걸음에서 멈추고 구약성경의 이야기에 나오는 **하나님의 모습**을 취했다. 구약의 이야기들도 중요하고 필요하다. 하지만 실제로 예수님은 하나님의 모습이 어떤 것인지 보다 더 분명하게 볼 수 있도록 이것들을 대체하러 오셨다. 이것보다 더 파괴적인 기만은 없을 것이다. 그런 기만은 비극이며 완전히 불필요하다.

교회 안에서의 내전

우리가 살고 있는 이 시대의 나의 가장 큰 염려 중 하나는 또 다른 내전의 가능성이다. 내전의 가능성이라는 현실은 지금 이 순간 우리에게도 있다. 그러나 그것은 인종도 정치도 혹은 경제도 아니다. 그것은 도덕적 혹은 사회적 의제가 다른 그룹들 간의 싸움도 아니다. 그런 긴장은 분명 사회 안에서 존재하지만 존재할 명분이 있다. 교회 안에서도 그런 분열은 축하를 받기 때문이다.

자리를 편 것은 우리다. 교회가 종교적 기쁨을 가지고 내적 갈등의 전쟁을 지원할 때 우리 주변 세상에 존재하는 분열들을 화해시킨다는 것은 힘든 일이다.

나는 지금 하나님의 가족 안에 있는 전쟁을 가리키고 있다. 그것은 영적인 것이다. 이 전쟁은 총과 포탄으로 싸우지 않는다. 그것은 비난의 말과 인격 암살과 조롱 그리고 비방으로 싸운다. 이와 같은 비난의 영은 이성의 목소리, 즉 분별의 목소리란 이름으로 많은 영역에서 환영을 받는다. 나는 시선을 사로잡는 부흥이 열방 가운데 일어남으로써 또 다른 영적 각성 운동을 보게 해 달라고 기도한다. 이 각성 운동은 자의적 신학과 그것이 만들어 낸 상응하는 분열에 의거하여 번성하는 마귀적 쓰나미를 붕괴시킬 것이다.

교회는 갈등을 잘 다루지 못하는 것으로 유명하다. 우리는 이 세상에서 부상당한 아군에게 총질을 하는 유일한 군대인 경향이 있다. 특히 그들이 자기 자신의 일 때문에 부상을 당하면 더욱 그렇게 한다. 교리적 갈등이 생기면 책으로 출판되고 라디오 방송에서는 진리를 가르치려고 자신의 최선을 다해 하나님을 섬기려 했던 사람들을 폭로하고 수치를 준다. 좋은 신학은 필수다. 그러나 사랑이 없는 신학은 울리는 꽹과리다. 기껏해야 짜증만 난다. 하나님의 선하심을 참되게 발견했을 때 우리는 이런 문제를 우리 모두를 위해 고칠 수 있다고 믿는다.

하늘의 마음

새롭게 된 마음의 성경적 개념은 이런 문제에 대해 일부 답이 될 수 있다. 그것은 선하신 아버지 하나님이 주신 선물로서 우리가 사용할 수 있는 것, 곧 그리스도의 마음이다. 새롭게 된 마음은 어떤 문제에 대해 성경적 답을 주는 능력을 갖는 것 이상의 의미를 지닌다. 그것은 이런 능력을 포함하지만 실제로 훨씬 더 많은 것을 담고 있다. 그것은 하나님의 거룩한 관점에서 보는 것이다.

> "너희는 이 세대를 본받지 말고 오직 마음을 새롭게 함으로
> 변화를 받아 하나님의 선하시고 기뻐하시고 온전하신 뜻이
> 무엇인지 분별하도록 하라" (롬 12:2)

로마서의 말씀에 따르면 새롭게 된 마음은 하나님의 뜻을 분별한다. 그것은 성경에서 하나님의 뜻에 대한 최선의 정의가 "뜻이 하늘에서 이루어진 것 같이 땅에서도 이루어지이다"라는 사실을

알게 될 때 매혹적이다(마 6:10). 그러므로 마음을 새롭게 한다는 것은 이 땅에서 하나님의 뜻을 계시하고 설명해 준다는 것이라 말할 수 있다. 예수님의 라이프스타일에서 보여 주신 그리스도의 마음은 이를 아름답게 설명해 준다. 그분은 폭풍을 잠재우시고, 병든 몸을 고치셨으며, 음식을 배가시키셨고, 이 땅에 하늘의 효과를 계시하시기 위해 다른 수많은 기적들을 행하셨다. 우리 안의 새로워진 마음도 동일한 것을 해야 한다. 우리는 불가능한 것이 논리적으로 보일 때 우리 마음이 새로워졌다는 것을 알게 될 것이다.

그러나 **분별하다**라는 단어에는 또 다른 의미가 들어 있다. 이 단어는 '인정한다'로도 번역할 수 있다. 예를 들어 보겠다. 만일 내가 세계에서 가장 위대한 미술 전문가이며 반 고흐 그림의 권위자인데 당신이 유산으로 상속받은 집에서 '빈센트 반 고흐'라는 서명이 든 그림 한 점을 발견했다면 당신은 그것이 진짜 명작인지 아닌지를 나에게 평가받고 싶어 할 것이다. 만일 그것이 진품이라면 그것은 100만 달러의 가치가 있을 수 있다. 그러나 가짜라면 100달러의 가치만 있을지 모른다. 나의 인정은 상당한 변화를 가져와서 어떤 이가 그러한 가능성을 지닌 보물을 기꺼이 구매하기 위해 돈을 지불하려 할지 모른다. 이 경우에 증명해야 하는 부담은 내 몫이다. 만일 그림이 진짜라면 위대한 새로운 발견을 했다고 전 세계가 축하할 것이다. 만일 가짜라면 어느 누구도 사기를 당해 가치가 별로 없는 것을 사지 않도록

> 우리는 불가능한 것이 논리적으로 보일 때 우리 마음이 새로워졌다는 것을 알게 될 것이다.

그런 가격표를 붙여야 할 것이다.

　연구 과정에서 나는 당신 그림의 모든 붓 자국을 검토해서 그것이 그의 스타일과 일치하는지 아닌지를 살필 것이다. 나는 또한 색깔, 물감, 캔버스를 시험해서 그것들이 그의 작품과 일치하는 재료들과 유사한지 아닌지를 살필 것이다. 또한 나는 그 지역이나 내용이 고흐의 일생에 대해 내가 알고 있는 바와 일치하는지를 알기 위해 그 그림의 주제를 신중히 연구할 것이다. 몇 주간 검토한 후에 나는 당신의 그림을 **이전에 알려지지 않았던 빈센트 반 고흐의 작품**으로 인정한다. 물론 당신은 황홀할 것이다. 내가 당신의 그림에 대해 진품 판정을 내린 뉴스는 미술계에 수 분 안에 퍼질 것이다. 그러면 당신은 그 그림을 자신이 즐기기 위해 간직할 것인지 아니면 다른 사람들을 위해 박물관에 전시할 것인지 혹은 가장 비싼 값을 부르는 자에게 경매할 것인지를 결정해야 할 것이다. 이와 같은 인정은 평범한 의견이 아니라는 점에 주의하라. 왜냐하면 전문가로서의 나의 모든 명성이 걸려 있기 때문이다. 그것은 알려진 예술가의 성품과 인생뿐만 아니라 이전 작품들의 연구에 근거해서 내린 학자적 결론이어야 한다.

　우리의 가장 어려운 상황에서 하나님의 뜻을 발견하는 것은 이 예화를 통해 제공된 추론을 사용하는 만큼이나 쉬울 때가 많다. 예를 들어, 누군가가 나에게 전화를 걸어 내가 지금 앓고 있는 병은 하나님이 그분을 신뢰하는 법을 나에게 가르치시기 위해 주신 것이라고 말한다면 나는 그의 말이 진정으로 하나님에게서 온 것인지를 알아보기 위해 그의 말을 검사해야 한다. 모든 예술가 중에 거장이신 하나님은 우리에게 마태복음, 마가복음, 누가복음, 요한복음과 같은 많은 명작을 남겨 두셨다. 거장이신 하나님 이야기의 흔적은 풍부한데, 이는 많은 사람들이 이 완전하신 아버지의 사랑으로 고침과 구원을 받았기 때문이다. 나는 사복음서를 연구하면서 동일한 붓질과 색깔의 그림을 하나도 찾을 수 없다는 것을 알았다. 예수님이 누군가에게 병을 주신 예는 한 건도 없다. 실제로 그분의 라이프스타일은 반대였다. 그 사람은 그 말이 순전히 하나님에게서 온 말씀이라고 주장하지만 그것은 그분이 하신 것으로 알려진 일들의 예와 모순된다. 새로워진 마음은 밑에 하나님의 서명을 하고 내게 주어진 것이 실제로는 가짜라는 결론을 내릴 수 있다. 이 거짓 작품의 본질은 너무 심각해서 사기죄로 그 사람을 폭로해서 어느 누구도 그분의 이름으로 그린 위조품을 사지 못하게 해야 한다. 비록 이 사람이 내게 한 말은 단호히 거절했지만 나는 그 사람을 거절하지 않는다. 그 사람에게 접근하는 나의 방식이 내가 곤고한 날에 내가 어떤 대접을 받을지를 결정하는 기준이 된다는 것을 알기 때문이다: "긍휼히 여기는 자는 복이 있나니 그들이 긍휼히 여김을 받을 것임이요"(마 5:7). 그가 소중한 이유는 그가 하나님 안에 있기 때문이지 그가 모든 것을 옳게 행했기 때문이 아니다. 우리 중 아무도 그렇게 하지 못한다. 구약성경에서 선지자가 잘못 말하면 그는 심판을 받았다. 신약성경에서는 그의 말이 심판을 받는다.

비극적이게도 많은 위조품들이 매일 신자들에 의해 받아들여지고 기독교 시장에서 하나님의 뜻에 대한 진품 계시로 다른 사람들에게 판매된다. 그래서 그들은 성경 전체에 나타난 하나님의 계시된 뜻과 그분의 모습에 대한 우리의 감각을 왜곡한다. 모든 위조품 중에 가장 큰 것은 예수님이 더 이상 사람들의 병을 고치시지 않고 고통에서 구원하지 않으신다는 가르침일지 모른다. 성경을 간단히 조사만 해도 그런 개념은 아버지 하나님을 계시하시고 인류를 구원하기 위해 자신을 주신 그분을 마귀적으로 잘못 제시한 것임을 알 수 있다. 많은 선한 사람들이 이 거짓말을 믿는다. 그러나 그들이 홍보하는 이 거짓말이 위조품으로 폭로되어야 함은 동일하게 사실이다. 나에게 가장 큰 슬픔을 주는 것은 이런 식의 사고가 하나님의 본성을 잘못 나타낸다는 사실이다. 그것은 삶에 대한 우리의 접근법에 상처를 주고 그분을 선하게 나타내는 우리의 능력을 심각하게 훼손한다. 아마도 선의의 신자들이 수십 년간 시장에 내다 팔아서 인간의 의식에 가장 큰 단일 진공을 만들어 낸 것이 있다면 그것은 이 위조품일 것이다. 그 진공은 하나님의 선하심에 대한 지식이다.

나무를 자르듯

오래전에 한 목회자가 일전에 자기 교회를 짓던 건축 프로젝트에 대해 이야기해 준 적이 있다. 그는 자신이 건물을 짓는 과정에서 건축업자를 얼마나 돕고 싶어 했는지를 말했다. 그는 새로운 프로젝트에 분명 흥분했지만 건축 기술이 없어서 그에 맞는 일을 찾기가 쉽지 않았다. 그는 계속해서 자기가 할 수 있는 일이 있는지 끈질기게 물었다. 건축 프로젝트에 대한 그의 열정 때문에 건축업자는 마침내 그에게 맞는 일을 찾아야겠다고 설득되었다. 건축업자는 그에게 다음 날 아침까지 가로 5센티미터, 세로 10센티미터, 길이 2.5미터로 자른 나무 100개가 필요하다고 말했다. 그 목사는 흥분해서 자기 교회를 짓는 일에 참여했다. 그날 밤 모든 사람이 떠난 후에 그 목사는 남아서 목재를 잘랐다. 그는 첫 번째 목재를 집어 들고 줄자로 2.5미터를 잰 후 눈금을 표시했다. 그런 다음에 2.5미터를 정확하게 잘랐다. 두 번째 목재를 자를 때 그는 줄자 대신 이전에 자른 나무를 사용했다. 그렇게 하는 것이 훨씬 더 쉬울 것이라 생각했다. 그는 새 나무 위에 이전에 자른 나무를 놓고는 잘라야 할 부분에 선을 긋고 나머지 긴 부분을 톱으로 잘라 냈다. 그런 다음에 그는 새롭게 자른 나무를 잘라야 할 다음 나무 위에 놓았다. 그는 이런 식의 측정법을 사용해서 100개의 나무를 자르는 과제를 마쳤다.

나는 당신이 이 예화에서의 문제가 무엇인지 알고 있다고 확신한다. 이전에 자른 나무를 측정 도구로 사용함으로써 다음 나무는 약 3밀리미터 정도가 더 길게 잘라졌다. 만일 그가 이 과정을 두세 개의 나무를 자르는 데 사용했다면 그렇게 심각하지 않았을 것이다. 그러나 이 방법을 100개의 나무를 자르는 데 사용했을 때 마지막 나무는 그 길이가 2.75미터가 넘어간다.

2천 년 동안 우리는 우리 자신을 이전 세대와 비교하고서 단지 약간의 차이만을 인식했다. 당면한 일(모든 족속을 제자 삼으라는 지상명령과 더 위대한 일들을 과시하느라)을 하면서 스스로를 위안하기 위해 많은 이들이 약화된 교리들을 만들어 낸다. 그 교리들은 예수님이 우리에게 주신 모범과 명령들을 해체한다. 우리를 우리 자신과 비교하는 대신에 우리는 그리스도 안에 계시된 하나님의 선하심의 치수가 지난 2천 년 동안 그대로 머물도록 하기 위해 예수님의 생애에서 발견되는 본래의 기준을 사용했어야만 했다. 하나님은 지금 우리를 다시 본래의 치수로 데려가고 계신다. 이는 사랑에 능한 아버지 하나님처럼 그분을 더욱 정확하게 계시하시기 위함이다.

2장

BILL
JOHNSON

GOD

— is —

그분은 당신이 생각하는 것보다 더 선하시다

GOOD

...

태초에

성경에서, 특히 창조된 세계에 대한 감사의 책인 시편에서 내가 본 것은 이 땅의 모든 선한 것은 하나님의 것이며 모든 좋은 선물은 위로부터 온다는 것이다. 그들이 어디서 왔는지를 인지하고 디자이너이신 하나님이 의도하신 대로 다룬다면 그것들은 선하다.

_ 필립 얀시

하나님은 내가 생각하는 것보다 더 훌륭하시기 때문에 나는 그분의 본성과 임재 모두를 의식하며 살 때까지 내 생각과 내 마음의 유연함을 조정해야 한다. 그럴 때 이런 인식은 내가 사는 현실(reality)이 된다. 그분의 본성은 내가 누구인지 그리고 내가 무엇을 하는지를 정의한다. 모든 현실 중에 가장 위대한 이 현실은 나의 영적, 감정적 그리고 지적 집이 되어야 한다. 내가 집에서 사무실로 혹은 다른 나라에서 사역하기 위해 집을 떠나는 것과 똑같이 그분의 본성도 내가 출발하는 집이 된다. 즉 그것은 인생의 모든 것의 기준점이다. 내가 집에서 멀리 여행한다 할지라도 나는 결코 그분의 선하심의 인식을 떠나지 않는다. 그것은 내가 어디로 가든지 함께 가는 내 마음의 집, 즉 거처다.

그분은 그들이 발견한 것을 온전히 수용하고자 하는 사람들에게 자신을 계시하길 갈망하신다. 많은 면에서 그분의 더 많은 것을 보려면 우리는 먼저 **예**라고 대답해야 한다. 진리가 계시되면 진리에 대한 책임도 풀어진다. 계시는 단지 호기심만 있는 사람들에게는 거의 주어지지 않는다. 단지 더 똑똑해지거나 아니면 다른 관점을 지닌 사람들과 더 잘 토론할 목적이면 당신은 그분이 진리를 계시하시는 것을 결코 보지 못할 것이다. 진리는 본질상 그것을 수용하는 사람들의 삶에 자유를 불어넣는 하나님의 변혁의 능력이다. 그러므로 자유는 마음으로부터 진리를 수용하는 정도에 따라 한 사람의 삶에 존재한다고 말할 수 있다. 그것은 진리라 불리는 어떤 개념에 정신적으로 동의하는 것 이상이다. 이런 식의 삶은 우리의 자유로운 라이프스타일에 주목할 만한 특징이 된다. 예수님은 이를 다음과 같이 말씀하셨다: "진리를 알지니 진리가 너희를 자유롭게 하리라"(요 8:32). 내 생각이 그분이 누구신지와 위배될 때 나의 여정은 고장이 나기 시작한다. 우리의 질문들이 발견에 대한 굶주림을 표현할 때 그것들은 열매가 있다. 그러나 우리의 질문들이 그분이 누구신지를 도전할 때 그것들은 어리석으며, 그것은 지적 교만과 궁극적으로는 영적 황폐함으로 이어진다.

그분이 누구신지는 그분이 하신 말씀에 계시되어 있다. 그분은 자신을 말씀과 동일시하신다. 바꿔 말하면, 그분은 자신이 누구신지를 벗어나서는 아무것도 말씀하지 않으신다. 그분의 말씀은 그분의 본성을 계시하고 그분의 임재를 나타낸다. 예수님은 자신이 살아 내지 않은 진리들을 결코 전파하지 않으셨다. 주님 시대의 사람들조차도 이것을 필적할 자 없는 그분의 권세로 인정했다: "그 사람이 말하는 것처럼 말한 사람은 이 때까지 없었나이다"(요 7:46).

거짓말은 대가가 크다. 거짓말은 그것을 품는 모든 자에게서 생명을 훔쳐간다. 비극적이게도 내가 거짓을 믿을 때 나는 거짓말하는 자에게 힘을 부여한다. 마귀는 우리 영혼의 원수다. 그는 거짓과 위협, 비난과 유혹을 통해 우리를 넘어뜨리려 한다. 그의 목적은 우리로 하여금 하나님의 진정한 인격을 의심하게 만드는 것이다. 그가 최초로 아담과 하와와 반응했을 때 그의 의도는 그들로 하여금 선악을 알게 하는 나무인 금단의 열매를 먹지 말라는 명령을 주신 하나님의 동기를 의심하게 하는 것이었다. 사탄은 다음과 같이 말했다: "뱀이 여자에게 이르되 너희가 결코 죽지 아니하리라 너희가 그것을 먹는 날에는 너희 눈이 밝아져 하나님과 같이 되어 선악을 알 줄 하나님이 아심이니라"(창 3:4~5). 그는 하나님이 사람들로 하여금 선악을 알고 그분과 같이 되지 못하게 함으로써 인류로부터 자신을 보호하기 위해 자신의 명령을 사용한다고 그분을 비난한다. 이처럼 앞뒤가 맞지 않는 말이 인간을 독살하는 핵심 도구로 사용되었다.

이 엄청난 속임으로 인류에게 저주가 들어왔다. 비극적이게도 아담과 하와는 하나님과 같이 되기 위해 금단의 열매를 먹었다. 그들은 본래 이미 가지고 있는 것을 한 행동을 통해 얻으려 했다. 그러나 그들은 이미 하나님의 형상으로 창조되었으며 그분과 같이 된 존재였다! 의도적인 불순종은 결코 우리에게 성장을 가져오지 못한다. 오히려 그것은 우리가 가지고 있는 것마저 잃게 만든다. 그들의 불순종은 그들로 그들이 순종한 자, 곧 뱀과 같이 되게 했다. 이 때문에 예수님은 구원자로 오셔서 이 과정에서 뱀의 머리를 부수셨다(창 3:15을 보라).

거짓말을 가지고 놀면 우리의 영과 혼과 몸은 여전히 영향을 받을 수 있다. 그것이 우리 존재에 스며드는 독이 되어 우리의 정체성과 목적을 파괴한다. 마귀는 하나님이 누구신지에 대해 그리고 우리가 누구인지에 대해 거짓을 말한다. 정체성은 모든 것이다. 사탄은 반역을 통해 하나님과 정체성을 맺을 자리를 영원히 잃어버렸다. 그는 모든 피조물 가운데 하나님의 형상으로 만들어진 유일한 부분에도 동일한 작업을 하려 한다.

나는 그분이 나에 대해 생각하지 않으시는 어떤 생각을 내 머리로 생각할 수 없다. 하나님과 동떨어져서 생각하는 것은 자유가 아니다. 실제로 그것은 역사상 존재했던 가장 위대한 창조적 천재이신 그분이 정하신 목적과 설계 밖에 있는 것으로, 상상할 수 있는 최악의 속박이다. 그분은 우리에게 아무런 빚이 없으시지만 우리를 부르셔서 그분의 마음을 발견하는 관계의 특권을 통해 그가 지으신 모든 것을 함께 보살피도록 우리를 초청하셨다. 이것을 깨달을 때 우리는 믿기 어려울 만큼 놀라운 도전을 받게 된다. 결과적으로, 우리가 스스로에게 줄 수 있는 가장 위대한 선물은 우리의 삶이 그분의 선하심과 언제나 함께 일하도록 요구하는 것이다. 그분의 선하심에 매이는 것은 가장 놀라운 자유와 해방의 그림이다.

> 나는 그분이 나에 대해 생각하지 않으시는 어떤 생각을 내 머리로 생각할 수 없다.

최초의 설계

하나님 나라의 권세와 능력의 중추는 우리의 **권한 위임**(commis-sion)에서 발견된다. 지난 38년 동안 동역한 친구이자 사역자인 크리스 벨러튼은 이를 다음과 같이 말한다: "당신이 그분의 가장 중요한 미션에 순복할 때 당신은 권한 위임을 받는다." 하나님이 인류에게 최초로 위임하신 권한과 목적을 발견하면 우리는 역사를 만드는 의미심장한 삶에 대한 우리의 결단을 새롭게 할 수 있다.

이 진리를 발견하기 위해 우리는 처음으로 돌아가야 한다. 인간은 하나님의 형상으로 지어졌으며, 아버지 하나님은 그들을 아름다움과 평화를 궁극적으로 표현하신 에덴동산에 두셨다. 동산 밖으로 나오면 이야기가 달라진다. 동산 밖에는 동산 안에 있는 질서와 축복이 없으며 하나님이 파송하신 아담의 손길이 많이 필요하다. 하나님이 보시기에 너무나 완벽하고 선할 수 있는 어떤 것이 그럼에도 불구하고 불완전할 수도 있다는 것은 얼마나 놀라운 생각인지. 하나님도 예배하는 자들이 선택에 따라 그분이 그들에게 다스리라고 주신 것을 어떻게 다룰지 심히 보고 싶어 하셨다.

아담과 하와를 동산에 두실 때 그분은 한 가지 사명을 주셨다. 하나님은 "생육하고 번성하여 땅에 충만하라, 땅을 정복하라"고 말씀하셨다(창 1:28). 이것은 인간에게 주신 최초의 위임 명령이었다.

"생육하라." 이것은 생산적이 되라는 구체적인 명령이다. 여기에는 하나님의 창조 법칙을 발견하고 계속 확장 중인 에덴동산을 더 나은 곳으로 만드는 일에 이 법칙을 가지고 협조하는 일이 포함되었다. 하나님은 그들이 그분의 피조 세계를 개인화하는 것을 두려워하지 않으셨다. 그들의 위임된 권한 표식은 창조 자체를 그들의 방식으로 경영하는 데서 볼 수 있었다.

"**번성하라**." 그들은 자녀들을 낳기로 되어 있으며 그 자녀는 또 다른 자녀들을 낳을 것이다. 그들이 하나님의 통치 아래 사는 더 많은 자녀를 낳을 때 그들은 단순히 하나님에게 복종함으로써 그분의 동산의 경계를 확장할 수 있었을 것이다. 그들은 그분이 파송하신 권세자이기 때문에 그들은 그분을 제대로 대표함으로써 하나님 나라의 아름다움을 보여 줄 수 있었다. 하나님과 바른 관계에 사는 사람들의 숫자가 늘어나면 날수록 그들의 리더십의 영향력도 그만큼 더 커진다. 이 과정은 땅 전체가 사람을 통해 하나님의 영광스러운 통치로 덮일 때까지 계속될 예정이었다.

"**땅에 충만하라**." 이 선언은 하나님의 목표가 이 땅 전체임을 계시한다. 우리는 단지 아담과 하와가 죄를 범하지 않았을 경우에 어떤 모습일지를 상상만 할 수 있을 뿐이다. 그분의 창조 세계를 그들의 방식으로 경영함으로써 모두가 하나님의 영광을 위해 일하면서 한 하나님 아래서 완전한 조화 가운데 사는 그런 인류 말이다. 이 경우에 땅의 모든 구석에서 그분이 위임한 자들의 영향력을 느낄 수 있었을 것이다. 그들은 사랑 가운데, 즉 하나님을 사랑하고 서로 사랑하며 그분이 지으신 모든 것을 사랑함으로 섬기고 통치하기로 되어 있었다.

"**땅을 정복하라**." 이 선언은 종종 무시되는 무언가를 계시한다. 에덴동산은 완전했다. 그러나 나머지 땅은 혼란스러웠다. 에덴동산 밖의 혼돈과 무질서는 마귀와 그의 일당들의 영향력 아래 있었다. 이러한 이유로 아담과 하와의 임무를 설명할 때 군사 용어가 사용되었다. 어떤 의미에서 그들은 전쟁을 위해 태어났다. 그들은 땅을 그들의 통제 아래 두고 궁극적으로는 그들의 의로운 통치를 통해 하나님의 영향력 아래 두기로 되어 있었다.

사탄은 타락한 천사들과 함께 하늘에서 쫓겨나 땅에 대한 지배권을 취했기 때문에 땅의 나머지 부분을 정복해야 하는 이유는 명백하다. 그것은 어둠의 권세의 영향력 아래에 있었다(창 1:2을 보라). 하나님은 마귀와 그의 무리를 한마디의 말로 멸하실 수 있었지만 그분은 그분의 위임한 권세를 통해 어둠을 물리치기로 택하셨다. 그들은 하나님을 사랑하기로 선택한 그분의 형상으로 지음 받은 자들이었다.

사랑의 로맨스

비록 우리는 단지 적은 분량만을 다스릴 수 있는 능력밖에 없지만 주권자 하나님은 아담의 자손인 우리에게 이 땅을 맡기셨다. 그분은 이스라엘 자손에게 약속의 땅 전부를 주실 때와 비슷한 일을 행하셨다. 그분은 근본적으로 그들에게 "나는 너희에게 이 땅을 조금씩 주겠지만 이 모든 땅은 다 너희 것이다"라고 말씀하셨다. 그런 다음에 그분은 계속해서 그들의 유업을 풀어 주는 시기는 그들을 위한 것이라고 설명하셨다. 그래야 들의 짐승들이 그들에게 너무 많아지지 않을 것이다. 이것은 주목할 만하다. 하나님은 첫날부터 그분의 백성이 그분과 바른 관계에서 통치하길 갈망하셨다. 마태복음 8장 7~10절에서 백부장이 예수님에게 자기 하인을 고쳐 달라고 간청했을 때 그는 이 동일한 원리를 잘 설명해 준다.

"이르시되 내가 가서 고쳐 주리라 백부장이 대답하여 이르되 주여 내 집에 들어오심을 나는 감당하지 못하겠사오니 다만 말씀으로만 하옵소서 그러면 내 하인이 낫겠사옵나이다 나도 남의 수하에 있는 사람이요 내 아래에도 군사가 있으니 이더러 가라 하면 가고 저더러 오라 하면 오고 내 종더러 이것을 하라 하면 하나이다 예수께서 들으시고 놀랍게 여겨 따르는 자들에게 이르시되 내가 진실로 너희에게 이르노니 이스라엘 중 아무에게서도 이만한 믿음을 보지 못하였노라"

백부장은 권세 아래 있었기 때문에 그는 자신이 권세를 가지고 있다는 것을 알았다. 아담과 하와에게도 거대한 임무가 주어졌다. 그리고 그 임무는 그들의 재능과 달란트만이 아니라 하나님과 그들의 관계에 달려 있었다. 그들의 권세의 기초는 전적으로 전능하신 하나님의 권세 아래 있는 것이었다. 이러한 사실은 앞서 이 장에서 말한 선언과 관련이 있다: "당신이 그분의 가장 중요한 미션에 순복할 때 당신은 권한 위임을 받는다. 그분을 사랑하기로 선택한 사람들이 하나님의 미션을 수용하고 잘 나타내고 그분이 지으신 모든 것을 다시 제자리로 갖다 놓아야 한다."

"하늘은 여호와의 하늘이라도 땅은 사람에게 주셨도다"(시 115:16). 이와 같은 최고의 영예가 우리에게 주어졌다. 왜냐하면 사랑은 언제나 최선(best)을 선택하기 때문이다. 그것은 우리 창조 세계의 로맨스의 시작이다. 우리는 친밀함을 위해 그분의 형상으로 지음 받았는데 이는 사랑을 통해 통치를 나타내려 하심이다. 우리가 그분의 대사로서 행하는 법을 배워 "이 세상의 임금"(요 14:30, 엡 2:2을 보라)을 멸해야 하는 것은 이 계시 때문이다. 사람이 자신의 거룩한 영향력을 피조 세계에 행사했을 때 모든 어둠이 넘어질 무대가 조성되었다. 그러나 이와 반대로 사람이 넘어졌다.

타락

사탄은 에덴동산에 와서 아담과 하와를 폭력적으로 소유하지 않았다. 그는 그렇게 할 수 없었다. 통치권이 없었기 때문이다. 통치권에서 힘이 나온다. 사람에게 땅을 다스릴 통치권의 열쇠가 주어졌기 때문에 마귀는 사람으로부터 그의 권세를 얻어야 했다. 금단의 열매 먹을 것을 제안한 것은 단순히 마귀가 아담과 하와로 하여금 하나님에게 대적해서 자신의 의견에 동의하게 함으로써 자기를 능하게 하려는 시도일 뿐이었다. 오늘날까지 **마귀가 도둑질하고 죽이고 멸망시키는 것**은 동의를 통해 이루어진다. 그는 여전히 사람의 동의에 의해 힘을 얻는다.

아담이 금단의 열매를 먹었을 때 인간은 자신의 통치에 대한 권세를 박탈당했다. 바울은 "누구에게 순종하든지 그 순종함을 받는 자의 종이 되는 줄을 너희가 알지 못하느냐"고 말했다(롬 6:16). 이

한 행동으로 인해 인류는 땅의 통치자에서 악한 자의 노예와 그의 소유로 전락했다. 땅에 대한 권리증서와 이에 해당하는 통치자의 위치를 포함해서 아담이 소유한 모든 것은 마귀의 전리품이 되었다. 하나님이 미리 정하신 구속 계획이 즉각 가동되었다: "내가 너로 여자와 원수가 되게 하고 네 후손도 여자의 후손과 원수가 되게 하리니 여자의 후손은 네 머리를 상하게 할 것이요 너는 그의 발꿈치를 상하게 할 것이니라"(창 3:15). 예수님은 잃어버린 모든 것을 다시 찾으러 오셨다.

그분의 승리에 지름길은 없었다

인간의 통치권에 대한 하나님의 계획은 한 번도 중단된 적이 없다. 예수님은 인간의 죄에 대한 형벌을 지러 오셨고 잃어버린 것을 다시 찾으셨다. 누가복음 19장 10절은 "인자가 온 것은 잃어버린 자를 찾아 구원하려 함이니라"고 기록한다.

사탄은 예수님의 생애 동안에 이 계획을 여러 번 망가뜨리려고 했다. 첫 번째이면서 가장 두드러진 시도는 예수님의 40일 금식 끝에 일어났다. 마귀는 자신을 하나님과 동등하게 여기고 예배를 받기에 합당한 자로 여김으로 천국에서 쫓겨났다. 그는 자신이 예수님의 경배를 받을 자격이 없다는 것과 예수님이 인간이 포기한 권세를 다시 찾으러 오셨다는 것을 알았다. 사탄은 그 열쇠를 가지고 있었다. 그는 예수님에게 다음과 같이 말했다: "이 모든 권위와 그 영광을 내가 네게 주리라 이것은 내게 넘겨 준 것이므로 내가 원하는 자에게 주노라"(눅 4:6). "이것은 내게 넘겨 준 것이므로"란 구절에 주의하라. 사탄은 그것을 훔칠 수 없었다. 아담이 하나님의 통치를 포기했을 때 그것은 양도되었다. 그것은 사탄이 예수님에게 다음과 같이 말하는 것과 같았다: "나는 당신이 무엇을 위해 왔는지 안다. 당신은 내가 무엇을 원하는지 안다. 나에게 경배하라. 그러면 그 열쇠를 돌려주겠다." 사탄은 실제로 인간이 죄로 인해 잃어버린 권세의 열쇠를 다시 찾으려는 그분의 목적을 이루는 지름길을 예수님에게 제안했다. 그러나 예수님은 이 지름길과 그에게 어떤 영예도 주시길 거절하셨다(사탄이 처음 하늘에서 떨어진 것은 이처럼 경배를 받고 자기를 높이려는 동일한 갈망 때문이었다. 사 14:13을 보라). 예수님은 그분의 길을 고수하셨다. 왜냐하면 그분은 죽으러 오셨기 때문이었다.

아버지 하나님은 그분의 형상을 따라 지음 받은 사람을 통해 사탄을 멸하길 원하셨다. 많은 사람들이 마귀가 하나님의 대적이라고 생각하는 실수를 범한다. 그는 지음 받은 존재이며 천사장 미가엘의 대적으로 비교될 가능성이 더 높다. 마귀는 하나님에게 있어 어떤 면에서도 결코 위협적인 존재가 아니다. 그는 말 한마디면 영원히 제거될 수 있다. 그러나 하나님은 그분의 지혜 가운데 마귀를 장기판의 말로 사용하기로 결정하셨다. 그분은 마귀를 마음대로 사용하신다. 그래서 마귀가 파괴하려는 최고의 시도는 언제나 "하나님을 사랑하는 자 곧 그의 뜻대로 부르심을 입은 자들에게는 모든 것이 합력하여 선을 이루"시는 그분의 손 위에 있다(롬 8:28). 우리는 하나님이 영원을 건설하고 계시다는 것을 기억해야 한다. 그곳에서 우리는 궁극의 정당성의 입증과 회복을 보게 될 것이다. 감사하게도 이생에서 우리 중 그 어느 누구도 결단코 얻을 수 없는 위대한 승리의 분량이 있다. 그러나 영원을 무시한다면 그것은 너무나 큰 실수일 것이다. 왜냐하면 영원은 모든 논리와 이성의 머릿돌이기 때문이다.

영원은 모든 논리와 이성의 머릿돌이다.

그분의 흘리신 보혈로 인류를 구속하실 예수님은 하나님으로서의 자신의 권리를 포기하고 스스로 인간의 제약을 취하셨다. 예수님은 하나님이길 결코 멈추신 적이 없지만 우리가 끝내지 못한 임무를 완수하시기 위해 육체를 입으셨다. 사탄은 사람에 의해(하나님과 바른 관계를 맺으신 인자에 의해) 패배당했다. 이제 사람들이 구원을 위해 십자가에 달리신 그리스도의 공로를 받아들이자 그들은 그 승리에 접붙임이 된다. 예수님은 그분의 죄 없는 삶을 통해 마귀를 물리치셨으며, 그분의 보혈로 우리의 죗값을 치르심으로써 사망으로 사탄을 패배시키셨고, 사망과 지옥과 무덤을 포함해 만물을 다스리는 권세의 열쇠를 가지시고 당당하게 부활하심으로써 그를 한 번 더 물리치셨다.

우리는 통치하기 위해 태어났다

예수님은 사람을 구속하심으로 그들이 양도한 것을 회복하셨다. 주님은 승리의 보좌에서 "하늘과 땅의 모든 권세를 내게 주셨으니"라고 선포하셨다(마 28:18). 바꿔 말하면, 이는 **나는 열쇠를 다시 찾았다. 이제 가서 이것을 사용해서 잃어버린 것을 다시 찾으라**는 말씀이다. 이 말씀에서 예수님은 제자들에게 하신 약속을 이루신다. 그때 주님은 "내가 천국 열쇠를 네게 주리니"라고 말씀하셨다(마

16:19). 최초의 계획은 결코 무산되지 않았다. 그것은 예수님의 부활과 승천을 통해 영원히 단번에 실현되었다. 그분의 형상으로 지음 받은 백성으로서 통치하는 그분의 계획은 완전히 회복되었다. 그래서 우리는 갈보리에서 얻은 승리를 집행하는 법을 배운다: "평강의 하나님께서 속히 사탄을 너희 발 아래에서 상하게 하시리라"(롬 16:20).

우리는 통치하기 위해(피조 세계와 어둠을 통치하기 위해) 그리고 지옥을 약탈하며 그곳으로 향하는 자들을 구원하고 가는 곳마다 하나님 나라의 복음을 전파함으로 예수님의 통치를 세우기 위해 태어났다. **나라**(Kingdom)는 **왕의 통치**(King's domain)와 **왕의 지배**(King's dominion)를 뜻한다. 본래 하나님의 계획에서 인류는 피조 세계를 다스렸다. 이제 죄가 세상에 들어와서 창조 세계는 질병, 고통을 주는 악한 영들, 가난, 자연재해 그리고 귀신의 영향력 등과 같은 어둠에 감염되었다. 우리의 통치는 여전히 피조 세계를 다스리는 것이지만 지금은 마귀의 일을 드러내고 되돌리는 것에 초점이 맞춰져 있다. 우리는 이 목적을 이루기 위해 받은 것을 주어야 한다(마 10:8을 보라). 내가 진실로 능력의 하나님을 만나서 능력을 받았다면 나는 그것을 돌려줄 무장이 되어 있다. 하나님이 불가능한 상황들을 공략하시는 일은 위로부터 권능을 받고 그것을 삶의 현장에 풀어내는 법을 배운 사람들을 통해 이뤄진다.

다윗의 열쇠

구원의 복음은 사람을 전인적(영, 혼, 몸)으로 다룬다. 존 G. 레이

크는 이를 **삼위일체적 구원**(Triune Salvation)이라 불렀다. **악**이란 단어를 연구하면 그분의 구속이 의도한 범위를 확인할 수 있다. 이 단어는 마태복음 6장 13절에 나온다: "우리를 다만 악에서 구하시옵소서." **악**은 죄가 인간에게 미치는 모든 저주를 대표한다. 헬라어의 '악'이란 단어는 **포네로스**(poneros)인데 이것은 '고통'을 뜻하는 **포노스**(ponos)에서 왔다. 그리고 이 단어는 '가난'을 뜻하는 어근 **페네스**(penes)에서 왔다. 예수님은 죄와 질병 그리고 가난의 권세를 십자가의 구속의 역사로 멸하셨다. 아담과 하와가 땅을 정복하라는 위임령을 받았을 때 그들에겐 죄와 질병과 가난이 없었다. 이제 그분의 본래의 목적으로 회복된 마당에 우리는 이보다 못한 것을 기대해야 하는가? 결국 이것은 더 나은 언약이라 불린다!

우리는 '천국 열쇠들'을 받았다(마 16:19을 보라. NIV 성경에는 keys라는 복수로 되어 있다-옮긴이). 이 열쇠 중 하나는 '지옥의 모든 권세를 밟을 수 있는' 권세다(눅 10:19을 보라). 이 원리를 적용할 수 있는 유일한 구절인 "다윗의 열쇠"란 말이 요한계시록과 이사야서 두 곳에 언급되어 있다(계 3:7, 사 22:22). 엉거의 성경사전(Unger's Bible Dictionary)은 이를 다음과 같이 해설한다: "열쇠의 능력은 왕의 창고를 감독할 뿐만 아니라 왕을 섬기는 일에 누구를 받아들이고 또한 받지 말지를 결정하는 데 있다."[2] 아버지 하나님이 가지신 모든 것은 그리스도를 통해 우리의 것이 된다. 그분의 보물 창고 안에 있는 모든 자원과 그분의 왕실(royal chambers)은 그분의 위임령을 성취하기 위해 우리가 마음대로 사용할 수 있다. 그러나 이 예화에서 가장 정신이 번쩍 드는 것은 **왕을 알현하기 위해 누가 들어갈 수 있는지를 통제하는**

데 있다. 이것이 바로 이 복음을 가지고 우리가 하는 일이 아닌가? 복음을 선포할 때 우리는 사람들이 구원을 받기 위해 왕에게 올 수 있도록 기회를 제공한다. 우리가 잠잠하면 우리는 사람들을 영생에서 멀어지게 하는 길을 택한 것이다. 정말 정신이 번쩍 난다. 그분이 이 열쇠를 사기 위해 대가를 치르셨듯이 우리 또한 이 열쇠를 사용하려면 대가를 치러야 한다. **그러나 그것을 땅에 묻고 장차 오실 왕을 위해 이윤을 얻지 않으면** 더 많은 대가를 치를 것이다. 그 대가는 영원 내내 느껴질 것이다.

정체성의 혁명

이제 우리 비전에 혁명을 이룰 때다. 사도적인 사람들이 우리에게 **"당신의 비전이 너무 작습니다"** 라고 예언할 때 우리 중 많은 이들은 이 말이 우리가 기대하는 모든 숫자들을 늘리는 말이라고 생각한다. 예를 들어, 우리가 새로운 결신자 10명을 기대한다면 그것을 100명으로 바꾼다. 만일 우리가 도시들을 위해 기도한다면 대신에 나라들을 위해 기도한다. 그러나 이런 반응들은 자주 말하긴 하지만 그 날이 날카롭지 않다. 하나님의 관점에서 볼 때 숫자를 늘리는 것이 꼭 더 큰 비전의 표식은 아니다. 비전은 정체성과 목적에서 시작된다. 우리 정체성의 혁명을 통해 우리는 거룩한 목적을 가지고 생각할 수 있다. 그러한 변화는 그분에 대한 계시에서 시작된다.

정체성이 약화될 때 나타나는 비극 중 하나는 그것이 성경을 대하는 우리의 방식에 영향을 준다는 것이다. 대부분은 아니지만 많은 신학자들이 선지서에 포함된 모든 **좋은 것들**(good stuff)을 취해서 천년왕국이라 불리는 신비로운 카펫 밑에 쓸어 넣었다. 이 주제를 지금 논하고 싶은 마음은 없다. 그러나 나는 우리의 사고방식에 도전장을 내밀고 용기, 믿음 그리고 행동을 요하는 이런 것들을 또 다른 시대로 미루는 우리의 성향을 다루고 싶다. 그 오해는 이것이다. 즉 그것이 좋은 것이면 지금 좋을 수는 없다는 것이다.

이런 신학의 머릿돌에는 교회의 상황은 언제나 점점 더 나빠질 것이라는 말이 적혀 있다. 따라서 교회의 비극은 단지 마지막 시대의 또 다른 징표일 뿐이다. 왜곡된 인식에서 보면 교회의 약함은 많은 사람들에게 우리가 정상적으로 가고 있다는 확신을 준다. 세계와 교회의 상황이 점점 악화되는 것은 그들에게 모든 것이 잘되고 있다는 표식이 된다. 이런 종류의 사고에는 많은 문제가 있지만 지금은 한 가지만 언급하겠다. **그런 사고는 믿음을 요구하지 않는다!**

우리는 불신앙에 너무 파묻혀서 이런 세계관과 상반되는 것은 무엇이든 마귀에게서 나온 것이라 생각한다. 그래서 예수님이 재림하시기 전에 교회에 대한 이런 생각이 지배적인 영향을 미친다. 그것은 마치 숫자를 적게 하고 그것을 **아슬아슬하게** 이루고 싶어 하는 것과 같다. 아무런 믿음을 요하지 않는 믿음 체계를 수용하는 것은 위험하며 그 자체가 모순이다. 그것은 하나님의 본성과 성경이 선포하는 모든 것과 반대된다. 그분은 에베소서 3장 20절의 말씀을 따라 "우리가 구하거나 생각하는 모든 것에 더 넘치도록 능히 하실" 계획을 가지고 계시다. 그러므로 그분의 약속은 본질상 우리의 지성과 기대에 도전장을 내민다. "[예루살렘이] 그의 나중을 생각하지 아니함이여 그러므로 놀랍도록 낮아져도 그를 위로할 자가 없도다"(애 1:9). 우리의 나중(destiny)과 그분의 약속을 망각한 결과는 우리가 감당할 수 있는 것이 아니다.

우리는 그분의 **존귀한 자**라는 믿음보다는 우리의 **무가치함**에 대해 더 확신할 때가 많다. 그분의 **능하심**(ability)보다는 우리의 **무능함**(inability)에 더 많은 초점을 둔다. 그러나 **두려워하는 기드온**을 "용사"라 부르시고 **불안한 베드로**를 "반석"이라 부르신 그 동일하신 분이 우리를 이 땅에서 그분의 사랑하는 아들의 몸으로 부르셨다. 이것은 중요하게 다뤄야 한다. 그분이 이렇게 선언하신 그 사실이 불가능을 가능하게 만든다.

그리스도 안에서 자신을 보는 방식 때문에 교만하게 행하는 자들은 실제로는 아무것도 보지 못하는 자들이다. 우리가 그분이 누구신지, 그분이 우리를 위해 행하신 것이 무엇인지 그리고 그분이 우리가 누구라고 말씀하시는지를 볼 때 오직 한 가지 응답만이 가능하다. 그것은 겸손한 마음과 순복하는 마음으로 경배하는 것이다.

위험을 감수할 가치가 있다

하나님은 우리를 로봇으로 창조하지 않으셨다. 그분은 우리를 그분을 강력하게 표현하는 도구로 만드셨다. 그분이 이렇게 하셨기에 우리의 선택을 보시고 가슴 아파하시며 고통을 느끼시게 되었다. 모든 부모는 이 고통을 이해한다. 그분은 우리에게 그분을 섬기고, 무시하고, 심지어 모욕할 수 있는 선택권을 주심으로 위험을 감수하셨다. 완전하신 그분은 로봇이 그분의 계획을 방해하지 않고 다룰 수 있는 말끔한 세상 대신에 취약함(vulnerability)과 자기가 지은 피조물의 영향을 기꺼이 받기로 결정하셨다. 그분은 왜 위험을 감수할 만한 가치가 있다고 생각하셨을까? 그분은 무엇을 구하셨던 것일까? 사람들이다. 그분의 형상을 따라 지음 받고 그분 앞에서 예배자로, 아들딸로 그리고 그들의 본성이 그분의 본성에 침잠한 사람들 말이다. 그들은 그분이 지으신 모든 것을 다스리고 창조하고 그것들의 안녕에 기여하는 동역자가 될 것이다. 그분의 관점에서 볼 때 그것은 위험을 감수할 만한 가치가 있었다.

우리의 선택의 자유는 그분에게 너무 소중해서 그분은 우리의 선택의 자유가 제거될 수 있는 방식으로 그분의 임재를 나타내는 것을 삼가신다. 이 말이 다소 이상하게 들릴지 모르지만 그분이 자신을 충만하게 나타내시면 마귀와 그의 귀신들도 예수 그리스도를 주라 선포할 것이다. 하나님의 영광이 온전히 드러나는 경우처럼 어떤 실상들은 너무 압도적이어서 이성과 선택이 설 자리가 거의 없다. 하나님은 자신을 적절히 가리기로 택하셨는데 이는 우리의 의지와 지성이 그분을 향한 충성심에 의해 형성될 수 있도록 하기 위함이다. 그분은 자신의 개인적 필요를 인식할 정도로 충분히 겸손한 사람이면 누구에게나 자신을 드러내신다. 또한 그분은 자기로 충만한 사람들에게 무시를 당할 정도로 감지하기가 힘들다.

하나님은 자신을 적절히 가리기로 택하셨는데 이는 우리의 의지와 지성이 그분을 향한 충성심에 의해 형성될 수 있도록 하기 위함이다.

우리의 자유에 대한 그분의 열정

그러므로 자유는 우리 마음대로 행하는 것이 아니다. 그것은 옳은 것을 행할 수 있는 능력을 갖는 것이다. 진정한 자유는 겸손한 자에게 주어진다. 왜냐하면 교만은 제한하고 제재하고 작아지게 만들기 때문이다. 자유는 예수 그리스도의 주 되심 아래서 통치를 받는 열매와 유익을 보여 주시는 성령님이 친히 해방하신 결과다. 이 얼마나 놀라운 모험인가! 하나님 나라 밖보다는 그 나라 안에 더 많은 여지가 있다. 우리 마음대로 행동하는 것보다 그분의 통치 아래 있을 때 더 많은 자유가 있다. 이 나라는 낮아짐으로 높아지고, 줌으로 받고, 죽음으로 사는 나라다. 이는 정말 놀라운 나라다!

창조와 창조주

우리 영혼의 적은 참된 자유에 이르게 하는 모든 것에 대해 전쟁을 벌인다. 현시대의 비극 중 하나는 대부분의 교육 시스템이 사람들의 일상과 사고방식에서 창조주에 대한 개념을 제거하는 데 성공했다는 것이다. 이렇게 할 때 사회는 도덕적 나침반을 버리고 의거해 살아야 할 코드를 인식하지 못한다. 그래서 지금 이 순간에 유행하는 것, 즉 마이크를 누가 잡느냐에 따라 계속해서 변하는 것이 도덕적 나침반을 대체했다. 정치적 정당성이 그 결과다. 그리고 우리는 여기서 어리석음에는 전염성이 있다는 증거를 발견한다. 정신이상이 정상으로 과시되자 도덕적 책임의 부재는 이 시대의 교리가 된다.

다음을 생각해 보라. 창조주가 없으면 설계도 없다. 설계의 개념이 우리의 사고와 라이프스타일에서 제거되면 우리는 목적의식을 잃는다. 방정식에서 목적이 빠지면 영원한 운명이란 개념 또한 빠진다. 그리고 사람들의 생각에서 영원을 제거하면 또한 우리는 상호책임에 대한 감각을 잃는다. 그리고 상호책임에 대한 감각이 사라지면 주를 경외하는 마음도 사라진다: "여호와를 경외함이 지혜의 근본이라"(시 111:10, 잠 9:10). 여기서 주를 경외함이란 많은 사람들이 해석하는 것과 사뭇 다르다는 것을 강조해야겠다. 그것은 우리를 하나님에게서 멀어지게 만드는 두려움이 아니라 그분에게 가까이 가도록 하는 두려움이다. 그것은 본질적으로 사랑스럽고, 구약에서와 마찬가지로 신약 성도에게 필수적이다. 이것이 지혜다. 지혜는 우리가 우리의 존재 이유를 성취할 수 있는 필수 건설 블록이다. 하나님이 우리를 어떻게 지으셨고 우리를 창조하신 목적이 무엇인지를 이해할 때 문제를 만날 때마다 우리는 하나님의 선하심을 잘못 의심하는 대신에 이 땅에서의 삶을 바르게 해석하면서 멀리 갈 수 있다.

어떤 이들에게 이것은 너무 커서 죽일 수 없는 거인(극복할 수 없는 과업)처럼 보일지 모른다. 그러나 그렇지 않다. 사회주의, 공산주의, 힌두교, 불교 등 모든 주의(ism)는 순전한 복음, 순수와 능력의 복음 앞에서 몸을 웅크린다. 사람들이 하나님 나라의 순전한 복음을 맛본다면 이보다 못한 모든 것을 버릴 것이다.

---

1. 이 장의 많은 부분은 나의 저서인 「하늘이 땅을 침노할 때」(When Heaven Invades Earth) 2장에서 발췌했다.
2. Unger's Bible Dictionary(Chicago: Moody Press, 1957), 629.

3장

BILL
JOHNSON

GOD

is

그분은 당신이 생각하는 것보다 더 선하시다

GOOD

...

구약의 목적

만일 온 우주가 아무런 의미가 없다면 우리는 결코 그것
이 의미가 없다는 것을 발견해서는 안 된다. 우주에 빛
이 없고 따라서 눈을 가진 피조물이 없다면 우리는 그것
이 어둡다는 것을 결코 알아서는 안 된다. 어둠은 의미
없는 것이다.

_ C. S. 루이스, 「순전한 기독교」

나는 성장하면서 하나님 아버지는 화가 나 있고 그분을 진정시
키신 분이 예수님이라고 생각했던 기억이 난다. 구약의 이야기들
은 단지 이처럼 잘못된 개념을 확증해 주는 것처럼 보였다. 그것은
마치 서로 완전히 다른 두 신이 각각의 세대(dispensation)를 담당하고
있는 것처럼 보였다. 이것은 사실이 아니지만 구약과 신약성경에
서 이처럼 완전히 상반되는 문제를 해결할 수 있는 방법을 찾아내
야 하는 도전적 과제는 여전히 남아 있다. 그리고 구약성경에서도
간간히 은혜가 엿보인다. 하지만 동시에 모두가 하나님의 축복을
받은 것처럼 보이면서도 심판과 질병과 저주가 계속된다. 최소한
나에게 있어서 이것은 신학적 악몽이었다. 많은 사람들이 이런 갈
등에 대해 문제가 없어 보인다는 것을 나는 인정한다. 하지만 솔직

히 나는 그들의 신학을 수용하길 거절한다. 대부분의 경우에 그들의 하나님의 개념은 예수님이 나타내시고 우리가 따르도록 모범을 보이신 모든 것과 배치된다. 그리고 이것이야말로 이 책을 쓰게 된 배경이다. 이보다 더 나은 접근법이 있음이 분명하다.

성경의 아름다움

나는 성경 **전체**를 정말 사랑한다! 특별히 나는 구약성경을 좋아한다. 만일 당신이 하나님에 대해 마음이 상하지 않거나 혹은 그것을 읽고 예수님이 신약에 세우신 기준을 대치할 수 있다면 이는 매우 영광스러운 여정이 된다. 신약 시대에 구약의 역할을 발견하는 것은 우리가 지혜 가운데 사는 데 절대적으로 필요하다.

나는 구약성경의 아름다움과 경이로움 그리고 그 목적을 한 장 (chapter)은 고사하고 이처럼 작은 책에 온전히 기술한다는 것조차 불가능하다는 사실을 잘 알고 있다. 다음의 내용은 독자로 하여금 구약성경과 같은 경이로운 책에 영감을 주신 주님의 목적의 핵심을 이해하는 데 도움을 준다.

아래는 하나님의 선하심을 인식하고 그 안에서 살도록 구약성경이 우리에게 도움을 주는 네 가지 중요 사항이다. 구약성경은

1. 죄의 심각성을 드러낸다.
2. 스스로를 구원하지 못하는 인류의 절망적인 상황을 드러낸다.
3. 우리에게 구세주가 필요하다는 것을 보여 준다.
4. 우리의 잃어진 상태에 대해 가능성이 있는 유일한 해결책으

로 예수님을 가리킨다.

죄의 심각성

죄는 너무나 심각해서 모든 경우에 죽음을 초래한다. 우리는 이 사실을 간과할 수 없다. 죄의 존재와 그 능력은 하나님이 만드신 모든 것에 생채기를 냈다. 어느 누구도 죄의 결과를 이길 수 없다. 사도 바울은 죄와 관련해서 율법의 역할을 다음과 같이 설명한다: "율법이 없는 곳에는 범법도 없느니라"(롬 4:15). 하나님은 우리 안에서 수치를 유발하는 그 어떤 것도 행하지 않으셨다. 그분이 우리에게 계시하시는 모든 것은 그분의 선하심에서 나온 것으로서 이는 우리로 하여금 그분의 공급하심에 응답하고 자유하게 하기 위함이다. 우리의 필요를 모르면 그분의 답을 깨닫기란 불가능하다. 그분이 죄로 인해 철저히 잃어진 우리의 상태를 계시하실 때 그분은 우리가 죄에서 돌이켜 그분의 해결책(죄 사함과 양자 삼으심)을 받도록 행하신다.

> 그분이 죄로 인해 철저히 잃어진 우리의 상태를 계시하실 때 그분은 우리가 죄에서 돌이켜 그분의 해결책(죄 사함과 양자 삼으심)을 받도록 행하신다.

율법은 죄가 만지는 모든 것이 어떻게 오염되는지를 설명함으로써 반복해서 이 점을 설득한다. 예를 들어, 만일 당신이 구약성경에서 문둥병자를 만지면 당신은 부정하게 되고 다시 정하게 되기 위한 과정을 필요로 한다. 만일 당신이 어린 양을 희생제사로 드리려고 가져왔는데 누군가가 침을 뱉으면 그 제물은 이제 부정해진다. 죄에서 하나님에게로 효과적으로 돌아가려면 죄의 심각성을 인식해야 하기 때문에 구약성경은 이 개념을 모든 페이지마다 설득한다. 구약의 요점은 부정한 것이 정한 것에 영향을 미친다는 점이다. 죄는 전염성이 있다.

인류의 절망적인 상태

구약성경은 우리의 죄성을 깨닫게 해 주며, 우리가 더 이상 죄 짓지 않기를 결심할 수 없다는 사실을 드러낸다. 아무리 절제하고 결심해도 우리의 죄의 성향을 변화시키거나 우리의 죄 된 과거를 제거할 수 없다. 더 정신이 번쩍 나는 깨달음은 아무리 선행을 많이 해도 우리의 죄를 보충할 수 없다는 사실이다. 스스로를 돕는 프로그램들은 몸무게를 줄이거나 새로운 기술을 익히는 데는 도움이 될지 모른다. 그러나 그런 것들이 죄라 불리는 인간의 딜레마를 해결하지는 못한다. 그것은 인간의 모든 노력을 기울여도 도달할 수 없는 영역이다. 우리가 잃어버린바(완전히 잃어버린바) 되었다는 것을 알면 구세주에 대한 우리의 필요성을 보게 된다.

죄는 그것이 만지는 모든 것을 오염시키기 때문에 이스라엘은 주변 국가들이 약속의 땅에 들어왔을 때 그들을 멸해야만 했다. 이전에 그들의 유업을 차지했던 사람들의 죄성을 바꿀 수 있는 것은 아무것도 없었다. 유일한 답은 그들이 죽는 것이었다. 그렇지 않으면 그들의 죄성이 하나님이 자신의 백성들 가운데 행하고 계신 일을 오염시킬 것이다. 이 복음을 주변 국가에게 전하고 그들의 회심을 추구하라는 명령을 받은 신약과 구약에는 이처럼 큰 차이가 있다.

우리에겐 구세주가 필요하다

우리가 완전히 잃어버린바 되었다는 것을 알면 외부의 도움에 대해 열린 마음을 갖게 된다. 그리고 그 외부의 도움은 하나님으로부터 온다. 우리 스스로 공급해야 하고 우리 자신을 돌봐야 한다는 고집은 살면서 일부 도움이 될지 모르겠다. 그러나 이런 성향은 우리 구원의 필요와 관련해서는 아무런 소용이 없다. 우리는 잃어버린 자이기 때문에 누군가가 우리를 찾아야 한다. 실제로 우리 중 어느 누구도 '예수님을 찾을' 수 없다. 성경은 우리를 죽은 자(하나님과 분리된 자)로 묘사한다. 그리고 죽은 자는 구세주를 찾을 수 없다. 이상한 말이지만 이것은 구원과 관련해서 우리 모두에게 배경을 제공한다.

율법은 예수님을 가리킨다

구약의 율법은 우리를 그리스도에게로 인도하는 선생이다. 율법은 먼저 우리가 죄인인 것을 드러낸다. 그러나 감사하게도 그것은 우리를 거기에 놔두지 않는다: "이같이 율법이 우리를 그리스도께로 인도하는 초등교사가 되어 우리로 하여금 믿음으로 말미암아 의롭다 함을 얻게 하려 함이라 믿음이 온 후로는 우리가 초등교사 아래에 있지 아니하도다"(갈 3:24~25). 예수님은 우리가 받을 심판을 친히 지심으로써 율법의 입맛을 만족시키셨다. 그분은 율법이 가리키는 분이셨고, 빌딩 안에 무엇이 있는지를 가리키는 레스토랑의 간판과 매우 흡사했다. 모세의 율법은 예수님을 가리켰다. 제사, 절기, 모세의 장막의 기구, 안식일, 희년과 수많은 다른 것들이 예수님의 오심을 가리킨다. 그분의 생애와 죽으심에 대해 자세히 구체적으로 선언한 예언들은 별개의 것이다. 이런 것들은 분명 그분의 백성들이 그분이 오셨을 때 그분을 알아보는 데 도움을 주기 위해 선포되었다. 그러나 비극적이게도 성경 연구에 가장 많은 훈련을 받은 사람들 중에 많은 이들이 예수님이 오셨을 때 그분을 알아보지 못했다. 그들의 늘어난 지식은 그들의 필요와 상관없이 그들을 단절시켰고 그들로 부드러운 마음을 갖도록 인도하지 못했다.

구약성경을 읽고 또 읽으면 아버지 하나님은 우리가 그분의 답이 오고 있는 중이라는 사실을 깨닫길 원하셨다는 것이 분명해진다. 구세주이신 그분은 그 길을 가고 계셨다.

구약성경은 우리를 예수님에게로 인도하기 때문에 그것은 왕의 왕이 통치하시는 그 나라를 저절로 가리킨다. 그 나라는 그분이 통치하시는 영역이며 그분이 지으신 모든 사람을 향한 그분의 뜻을 보여 준다. 구약성경의 각 페이지에는 다가올 하나님 나라의 놀라운 그림이 실려 있다. 그리스도가 오시기 전에도 은혜의 지배를 받는 삶에 대해 말한 사건들과 예언들 그리고 율법들이 있었다. **모형과 그림자**를 통해 무엇이 다가오고 있는지에 대한 통찰을 주는 은혜의 비범한 순간들도 있었다. 이스라엘은 그들의 메시아의 군사 통치를 통해 그 나라가 출현할 것을 기대했지만 그때 예수님은 그 나라를 먼저 마음을 만지는 나라로 계시하셨다.

"바리새인들이 하나님의 나라가 어느 때에 임하나이까 묻거늘 예수께서 대답하여 이르시되 하나님의 나라는 볼 수 있게 임하는 것이 아니요 또 여기 있다 저기 있다고도 못하리니 **하나님의 나라는 너희 안에 있느니라**"(눅 17:20~21)

이 구절은 우리 모두에게 중요한 말씀이다. 하나님 나라는 비록 치유와 축사처럼 보이는 것들에 심오한 영향을 미치지만 외적으로 측정할 수 있는 상태로 오지 않는다(마 12:28을 보라). 예수님은 지금 사람들이 군사력을 통해 그 나라가 보이게 나타날 것을 기대하는 것에 응답하고 계시다. 예수님의 지상의 삶을 통해 인간 신체에 행해진 기적들은 하나님의 나라가 현재의 실상이라는 증거가 되었다.

이상하게 들리겠지만 예수님이 행하신 기적 중에 그 어느 것도 **대중 홍보용**으로 주어지지 않았다. 바꿔 말하면, 그것들은 그분의 사역을 홍보하거나 그분의 능력 있음을 입증하기 위해 행해지지 않았다. 이 모든 것은 그분이 사람들을 긍휼이 여기셨기 때문이었지 초자연적인 쇼를 보러 온 구경꾼들의 필요를 채우기 위한 것이 아니었다. 성경은 회개를 통해서만 일어날 수 있는 변화 없이 그저 초자연적인 것을 구경만 하려는 사람들을 향한 경고를 담고 있다. 하나님의 나라는 먼저 우리 마음을 통치하고 그것을 치유하기 위해 임한 후에 외적으로 모든 것에 영향을 미친다. 이 점을 이해하는 데 도움이 되는 또 다른 구절은 로마서 14장 17절이다: "하나님의 나

> 예수님이 행하신 기적 중에 그 어느 것도 대중 홍보용으로 주어지지 않았다. 이 모든 것은 그분이 사람들을 긍휼이 여기셨기 때문이었지 초자연적인 쇼를 보러 온 구경꾼들의 필요를 채우기 위한 것이 아니었다.

라는 먹는 것과 마시는 것이 아니요 오직 성령 안에 있는 의와 평강과 희락이라." 바꿔 말하면, 하나님의 나라는 음식과 음료와 같은 외적인 것이 아니다. 대신에 그것은 전적으로 마음에 있는 보이지 않는 것("의와 평강과 희락")이다. 그리고 이런 것들은 내적인 문제지만 재빨리 외적으로 나타난다. 희락을 보이지 않기란 어렵다. 요한삼서 1장 2절에서 말하는 영혼의 잘됨은 건강한 내적인 라이프스타일이 우리의 건강과 재정과 우리의 전반적인 안녕(well-being)에 어떤 영향을 미치는지를 드러낸다.

구원이란 단어는 결코 '죄 사함'만을 의미하지 않는다. 이 단어는 '온전함, 용서, 치유, 축사'를 의미한다. 하나님 나라에 대해 로마서가 말하는 것("의와 평강과 희락")을 보라(롬 14:17을 보라). 의는 죄의 문제를 다루고 평강은 축사/고통의 문제에 대한 답을 주며, 희락은 질병에 대한 답이다. 왜냐하면 "마음의 즐거움은 양약"이기 때문이다(잠 17:22을 보라).

신약이 구약을 성취하다

영적 진리들을 자연스럽게 설명해 주는 구약의 모형들과 그림자들을 통해 우리는 새 언약 아래 있는 생명에 대해 놀라운 계시들을 얻는다. 예를 들어, 유대인들은 자신들의 죄에 대한 대가로서 흠 없는 양을 드려야 했다. 그러나 우리는 예수님이 세상 죄를 지고 가는 하나님의 실제 양이라는 것을 알고 있다. 구약의 모형이나 그림자에 대한 응답으로 실제가 일단 오면 다시 돌아가 상징을 품을 필요가 없다. 만일 그렇지 않으면 여전히 짐승의 제사는 공덕이 있을 것이다.

구약성경 전체는 예수님을 가리킨다. 주님은 모든 성경의 주인 공이시다. 율법과 선지자 모두 그분의 역할을 메시아로 선포했고 예수님이 어떻게 하나님의 구속 계획을 성취하실지 보여 주었다. 이야기, 예언, 율법은 모두 주님을 다양한 수준에서 가리키는데 이는 고속도로 이정표가 여러 다양한 거리에서 다가오는 도시를 가리키는 것과 같다. 그 이정표는 진짜이고 의미심장하지만 그 자체가 우리가 구하는 실상(reality)은 아니다. 그것은 이정표 자체보다 더 큰 무언가를 가리킨다. 이 경우에 우리는 구약성경의 이정표를 경배해서는 안 된다. 구약이 메시아 그분의 메시지보다 더 위대한 실상을 담고 있는 것처럼 산만해져서도 안 된다. 이러한 이정표들의 역할은 우리를 예수님에게 데려가는 것이다. 고속도로의 이정표가 결코 그 도시를 정의하지 않듯이 구약성경도 예수님이 어떤 분이신지 재정의해서는 안 된다. 그분은 율법과 선지자 모두를 성취하신 분이시다. 그분의 삶과 목적의 본질은 분명하다. 따라서 구약의 미제의 문제들로 희석되거나 해체되어서는 안 된다. 그분은 왜 오셨는가? 그분은 마귀의 일을 멸하러 오셨다.

메시지의 본질

"율법과 선지자는 요한의 때까지요 그 후부터는 하나님 나라
의 복음이 전파되어 사람마다 그리로 침입하느니라" (눅 16:16)

"요한의 때까지요"란 말은 매우 의미심장한 구절이지만 가장 많이 무시되는 것처럼 보인다. 율법과 선지자 모두는 더 위대한 메시지인 하나님 나라의 복음에 **진다**. 복음은 지배적인 메시지인 반면에 구약은 이미 성취되어 그 전성기가 지나 버린 메시지다. 복음은 천국의 지지를 받지만 구약은 그렇지 않다. 복음은 현시대에 하나님의 목적을 드러내며 우리의 임무를 정의해 주지만 구약은 그렇지 않다.

메시지는 실상을 창조한다. 우리가 전하는 메시지의 본질은 우리가 살고 사역하는 실상의 본질을 결정한다. 하나님 나라의 메시지에 대해 하나님이 주신 임무를 온전히 수용한 사람들은 인류의 모든 면에서 하나님의 통치를 점점 더 많이 보게 될 것이다. 이것이야말로 하나님의 사랑과 그분의 타협 없는 순전함과 그분의 측량할 수 없는 능력을 보여 주기에 적절한 환경을 만들어 낸다. 이것은 예수님이 전파하신 메시지이며 나아가 그분의 제자들에게 전파하도록 가르치신 메시지다. 그 메시지는 **지금도** 동일하다.

교회는 하나님 나라의 복음을 구원의 복음으로 크게 바꿨다. 구원의 메시지의 아름다움은 그것이 예수님이 우리에게 주신 메시지 전체의 단지 일부라는 사실을 쉽게 놓치게 만든다. 구원의 복음은 사람들이 구원받고 천국에 가는 것에 초점을 맞춘다. 하나님 나라의 복음은 하나님의 현존하는 통치의 효과로 말미암아 삶과 도시 그리고 열방이 변화되는 것에 초점을 맞춘

우리는 우리의 운명과 임무를 혼동하지 말아야 한다. 천국은 나의 운명이지만 하나님 나라를 가져오는 것은 나의 임무다.

다. 천국의 실상을 땅에 가져옴으로써 이러한 통치가 나타난다. 우리는 우리의 운명(destiny)과 임무를 혼동하지 말아야 한다. 천국은 나의 운명이지만 하나님 나라를 가져오는 것은 나의 임무다. 하나님 나라 메시지의 초점은 하나님이 만물을 바르게 다스리시는 데 있다. 천국과 일치하지 않는 것은 무엇이든(즉 질병, 고통, 증오, 분열, 죄의 습관들 등) 왕이신 하나님의 권세 아래 놓여야 한다. 이런 종류의 문제들은 사람들의 삶에서 떨어져 나간다. 왜냐하면 열등한 영역들은 하나님의 통치가 나타나는 곳마다 그곳에 설 수 없기 때문이다. 우리가 이러한 메시지를 성공적으로 보여 준다면 우리는 교육, 사업, 정치, 환경 그리고 오늘날 우리가 당면한 다른 중요한 문제들에 문화적 변화를 가져올 수 있는 위치에 서게 된다. 이것은 가장 비범한 현상을 창조한다. 즉 부흥의 열매는 부흥의 연료가 된다. 그리고 우리가 이 메시지에 진실하게 머무는 한 이 운동은 흥왕해서 종교개혁이 된다.

하나님의 나라는 우리가 세계 열방으로 가져가야 할 메시지다(마 10:7과 행 18:13을 보라). 우리의 메시지는 예수님이다. 그분은 그분의 세계가 어떤 모습인지를 말과 행동으로 보여 주셨다.

천국에는 질병이 없다. 하나님의 나라가 한 사람의 신체에 나타나면 그는 치유를 받는다(마 4:23을 보라). 천국에는 귀신이 없다. 그래서 예수님이 사람들을 만지실 때 축사가 일어나는 것은 당연하다(마 12:28을 보라). 이 모든 것은 그분의 세계가 어떤 모습인지 그리고 그 실상이 이 세계에 어떤 영향을 미칠 수 있는지에 관한 것이다. 하나님의 나라는 보이지 않는 영역에 있으며 분명 영원하다(고후

4:17을 보라). 지각은 필수적이므로 믿음이 인식하는 대로 살아야 한다. 우리가 회심하면 우리 모두에게 이런 능력이 열린다. "사람이 거듭나지 아니하면 하나님의 나라를 볼 수 없느니라"(요 3:3). 하나님의 나라가 이 세상에 미치는 영향은 삶의 모든 영역[내적으로(영혼) 그리고 외적으로]에 영향을 미치는 이 두 가지 그림을 넘어서는 것이다. 이생에서 하나님의 선하심을 모든 사람이 알려면 하나님 나라를 전파하고 보여 줘야 하는 것이 핵심이다. 예수님은 이를 완벽하게 보여 주셨다.

천국이 조용했을 때

예수님은 왜 "요한의 때까지"란 말씀을 하셨을까? 왜 그분은 "예수의 때까지"라고 말씀하지 않으셨을까? 왜냐하면 요한은 하나님 나라의 메시지로 천국의 침묵을 깬 사람이기 때문이었다. 세례 요한이 나타나기 전 400년 동안은 하나님에게서 한마디의 말씀도 없었다. 천국은 조용했다. 비전도, 꿈도 예언도 없었다. 아무것도 없었다. 400년 동안 완전한 침묵이 있은 후에 요한이 왔다. 성령님이 율법과 선지자가 요한의 때까지라고 자세히 강조하신 것은 우연이 아니다. 왜냐하면 "회개하라 천국이 가까이 왔느니라"고 처음으로 선언한 사람이 요한이었기 때문이다(마 3:2). 요한은 천국의 초점에 변화가 생겼다고 선포한 사람이었다.

400년이 비범한 의미를 지니는 성경 구절이 또 한 군데 있다. 400년이란 구절을 처음 언급한 부분을 이해하면 그 중요성을 이해하는 데 우리에게 도움이 될 것이다. 이스라엘은 애굽에서 400년 동안 종으로 살았다. 그런 뒤에 모든 것이 변하는 거룩한 순간이 왔다. 하나님이 정하신 특별한 밤에 어린 양의 피를 유대인 각 가정의 문 인방에 발랐을 때가 그때였다. 주의 천사가 와서 이스라엘을 애굽의 종살이에서 해방시켜 약속의 땅의 백성으로 만들었다. 그들은 노예에서 자유인이 되었고, 절대 빈곤에서 세계에서 가장 번영하는 나라의 재물을 소유한 자가 되었다. 그것은 한순간에 일어났다. **400년**이란 말이 처음 언급된 후에 한 민족이 구원을 받고 한 국가가 탄생했다. 이것은 하나님의 백성이 구원을 받은 사건이다. 세례 요한의 시대에 하나님은 "이제 새날이다!"라고 선포하심으로 새로운 나라의 구원과 탄생을 알리셨다. 이번에 그 나라는 성령 안에서 회심을 통해 형성된 나라가 될 것이었으며, 그 백성은 지구상의 모든 족속과 방언을 포함할 것이었다. 창세기 1장 이래 처음으로 실제로 '새 창조'가 있을 것이었다(고후 5:17을 보라). 그것은 **성령으로 거듭난** 백성이다(요 3:6~8을 보라).

누가복음 16장 16절에서의 예수님의 메시지가 바로 이것이다. 새날이 왔다! 새날의 특징은 새 메시지다. 이전의 메시지는 끝나고 또 다른 메시지가 시작되었다. 세례 요한이 왔을 때 그것은 400년 동안의 애굽의 종살이에서 구원받은 것보다 더 의미심장했다. 애굽에서의 구원은 인류의 본성과 잠재력을 다뤘지만 요한의 선언은 모든 것을 바꿔 놓았다.

예수님은 놀라운 선언을 하셨다: "그 후부터는 하나님 나라의 복음이 전파되어 사람마다 그리로 침입하느니라"(눅 16:16). 이 메시지의 본질이 추수의 크기를 결정할 수 있는가? 그분은 "사람마다"

라고 말씀하셨다! 나는 모든 사람이 결국 천국에 들어가게 된다는 보편구원론(Universalism)을 믿지 않지만 하나님 나라의 메시지는 내가 이전에 생각했던 것보다 훨씬 더 넓은 의미를 지닌다. 그 메시지는 이렇다: "그분의 통치는 영원하다. 그 통치는 **지금**이다. 예수님의 생애는 그분이 하나님의 뜻과 불일치하는 모든 것을 다스리신다는 것을 보여 주었다."

> 그 크기로 인해 믿기 어렵다는 이유만으로 성경의 보다 더 큰 약속들을 건너뛰지 말라.

그 크기로 인해 믿기 어렵다는 이유만으로 성경의 보다 더 큰 약속들을 건너뛰지 말라. 그분이 이처럼 큰 무언가를 선언하실 때마다 그분은 사람들의 마음을 사로잡길 원하시며 그래서 평범한 것에 만족하지 못하게 하신다. 주님은 여기서 "사람마다 그리로 침입하느니라"고 말씀하신다(눅 16:16). 요엘 2장 28절에서 주님은 "그 후에 내가 내 영을 만민에게 부어 주리니"라고 말씀하신다. 예레미야 31장 34절에서 그분은 "다 나를 알기 때문이라"고 언급하신다. 시편 22편은 다른 무엇보다도 그리스도의 십자가 처형을 다룬다: "땅의 모든 끝이 여호와를 기억하고 돌아오며 모든 나라의 모든 족속이 주의 앞에 예배하리니"(시 22:27). 이 비범한 약속들은 성경의 모든 페이지마다 계속될 수 있다. 그러나 당신은 요점을 이해한다. 이 약속들은 그곳에 있지만 어떤 의미에서 양자로 채택되길 기다리고 있다. 왜 약속들이 성취되는 계절을 계산하는 대신에 하나님 앞에 나아와 그분이 우리 시대에 이 약속들을 이루고 싶어 하시는지 알아보지 않는가? 제자들이 하나님의 예언의 약속들을 제때에 제대로 이해한 적이 얼마나 있는가? 나는 나 자신이 그들보다 낫다고 생각하지 않는다. 이 약속들은 우리가 미래를 알도록 돕기보다는 그 가능성에 대한 굶주림을 만들어 내기 위해 주어졌다. 하나님의 약속들은 하나님의 주린 백성들이 하나님에게 그 약속들이 성취되길 외칠 때 분명히 보인다. 다니엘이 예레미야의 예언을 읽으면서 한 행동이 바로 이것이다(단 9:2~6을 보라). 그는 예언을 자기 시대를 위한 기도로 바꿨다.

당신이 바른 메시지를 선포할 때 모든 사람이 침노할 수 있는 분위기를 만든다. 그 필요가 무엇이든 간에 여기 해답이 있다. 바른 메시지가 **만국의 보배**이신 예수님의 진리와 만국 자체를 결혼시킨다. 바른 메시지는 분위기를 바꿔서 실현된 그분의 통치를 드러낸다. 아마도 이것은 저항할 수 없는 하나님의 은혜를 수용해서 이로 인해 살아 있는 모든 사람의 마음에 발견되는 갈망을 채워 주는 맥락(context)이 될 것이다.

다 이루었다

> "그 후에 예수께서 모든 일이 이미 이루어진 줄 아시고 성경을 응하게 하려 하사 이르시되 내가 목마르다 하시니 … 예수께서 신 포도주를 받으신 후에 이르시되 **다 이루었다** 하시고 머리를 숙이니 영혼이 떠나가시니라" (요 19:28~30)

예수님이 "다 이루었다"고 외치셨을 때 그분이 지상에 사는 한 사람으로서 그의 삶이 끝났다는 것을 단지 선포한 것으로 생각하면 오해다. 율법과 선지자는 모두 합법적으로 인류를 심판했다. 왜냐하면 하나님이 친히 "범죄하는 그 영혼은 죽을지라"고 선언하셨기 때문이다(겔 18:20). 이 심판의 권능은 너무 강해서 만일 예수님이 10만 년 동안 오시지 않았고 그동안에 살았던 수조 명의 사람들이 합법적으로 저주를 받았어도 여전히 그 요구를 다 만족시키지 못했을 것이다. 예수님은 율법과 선지자의 요구들을 만족시키심으로써 이 꺼지지 않는 불같은 식욕을 끄러 오셨다. 주님이 "다 이루었다"고 말씀하셨을 때 그분은 "율법과 선지자의 식욕이 단번에 그리고 영원히 만족되었다! 이제 새날이다"라고 선포하신 것이다. 그 결과 우리 각 사람은 순식간에 노예에서 하나님 나라를 소유한 자가 된다. 즉 우리는 흑암의 나라에서 빛의 나라로 옮겨지고, 하나님 안에서 아무런 권리가 없던 자에서 갑자기 하나님의 영원한 거처가 된다.

하나님 나라를 볼 정도로 회개하기

"회개하라 천국이 가까이 왔느니라"(마 4:17). **회개하라**는 말은 '우리의 사고방식을 바꾸라' 는 뜻이다. 그러나 이는 정신적 훈련 이상의 것이다. 그것은 사람이 진정으로 회개하고 현실에 대한 그의 생각이나 관점을 바꿀 수 있게 하는 죄에 대한 깊은 슬픔이다. 히브리서 6장 1절은 이런 행동에 "죽은 행실을 회개함과 하나님께 대한 신앙"이라는 두 가지 면이 있다고 가르친다. 온전한 회개는 어떤 것**에서** 어떤 것**으로**, 즉 죄**에서** 하나님**으로** 바뀌는 것이다. 많

은 그리스도인들이 죄 사함을 받을 정도로는
회개하지만 하나님 나라를 볼 정도로는 회개
하지 않는다. 그들의 회개에는 하나님 나라가
시야에 들어오지 않는다.

많은 그리스도인들이
죄 사함을 받을 정도로
는 회개하지만 하나님
나라를 볼 정도로는 회
개하지 않는다.

　성경은 두 가지 서로 다른 관점을 가지고
이 동일한 개념을 가르친다. 하나는 '하나님
께 대하여'(toward God, 히 6:1)라고 말하고 다른
하나는 '천국에 대하여'(toward the Kingdom, 마 4:17)를 암시한다. 누가
는 이 두 견해의 부요함을 잡아내어 다음과 같이 쓴다: "그러므로
너희가 회개하고 돌이켜 너희 죄 없이 함을 받으라 이같이 하면 새
롭게 되는 날이 주 앞으로부터 이를 것이요"(행 3:19). 요점은 **하나님
나라의 임재**다. 그것은 실제로 이처럼 단순하다.

　이것은 너무나 쉬워서 그리스도인의 삶을 복잡하게 만들 수 없
다. 예를 들어, 우리는 하나님의 전신갑주를 입으라는 말씀을 듣는
다. 여기에는 구원의 구투와 의의 흉배 등이 포함된다(엡 6:10~18을 보
라). 사도 바울은 우리에게 이처럼 중요한 지시를 내리지만 대부분
의 경우에 우리는 핵심을 놓친다. 하나님은 나의 갑주**이시다**. 그분
은 "나와 분리된 실상인 무언가를 입어라" 하고 말씀하시지 않는
다. 그분은 다음과 같이 말씀하신다: "내가 갑옷이다. 그저 내 안에
거하라. 나는 너의 구원이다. 나는 너의 의이고 너의 흉배다. 나는
평화의 복음이다. 나는 기쁜 소식이다. 나는 성령의 검이다." 이것
은 심오한 진리를 생동감 있게 그리며 우리로 그리스도 안에 거하
는 것의 더 온전한 유익들을 깨닫게 해 준다. 단순한 것이 더 낫다.

예수님은 우리에게 회개하라고 말씀하신다. 왜냐하면 그분은 그분의 세계를 그분과 함께 가져오셨기 때문이다. 만일 내가 현실에 대한 나의 관점을 바꾸지 않는다면 나는 결코 탁월한 현실(그분이 통치하시는 보이지 않는 영역)을 발견하지 못할 것이다. 이런 종류의 회개를 통해 신자는 "그리스도 안에서 하늘에" 속하여 살 수 있다(엡 1:3을 보라). 하나님의 임재를 발견하는 것은 곧 그 나라를 발견하는 것이다.

4장

BILL
JOHNSON

GOD

is

그분은 당신이 생각하는 것보다 더 선하시다

GOOD

...

구약은 새로운 목적을 가지고 있다

> 궁극적 질문은 하나님의 선하심의 교리와 성경의 무오
> 함의 교리가 서로 충돌할 때 둘 중에 어느 것이 승리할
> 것인가 하는 것이다. 나는 하나님의 선하심의 교리가 둘
> 중에 더 확실하다고 생각한다. 실제로 오직 이 교리만이
> 그분을 경배하는 것을 의무로 만들거나 심지어 허용해
> 준다.
>
> _ C. S. 루이스

나는 말로 표현할 수 있는 것보다 더 많이 성경을, 성경 전체를 사랑한다. 나는 개인적으로 구약과 신약 모두를 연구해 왔다. 나는 여러 해 동안 주로 구약성경의 내용을 가르쳤는데 나는 그것이 우리가 지금 그리스도 안에서 즐거워하는 것의 '근계'(root system)라는 것을 발견했다. 그것은 내가 성장하는 시간의 중요한 일부였다. 하나님이 이스라엘과 주변 국가들을 다루시는 모습 속에서 계시된 그분의 목적을 본 것이 내가 신약 교회에 대한 그분의 설계(design)와 목적을 상고할 때 소중한 자산으로 입증되었다. 그것은 영광스러운 여정이었고 아름다움과 목적 안에서 계속 발전하는 여행이었다.

나의 삶에서 일찍이 나를 사로잡은 말씀 중 하나는 로마서 15장

4절이다: "무엇이든지 전에 기록된 바는 우리의 교훈을 위하여 기록된 것이니 우리로 하여금 인내로 또는 성경의 위로로 소망을 가지게 함이니라." 이 말씀은 구약성경을 연구하는 목적을 말해 준다. 성경을 제대로 연구하면 우리는 용기를 얻고 그 용기는 위대한 소망을 낳는다. 이는 우리로 소망을 갖게 하기 위함이다. 그러나 많은 사람의 경우에 구약성경을 연구하면서 그들의 삶에서 소망을 전혀 발견하지 못한다. 그들은 열방을 향한 하나님의 심판만을 본다. 나는 우리가 로마서의 말씀(소망과 격려)과 다른 결과를 얻을 때 우리가 그분이 의도하신 열매를 맺을 때까지 성경에 다르게 접근하는 법을 배워야 한다고 믿는다.

구약성경은 새 언약의 백성인 우리의 교훈을 위해 주어졌다. 한동안 구약성경은 신약 교회가 가졌던 유일한 성경이었다. 기록된 것은 우리가 오늘날 즐거워하는 진리들의 배경을 제공해 준다. 그러나 대부분의 경우가 그렇듯이 잘못된 적용은 또한 사망을 가져올 수 있다: "율법 조문은 죽이는 것이요 영은 살리는 것이니라"(고후 3:6). 그것은 인식의 문제다. 많은 그리스도인의 삶이 절름발이가 되었는데, 이는 예수님이 무엇을 이루고 성취하려고 오셨는지를 분명히 이해하지 못했기 때문이다. 만일 내가 이를 이해하지 못한다면 나는 나의 목적과 부르심을 이해하지 못할 것이다. 이를 보다 실제적으로 말한다면 지혜와 계시를 통해 우리는 구약성경에서 무엇이 **십자가에서 끝이 났고** 무엇이 **십자가로 인해 바뀌었으며** 또한 무엇이 **바뀌지 않고 십자가를 통과했는지**를 이해해야 한다.

십자가에서 끝이 난 것은 다음과 같다. 짐승의 제사는 구약의 율법 아래서 요구되었다. 하나님은 우리에게 죄의 삯은 사망이라는 사실을 상기시키시기 위해 이것을 제정하셨다. 그리고 짐승의 피는 실제로 죄의 기록을 없애거나 희생을 드리는 자의 죄의 본성을 다루거나 죄의 결과를 다루는 일은 결코 없었으며, 그저 죄의 형벌을 1년 연장할 뿐이었다. 이것은 다가오고 있는 것(세상 죄를 지고 갈 하나님의 어린 양)에 대한 순종의 시점이 되었다. 예수님이 온 인류를 대신해서 자신을 희생 제물로 드리셨을 때, 한 사람의 희생이 많은 사람을 의롭게 하는 것을 가능하게 하셨다(롬 5:19을 보라). 예수 그리스도가 단번에 영원히 우리를 위해 죽으셨을 때 그것이 모든 것을 바꾸었다. 그분은 죄, 흠 혹은 그 어떤 잘못도 없는 하나님의 어린 양이셨다. 죄에 대해 피를 흘릴 것을 요구하는 율법의 요구는 영원히 만족되었다. 우리는 죄의 형벌을 한 해 더 연기하기 위해 또 다른 짐승의 제사를 드릴 필요가 결코 다시없을 것임을 확신 있게 말할 수 있다. 그것은 끝났다. 십자가가 짐승의 제사를 끝냈고, 더 중요한 것은 인류의 심판에 대한 율법의 식욕을 만족시켰다는 사실이다. 구원은 이제 주의 이름을 부르는 모든 자에게 주어졌다.

십자가에서 바뀐 것은 다음과 같다. 안식일은 인류의 유익을 위해 만들어졌다. 그것은 하나님의 경륜에서 충분히 중요해서 하나님도 친히 일곱째 날에 모든 창조 역사를 쉬셨다. 안식일, 곧 일곱째 날에 우리도 우리의 모든 노동에서 쉬어야 한다. 심지어 하나님은 땅이 매 7년마다 쉴 것(곡식을 심는 것으로부터의 쉼)을 요구하셨다. 그런 다음에 일곱 번째 안식년에는 또 다른 1년을 쉴 것을 요구하셨

으며 이때를 성경이 희년이라 부르는 이름으로 명하셨다. 이것은
49년째 되는 해와 50년째 되는 해에 땅이 다시 안식함과 더불어 이
때 빚이 탕감되고, 노예는 해방되며, 많은 다른 유사한 일들이 행
해져 하나님 백성의 복지가 증가되는 것을 의미한다. 그러나 당신
이 상상하듯이 49년째에 씨를 뿌리지 않으려면 그분이 광야에서
이스라엘에게 행하신 것처럼 그들에게 먹을 것을 공급하신다는 신
뢰가 그분의 백성에게 요구되었다. 그들은 하나님이 심지 않은 곡
식(이전 해에 수확한 것으로 다시 심지 않은 곡식)을 자라게 하심으로 그들을
돌보실 것이라는 믿음을 가져야 했다. 그리고 매주 안식일의 안식
이 정신적, 감정적, 신체적, 영적 건강에 필수적이라고 생각하지
만, 안식일은 또한 신자의 매일의 삶의 모습이 어떠해야 하는지를
미리 맛보여 주는 것이었다. 즉 우리 구원과 관련된 일을 하지 않아
도 구원받는다는 메시지다. 안식일과 희년은 모두 십자가에서 바
뀌었다.

예수님이 사역의 시작을 알리실 때 그분은 "주의 성령이 내게
임하셨으니 이는 … 주의 은혜의 해를 전파하게 하려 하심이라"고
선언하셨다(눅 4:18~19). 그 은혜의 해가 바로 희년이다! 본질적으로
그분은 희년이 그분에게 속한 자들이 계속해서 경험하는 것이라고
말씀하고 계셨던 것이다. 희년이 제공하는 자유는 예수님을 만난
사람들의 삶에 두드러지게 나타나는 표식이어야 한다. 성경은 이
를 다음과 같이 말한다: "주는 영이시니 주의 영이 계신 곳에는 자
유가 있느니라"(고후 3:17). 바꿔 말하면, 매일이 안식일이고 매년이
희년이다. 그분에게 속한 모든 자들의 얼굴에서 안식과 자유가 보

여야 한다. 이런 진리의 아름다움을 진정으로 살아내는 자들이 많다고 생각하지 않지만 그분의 나라의 실상은 모든 자에게 유용하다. 그렇긴 해도 이것은 구약으로부터 상당히 벗어난 변화다. 희년이 50년마다 일어나는 데서 지금은 매년 그리스도 안에 있는 사람들의 삶 가운데 매일 일어나는 것으로 바뀌었다. 예수님의 십자가가 이와 같은 변화를 가져왔으며 이는 이전에 존재했던 것이 다가올 것의 원형(prototype)이었다는 것을 암시한다.

구약성경은 원형이나 미래의 예언적 엿봄으로 가득하다. 그리고 이 모든 것은 십자가 이편에서 보다 더 온전하게 나타나기로 되어 있는 하나님의 선하심을 겹겹이 계시한다. 많은 사람들이 구약의 거친 이야기들에 사로잡혀 역사를 통해 드러났던 그분의 선하심의 실상을 보지 못한다(가시밭 속의 장미처럼). 그러나 이제는 예수님이 보여 주신 삶을 통해 그분의 선하심이 보다 더 온전하게 드러났다. 그분의 선하심은 오늘도, 그리고 언제나 동일하시다.

요약하면, 십자가는 안식과 자유의 본질을 바꾸었다. 안식일과 희년은 우리를 위해 예수님의 희생을 통해 바뀌었다. 예수님의 제자의 지속적인 라이프스타일로서 우리가 누리도록 그분이 값을 치르신 것을 무시하는 것은 아무런 의미가 없다.

바뀌지 않고 십자가를 통과한 것은 다음과 같다. 다윗은 성경 전체적으로 많은 놀라운 일을 한 사람으로 잘 알려져 있다. 그는 이스라엘을 가장 위대한 시간으로 이끈 위대한 왕이었다. 그는 하나님의 마음에 합한 사람이었다. 그는 왕이 되기 오래전에 이 사실을 입증했다. 그의 용기는 그가 보좌에 앉기 오래전에 입증되었다. 그를 보는 사람이 아무도 없을 때 그가 사자와 곰을 대항한 용기는 두 나라 전체가 지켜볼 때 골리앗을 이기게 해 주었다. 이는 하나님의 백성을 이끄는 그의 심오한 리더십의 발판을 마련했다. 그것은 참으로 비범한 용기였다. 그러나 그의 인생 전체에 있어서 가장 중요한 점은 하나님의 임재를 향한 그의 열정이었다. 역사에 남긴 그의 가장 큰 발자취는 그가 예배자로서 세운 기준이라고 생각한다. 한 나라의 마음을 하나님의 임재를 소중하게 여기도록 다듬은 것은 그의 예배였다. 모세가 일전에 선포한 것처럼 하나님의 백성이 다른 민족들과 구별된 두드러진 표징은 하나님이 그분의 백성과 함께하시는 임재였다(출 33:16을 보라).

다윗은 자기 아버지의 양을 돌보기 위해 사막의 후미진 곳에서 있었던 예배자였다. 이는 어떤 공연이나 지위를 위한 예배가 아니었다. 그것은 그의 마음의 가장 순수한 표현이었으며, 하나님이 이스라엘을 다스리는 통치자로서 그의 형제들보다 그를 택하신 이유가 되었다.

다윗이 왕이 되었을 때 그는 그의 도성인 예루살렘에서 인류 가운데 거하시는 하나님의 거처인 언약궤를 원했다. 그래서 그는 언약궤를 모실 장막을 시온 산에 배설했다. 시온 산은 예루살렘 도성 안에 있는 작은 언덕이다. 이곳이 바로 이스라엘 전체 국가의 유익을 위해 하나님의 임재가 머무는 곳이다. 우리는 그 장막의 크기를 알지 못한다. 우리가 아는 것은 단지 하나님이 그곳에 계셨고, 제사장들 또한 거기에 있었다는 것이다. 그들은 감사와 찬송 그리고 악기 연주와 손을 들거나 엎드리거나 춤을 추는 것과 같은 신체 표현

및 목소리를 높여 예배함으로 하나님을 섬겼다. 누구에게나 위대한 영광은, 두렵긴 하지만 전능하신 하나님의 임재로 들어갈 수 있는 것이었다. 이런 행동은 율법 아래서는 금지되었다. 그러나 자비의 하나님은 그들이 때가 되기 전에 미리 신약의 실상(reality)을 맛볼 수 있도록 허락하셨다. 다윗의 통치 시기에 그들은 매일 이렇게 행했다. 그는 음악적으로 훈련된 제사장들이 하루 24시간, 일주일에 7일 동안 찬양할 수 있게 했다. 그들은 쉬지 않고 찬양할 수 있도록 임무를 교대했다.

제사장들은 짐승을 제사로 드리는 것에서 찬양의 제사를 드리는 것으로 초점을 옮겨야 했다. 그들의 역할이 너무 극적으로 바뀌어서 사울 왕 때 섬기는 모습과 다윗 때에 섬기는 모습이 어떤지 이해하기가 어렵다. 한 지도자 아래서 필요했던 기술들이 다음 지도자 아래에서는 완전히 소용없게 되었다. 그들은 율법을 지키는 데서 임재를 지키는 쪽으로 초점을 바꾸었다. 기억해야 할 중요한 특징은 성경이 하나님의 임재에 대해 말할 때 대부분의 경우에 실제로 그것은 그분의 얼굴에 대해 말한다는 사실이다. 임재(presence)로 번역된 히브리어의 뜻이 바로 그렇다.

아모스 선지자는 마지막 날에 이 다윗의 장막이 재건될 것이라고 선포했다. 이 말씀이 성취되는 때에 이방인들은 하나님이 이 땅에서 하고 계시는 일에 더해질 것이다. 즉 그들도 그분의 백성이 될 것이었다. 예수님이 '온 세상으로 가라'는 지상명령을 교회에게 주시고(마 28:19) 이 명령을 효율적으로 도우실 성령을 부어 주신 후에 이방인들이 교회에 더해지기 시작했다(행 2장을 보라). 이 문제는 너무 큰 논쟁을 가져와서 교회 지도자들은 예루살렘에서 회의를 소집했다(행 15장을 보라). 사도들이 이처럼 모인 후의 결론은 이방인이 믿음에 포함된 것은 실제로 하나님에게서 온 것이라는 사실이었다. 그들은 그들 자신도 지킬 수 없었던 율법의 요구들로 짐을 지우지 **않도록** 조심했다. 그들이 이런 개념을 지지하기 위해 사용한 구약성경은 아모스 9장 11~12절 말씀이었다.

> "그 날에 내가 다윗의 무너진 장막을 일으키고 그것들의 틈
> 을 막으며 그 허물어진 것을 일으켜서 옛적과 같이 세우고 그
> 들이 에돔의 남은 자와 내 이름으로 일컫는 만국을 기업으로
> 얻게 하리라 이 일을 행하시는 여호와의 말씀이니라"

하나님의 임재가 머물고 제사장들이 예배하는 곳으로 알려진 이 장막의 재건이 이방인들이 믿음에 더해지는 것과 동시에 일어난다. 보이지 않는 영역에는 예배의 효과와 영혼의 회심이 연결되어 있다.

다윗의 장막은 구약의 모든 제사장들의 삶과 사역의 초점을 바꿔 놓았다. 이것 역시 좋은 것이다. 신약에서 우리는 모든 신자가 이제 주님에게 제사장이라는 사실을 발견한다(벧전 2:9을 보라). 구약의 제사장직은 신약의 신자들이 따라 하기에 불가능했을 것이다. 왜냐하면 그것은 짐승의 제사와 하나님을 한 장소(시대에 따라 성막이 되기도 하고 혹은 성전이 되기도 했다)에서 예배하는 것에 초점이 맞춰 있었기 때문이다. 그래서 이 구약의 이야기는 우리가 장차 될 것의 예언

적 원형을 나타낸다.

이제 우리는 다윗의 장막에서 그들이 그랬던 것처럼 하나님을 섬기는 특권을 가지고 있다. 그리고 우리 모두에게 아름다운 것은 우리 형제자매들과 함께 모여서뿐만 아니라 집이나 자동차 안에서도 예배할 수 있다는 사실이다. 이러한 역할을 감당할 때 이 땅의 분위기가 극적으로 바뀌어 사람들이 회심한다. 나는 우리 가정과 교회의 분위기가 우리가 드리는 예배의 반응으로 보게 되는 하나님의 영광에 물들어 사람들이 진리를 분명하게 보고 들을 수 있게 된다고 생각한다. 이런 의미에서 다윗의 장막과 이에 상응하는 예배의 역할은 구약에서부터 신약에 이르기까지 변하지 않았다. 나아가 더 연구해 보면 감사와 찬양 그리고 예배 사역은 십자가에 의해 모두 변개되지 않았다는 사실이 재입증될 것이다. 실제로 이러한 원형을 구약의 실험실에서 그분의 영원한 거처가 된 하나님 백성의 일상생활로 가져온 것은 십자가였다. 그것은 규범(norm)이 되었다.

> 이러한 원형을 구약의 실험실에서 그분의 영원한 거처가 된 하나님 백성의 일상생활로 가져온 것은 십자가였다. 그것은 규범이 되었다.

조정

이러한 조정을 하면 신자들은 성경을 그들의 삶에 잘못 적용하는 실수를 범하지 않을 것이다. 너무나 많은 신자들이 구약을 잘못 접근하기 때문에 율법의 저주 아래 산다. 이처럼 간단하게 조정만 하면 우리는 예수님이 우리를 위해 사신(bought) 자유 가운데 살 것이다. 자유 가운데 살기 위해서 우리는 그분이 어떤 분인지를 설명하고 그분의 통치 아래 살아가는 모습을 모형으로 제시한다. 이것은 우리 복음 메시지의 엄청난 부분이다. 그 안에서 살라. 그리고 필요하면 단어들을 사용하라.

5장

BILL
JOHNSON

GOD

is

그분은 당신이 생각하는 것보다 더 선하시다

GOOD

...

그분의 선하심 -그분의 영광

> 당신은 당신이 경배하는 것과 같아진다. 당신이 경외감
> 과 감탄 그리고 놀라움 가운데 무언가를 보거나 어떤 존
> 재를 볼 때 당신은 당신이 예배하는 그 대상의 성품을
> 닮기 시작한다.
>
> _ N. T. 라이트

모세의 율법은 단지 한 시즌 동안이었다. 그것은 본래 그분의 백성들이 발견하고 즐거워할 그분의 본성을 온전히 나타낼 의도가 결코 없었다. 율법은 필요하고 아름답지만 아버지 하나님의 마음을 대표하기엔 모자랐다. 그것은 율법의 목적이 아니었다. 율법은 이스라엘에게 메시아가 오시기 전에 그에 대해 그들이 알아야 할 것을 가르쳤다. 그런데 대부분의 사람들은 그분의 오심(coming)을 놓쳤다. 그리고 구약성경에서 하나님이 백성을 다루시는 모든 과정에서 은혜의 계시는 벌집같이 엉망이 되었다. 하나님의 마음을 가장 아름답게 보여 주는 모습들은 구약성경의 여러 장면에서 감춰져 있다. 은혜와 율법 사이에는 커다란 차이들이 있다. 그러나 이제 충분하다. 율법은 요구하지만 은혜는 포용한다.

> 율법은 요구하지만 은혜는 포용한다.

하나님은 그분의 백성을 향한 마음을 반복해서 보여 주셨다. 그분은 다음과 같이 선언하셨다: "너는 그들에게 말하라 주 여호와의 말씀이니라 나의 삶을 두고 맹세하노니 나는 악인이 죽는 것을 기뻐하지 아니하고 악인이 그의 길에서 돌이켜 떠나 사는 것을 기뻐하노라 이스라엘 족속아 돌이키고 돌이키라 너희 악한 길에서 떠나라 어찌 죽고자 하느냐 하셨다 하라" (겔 33:11).

하나님은 악인이 벌을 받아 죽는 것을 원하는 성난 폭군이 아니시다. 만일 그렇다면 그런 일은 벌써 일어났을 것이고 단순한 규례(decree)를 통해 풀어졌을 것이다. 대신에 우리는 그분이 악인이 돌이켜 살도록 중보하시는 것을 본다. 우리 모두를 향한 그분의 열정은 우리가 삶을 가장 충만하게 경험하는 것이다! 그러나 그것은 결코 우리에게 억지로 주어지지 않는다. 만일 그렇다면 그분은 그분의 형상대로 지음을 받은 사람들이 아니라 로봇들과 살게 되실 것이다.

구약성경에서 가장 보배로운 부분 중 하나는 하나님이 모세와 아론에게 말하여 그분의 백성에게 전하라고 하신 축복이다. 하나님은 분명 그분이 원하시는 자 모두를 그분이 원하실 때마다 축복하실 수 있다. 그러나 그분은 자기 백성이 그들을 향한 그분의 마음을 알길 갈망하셨다. 또한 그분은 그 축복이 입술로 고백되길 원하셨다. 왜냐하면 우리가 말로 그분의 마음에 함께할 때 어떤 일이 일어나기 때문이다.

아론은 대제사장이었고 그는 백성들에게 하나님의 축복을 풀어내는 위치에 있었다. 하나님은 그들의 매일의 삶에서 그분의 백성에게 축복이 선포되길 원하셨다. 말을 통해 변화가 생기기 때문에 선포해야 했다. 이는 단지 형식을 위한 것이 아니었다. 하나님이 우리에게 하라고 명하시는 모든 것에는 커다란 의미가 있다. 이것은 자기의 마음을 하나님의 마음과 연결하는 대제사장의 모습을 그린 그림이다. 그분은 그분 나라의 실상을 규례를 통해 자기 백성의 삶에 풀어내신다. 우리는 무언가를 말할 때까지 하나님 나라에서는 아무것도 일어나지 않는다는 확신 가운데 산다. 이 말씀은 자기 백성이 그분의 사랑과 부요함과 모든 풍성함을 알길 원하시는 그분의 열정을 드러낸다. 이것은 우리 모두를 향하신 하나님의 마음이다.

> "여호와께서 모세에게 말씀하여 이르시되 아론과 그의 아들들에게 말하여 이르기를 너희는 이스라엘 자손을 위하여 이렇게 축복하여 이르되 여호와는 네게 복을 주시고 너를 지키시기를 원하며 여호와는 그의 얼굴을 네게 비추사 은혜 베푸시기를 원하며 여호와는 그 얼굴을 네게로 향하여 드사 평강 주시기를 원하노라 할지니라 하라 그들은 이같이 내 이름으로 이스라엘 자손에게 축복할지니 내가 그들에게 복을 주리라"(민 6:22~27)

하나님의 여정

하나님은 그분을 발견하도록 초청하신다. 그분은 하나님의 선하심이라 불리는 위대한 공간으로 여행하는 모든 사람들에게 상을 주신다. 이것이 믿음의 여정이며, 이를 위해 신자들은 "그가 계신 것과 또한 그가 자기를 찾는 자들에게 상 주시는 이심을 믿어야" 한다(히 11:6). 믿음에는 두 가지 부분이 있다. 첫 번째는 그분이 계신 것에 대한 확신이다. 그러나 마귀도 그분에 대해 이런 믿음을 가지고 있다. 우리로 모험을 시작하게 하고 우리를 나머지 모든 존재와 구분 짓는 것은 두 번째 부분이다. 그것은 그분의 본성에 대한 확신이다. 그분은 상을 주시는 분이시다! 바꿔 말하면, 우리가 그분에 대해 무얼 믿는지는 우리의 삶에 상당한 영향을 미칠 것이다. 왜냐하면 그분은 그분을 발견하는 데 마음을 둔 사람들에게 상을 주시기 때문이다. 그분은 "너희가 온 마음으로 나를 구하면 나를 찾을 것이요 나를 만나리라"고 약속하신다(렘 29:13). 예수님 또한 자기를 따르는 자들에게 자신을 드러내시겠다고 말씀하셨다(요 14:21). 이것은 마치 우리가 마음을 다해 주님을 구했을 때 그분이 우리가 지금 걷고 있는 길 한가운데서 자신을 분명히 드러내시는 것과 같다.

> 우리가 그분에 대해 무얼 믿는지는 우리의 삶에 상당한 영향을 미칠 것이다. 왜냐하면 그분은 그분을 발견하는 데 마음을 둔 사람들에게 상을 주시기 때문이다.

이 초대는 희생과 헌신을 사랑하시는 영원한 하나님, 곧 생명의 아버지로부터 온다. 우리가 자신에게 줄 수 있는 가장 큰 선물은 우리의 지성과 의지를 가장 강력한 기초(하나님의 선하심)에 닻을 내리는 것이다.

이 여정은 믿음의 여정이다. 많은 사람들이 믿음을 반지성적이라고 여긴다. 실제로 믿음은 지성을 향상시켜 주며 그것도 아주 많이 높여 준다. 왜냐하면 믿음은 자연적인 마음이 볼 수 없는 보이지 않는 세계를 인식할 수 있기 때문이다. 진정한 믿음은 그것이 우리 마음의 산물이 아니라 하나님의 마음의 산물이라는 점에서 인간의 지성보다 뛰어나다.

> 진정한 믿음은 그것이 우리 마음의 산물이 아니라 하나님의 마음의 산물이라는 점에서 인간의 지성보다 뛰어나다.

믿음은 마음, 즉 하나님의 마음의 영향을 받으며 사는 마음에서 온다. 믿음은 순복의 결과지 아집(self-will)의 결과가 아니다. 오히려 우리의 지성은 순전한 믿음의 영향을 받고 그에 따라 형성된다고 말하는 것이 더 정확하다. 왜냐하면 참된 믿음은 보이지 않는 세계에 관한 문제들처럼 영원한 문제들에 있어서 이해를 앞서기 때문이다. "믿음으로 모든 세계가 하나님의 말씀으로 지어진 줄을 우리가 아나니 보이는 것은 나타난 것으로 말미암아 된 것이 아니니라"(히 11:3). 우리로 하여금 보이지 않는 세계를 이해할 수 있게 해 주는 것이 믿음이라는 사실에 주의하라. 사도 바울의 말에 따르면 그 보이지 않는 세계는 영원하며 우리가 보는 것들은 일시적인 것이다(고후 4:18을 보라). 그러므로 믿음은 우리로 확실한 발등상인 영원의 본질(substance)에 닻을 내리게 한다. 우리는 믿음으로 이해한다. 왜냐하면 지성을 고양시키는 것이 믿음이기 때문이다.

나의 믿음은 내가 그분의 선하심을 이해하는 범위까지만 갈 수 있다. 그러므로 그분의 선하심은 내가 의지해서 살고 자유롭게 탐구해야 할 유산이 된다. 그분은 아낌없이 그분 존재의 모든 것과 그분이 가지고 계신 모든 것을 우리에게 주신다(요 16:14-15을 보라). 성경적 믿음은 사랑받는 자녀의 기쁨과 즐거움을 가지고 이 영역을 탐구하는 것이다. 예수님은 하나님의 나라가 어린아이와 같은 자들의 것이라고 가르치신다. 어른들은 그들이 가지고 있는 바를 경영하는 성향이 있어서 나이가 들수록 위험을 덜 감수하길 원한다. 그러나 아이들은 지칠 줄 모르고 탐구한다. 우리의 믿음이 그분의 선하심을 탐구할 때 우리는 예수님이 귀히 여기시고 기뻐하시는 자녀들이 될 가능성이 가장 높다(막 10:14을 보라).

극한으로의 모험

하나님에 관한 모든 것은 최선의 의미에서 극단적이다. 그분은 무한히 선하시고 무한히 거룩하시며 능하시고, 무한히 아름다우시며, 장엄하시고 영광스러우시다. 이런 표현은 그분을 설명하는 몇 가지 용어에 불과하다. 그러나 그분의 성품에 대한 목록을 끝없이 펼쳐 놓아도 그분을 다 설명할 수 없다. 종교(나는 이를 능력이 없는 형식이라고 정의한다)는 하나님을 깔끔한 작은 상자에 담아 제한하는 불가능한 임무를 시도해서 우리에게 잘못된 지성과 궁극적으로 통제할 수 있다는 거짓 감각을 주는 경향이 있다. 그러나 그분은 여전히 이보다 더 크고 크시다. 이러한 그분의 각 덕목은 우리에게 측량할 수 없는 것을 엿보게 해 주며 관찰할 수 있는 문을 열어 준다. 당신은 그분의 한 가지 성품을 취해서 영원토록 탐구할 수 있지만 그 한 가지 덕목에 있어서조차

> 당신은 그분의 한 가지 성품을 취해서 영원토록 탐구할 수 있지만 그 한 가지 덕목에 있어서조차 그분이 어떤 분이신지 그 깊이를 다 측량할 수는 없다.

그분이 어떤 분이신지 그 깊이를 다 측량할 수는 없다.

역사는 이러한 탐구자들과 모험 이야기로 가득하다. 그것이 콜럼버스가 유럽인들이 한 번도 가지 않은 곳에 간 탐험이든지, 우주를 여행하는 우주비행사나 과학의 깊이를 탐구하는 우리 시대의 지적 호기심으로 가득한 자들이든지 아니면 의학과 기술이든지 간에 우리는 더 많은 것을 탐구할 추진력을 받았다. 하나님은 하나님이 주신 본성의 일부로서 발견하고 창조하라는 이러한 탐험으로 우리를 초청하신다. 그분이 주신 선물인 호기심과 갈망은 아버지이신 그분의 마음을 아름답게 표현한 것들이다.

조지 워싱턴 카버(Carver)는 이 추진력을 사용해서 가난한 자들을 궁극적으로 도울 수 있는 것들을 발견했다. 피조 세계의 비밀들을 밝히고자 한 그의 열정은 땅콩 연구에서 시작되었다. 그는 자기 연구의 머릿돌로서 하나님에 대한 절대적인 믿음을 가진 것으로 유명하며, 땅콩에 대한 300가지 이상의 사용 방법을 발견한 공로를 세웠다. 그는 "모든 연구와 행동을 책임 있게 붙들어 준"[1] 것은 믿음이었다고 고백했다. 그의 연구의 영향은 광범위했지만 그의 가장 중요한 목표는 가난한 자들에게 유익을 주는 것이었다. 그 결과이 한 사람은 미국 남부 주들의 경제에 엄청난 영향을 미치게 되었고, 이 모든 것은 하나님이 자기를 찾는 자에게 상 주시는 분이라는 것을 그가 믿었기 때문이었다.

숨바꼭질

타의 추종을 불허하는 지혜로 유명한 솔로몬은 다음과 같은 선

언을 했다: "일을 숨기는 것은 하나님의 영화요 일을 살피는 것은 왕의 영화니라"(잠 25:2). 하나님이 일을 숨기시는 것이 그분의 영화라는 사실은 내게 매력적이다. 그러나 그분이 그 일을 우리를 위해 숨기시는 것이지 우리가 모르도록 숨기시는 것이 아니라는 사실을 알아야 한다.

아내인 베니와 나에게는 아홉 명의 손주가 있다. 부활절이면 우리는 앞마당에 그들을 위해 달걀을 숨긴다. 나는 토끼와 달걀이 예수님의 부활과 무슨 관계가 있는지 도무지 알지 못하지만 우리는 여전히 삶에서 아이들을 위해 달걀 숨기길 좋아한다. 그러나 땅에 1미터가 넘는 구멍을 파서 여러 종류의 달걀을 그 구멍에 넣는 일은 결코 없을 것이다. 당신은 내가 손주들에게 "네가 똑똑하다고 생각하면 이 달걀들을 한번 찾아 봐"라고 말하는 모습을 상상할 수 있겠는가? 우리는 달걀을 찾을 수 있게 숨긴다. 그들이 찾을 수 없는 곳에 둔다면 우리에게도 기쁨이 없다. 우리의 기쁨은 그들이 발견하는 데 있다.

모든 어른들은 그들이 숨겨 놓은 것을 발견하면 환호한다. 우리는 그들이 가까이 갈 때 소리친다. 우리는 심지어 길을 이리저리로 가라고 혹은 더 높이 더 낮게 보라고 말할 것이다. 우리는 그들이 밖에서 이 보물을 찾는 동안 집 안으로 들어가는 걸 결코 생각하지 않을 것이다. 그들은 달걀을 찾는 일에 큰 기쁨을 느낀다. 그와 동시에 우리를 돌아보면서 우리가 지켜보고 있는지 확인한다. 그들 기쁨의 일부는 우리가 그들을 보고 기뻐한다는 데 있다. 우리 손주들은 5세에서 16세다(이젠 15세에서 16세인 가장 나이 많은 세 아이들이 어린아이들이 성공하도록 돕는다). 우리는 달걀 몇 개는 매우 어려운 곳에 두지만 다른 것들은 보이는 곳에 둔다. 나이 많은 아이들은 달걀이 '보이는 곳'에 숨겨져 있으면 그것이 어린아이들을 위한 것이라는 걸 안다. 그들이 두 살일 때 우리는 밝은 색을 칠한 보물을 계단이나 벽돌 혹은 자동차 타이어 옆의 진입로에 두었다. 달걀들은 그들이 찾을 수 있도록 보이는 곳에 숨겨져 있다. 그들이 우리가 달걀 찾는 걸 어렵게 만드는 노력을 하지 않는 것에 대해 불평해도 정당할 것이다. 그들이 성숙하면 우리는 달걀을 어디에 숨겨야 할지 더 많은 생각을 해야 한다. 목표는 가족이라는 맥락에서 기쁨, 재미, 즐거움이라는 것을 기억하라. 이처럼 단순한 예는 그분의 선하심을 우리가 발견하는 모습을 잘 설명해 주며, 우리가 발견할 때 그분이 기뻐하시는 모습을 잘 말해 준다. 그분은 참으로 우리가 찾을 수 있도록 일을 숨기실 때 영광을 받으신다.

마찬가지로 아버지 하나님은 우리를 그분의 성품을 발견하는 여정으로 이끄신다. 하나님 나라라고 불리는 그분의 통치 영역 전체는 우리가 발견하도록 숨겨져 있다. 그 나라는 그분이 우리를 위해 만드신 것을 발견하는 데는 영원의 시간이 필요한 그런 나라다.

> 아버지 하나님은 우리를 그분의 성품을 발견하는 여정으로 이끄신다. 하나님 나라라고 불리는 그분의 통치 영역 전체는 우리가 발견하도록 숨겨져 있다.

잠언 25장 2절의 "일을 살피는 것은 왕의 영화니라"는 두 번째 부분도 첫 번째 부분과 동일하게 중요하다. 우리는 만왕의 왕이신 하나님의 형상을 따라 지음을 받았다. 우리는 왕이다. 하나님이 감춰진 것들(비밀들)을 포함해 모든 것에 합법적으로 접근할 수 있는 권한을 우리에게 주셨다는 확신을 가지고 살 때 우리의 왕 됨은 우리 삶에서 그 어느 때보다 최전방으로 나오게 된다. 그러므로 우리는 돌파가 있을 것이라는 사실을 알고 구하고, 찾고, 두드린다(마 7:7-8을 보라). 이 나라에서 어떤 것들은 거의 찾지 않아도 찾아진다. 마치 그들이 우리를 찾는 것처럼 보인다. 그러나 다른 돌파들은 인생에서 더 나은 부분을 취하는 것처럼 보인다. 이런 즐거운 모험은 지금 시작되지만 영원까지 계속될 것이다.

선하심의 땅

우리 모두는 새로운 것을 찾고, 오래된 것을 즐기며, 발견할 때마다 개인적으로 확장되는 탐험가다. 우리가 보는 것이 우리에게 영향을 미친다. 하나님의 선하심의 어떤 부분들은 평범한 관찰자도 쉽게 볼 수 있다. 우리는 모세와 같이 도전장을 받았다. 그는 불에 타지 않는 불타는 떨기나무를 보았다. 이 이야기는 우리 모두가 우리의 여정을 떠날 때 도움이 되는 매우 중요한 세부사항을 기록해 놓았다. 주님이 떨기나무에서 모세에게 말씀하신 것은 그가 돌이킬 때였다(출 3:4를 보라). 때로 명백한 것에 집중하면 그분을 더 크게 만나게 되고 그분이 어떤 분인지에 대해 더 큰 계시를 받는다. 핵심은 우리 스스로는 의미심장한 어떤 것을 발견할 수 없다는 것이다. 그것은 우리에게 계시되어야 한다. 바꿔 말하면, 모든 발견은 우리의 훈련과 결단의 결과만은 아니라는 사실이다. 궁극적인 청지기이신 그분은 이런 선물들을 찾고, 구하고, 두드리라는 그분의 초청을 수락하는 자들에게 주신다.

선지자 예레미야는 하나님이 그에게 회복의 약속을 주실 때 이런 실상을 보았다: "너는 내게 부르짖으라 내가 네게 응답하겠고 네가 알지 못하는 크고 은밀한 일을 네게 보이리라"(렘 33:3). 선하신 하나님은 우리에게 그분을 부르라고 초청하셨다. 그런 뒤에 그분은 우리가 구한 것을 초월하는 방식으로 응답하시겠다고 약속하셨다.

이 말씀에서 "**크고**"라는 단어는 '평균보다 상당히 높은'이란 의미다. 이것으로 충분하지 않았는지 그분은 이 단어 뒤에 **능한**(mighty, 개역개정 성경에는 "은밀한"으로 번역되어 있다–옮긴이)이란 단어를 붙이셨다. **능한**이란 '다가갈 수 없는'이란 뜻이다. 다음을 생각해 보라. 하나님은 우리가 다가갈 수 없는 것에 다가가게 하셨다. 이 얼마나 이해 안 되는 약속인가! 그것은 우리의 기술과 성품 혹은 자격과 먼 것이다. 우리에게는 하나님의 선하심이라 불리는 영역에 존재하는 것들을 이해하는 데 필요한 것이 하나도 없다. 그러나 하나님은 이 불가능한 것을 가능하게 만드는 무언가를 우리에게 주셨다. 그분은 이 다가갈 수 없는 것을 열 수 있는 열쇠, 곧 그분 자신을 주셨다. 그분의 이름을 통해 우리는 우리의 가장 좋은 날에 우리의 손길을 초월하는 것에 다가간다. 이 초청은 그분의 선하심에서 왔다. 그분은 우리가 그분을 부르라고, 우리의 기대와 상상을 초월하는 방식으로 응답할 수 있는 열린 문을 그분에게 드리라고 요청하신다. 그분을 떠나서는 선함이란 없다. 그래서 우리의 여정은 하나님의 인격을 발견하는 것이다. 그리고 그분의 다가갈 수 없는 선하심은 이제 '**우리로 발견하도록 하시겠다**'는 그분의 약속이 담긴 초청을 통해 접근 가능하게 되었다.

탐구자들이 연합하다!

과거의 탐험가들처럼 우리도 우리 앞에 가장 탐구되지 않은 영역이 삶 가운데 존재한다. 그것은 에베레스트 산보다 더 험하고, 가장 깊은 바다보다 더 위협적이며, 우주 자체보다 광대하다. 그것은 하나님의 선하심이라 불린다. 우리는 와서 맛보라는 하나님의 초청을 친히 받았다. 그분은 또한 우리에게 이 여정에서 우리를 인도하고 도와줄 여행 가이드를 주셨다. 그분은 성령님이시다. 그분을 주신 것은 우리를 모든 진리 가운데로 인도하기 위함이며, 진리는 언제나 자유 가운데 나타난다.

다시 한 번 우리는 율법을 받은 자, 모세를 바라본다. 그가 하나님과 만난 한 사건에서 우리는 신약의 기준으로 봐도 매우 높은 수준의 은혜의 예를 보게 된다. 사도 바울은 고린도후서 3장 7~18절에서 이를 언급하면서 이 영광스러운 순간도 새 언약이 각 신자에게 제공하는 것보다 못하다고 선언한다. 신약은 구약보다 더 낫기 때문에 더 뛰어난 축복과 돌파들을 제공해야 한다.

우리는 출애굽기 33장에서 모세가 이스라엘 백성을 이끌고 약속의 땅으로 갈 때 하나님에게 천사(사자)를 보내지 말아 달라고 간구하는 모습을 발견한다. 실제로 모세는 만일 하나님이 가지 않으시면 그도 가길 원치 않는다고 말했다. 이것은 매우 놀라운 일이다. 그들을 인도할 임무를 맡은 천사는 하나님이 약속하신 모든 것을 제공할 것이었다. 그것은 한 국가로서 그들이 가진 꿈과 야망을 성취하는 것이었다. 그리고 천사들에게는 종종 그들이 하나님으로 오해될 만한 위엄과 영광이 있었다는 사실도 나는 상기시켜 주고 싶다. 그러나 모세는 하나님과 시련들을 통해 형성된 관계를 가졌다. 하나님은 모세에게 다음과 같이 말씀하셨다: "사람이 자기의 친구와 이야기함 같이 여호와께서는 모세와 대면하여 말씀하시며"(출 33:11). 하나님의 친구인 모세는 단지 그의 친구의 인도하심 받기를 원했다. 축복은 물건이 아니었다. 관계가 축복이었다.

> "여호와께서 모세에게 이르시되 네가 말하는 이 일도 내가 하리니 너는 내 목전에 은총을 입었고 내가 이름으로도 너를 앎이니라 모세가 이르되 원하건대 **주의 영광을 내게 보이소 서** 여호와께서 이르시되 **내가 내 모든 선한 것을 네 앞으로 지나가게 하고** 여호와의 이름을 네 앞에 선포하리라 나는 은혜 베풀 자에게 은혜를 베풀고 긍휼히 여길 자에게 긍휼을 베푸느니라 또 이르시되 네가 내 얼굴을 보지 못하리니 나를 보고 살 자가 없음이니라 여호와께서 또 이르시기를 보라 내 곁에 한 장소가 있으니 너는 그 반석 위에 서라 내 영광이 지나갈 때에 내가 너를 반석 틈에 두고 내가 지나도록 내 손으로 너를 덮었다가 손을 거두리니 네가 내 등을 볼 것이요 얼굴은 보지 못하리라"(출 33:17~23)

모세가 하나님의 영광을 보게 해 달라고 구했을 때 그는 하나님의 인격이나 성품 중 일부만을 선택하지 않았다. 그는 모든 살아 있

우리는 하나님의 영광 안에 살도록 지음 받고 고안되었다. 그리고 그 영광은 예수님의 임재의 나타남이다.

는 사람을 대신해서 본래의 목표(target)를 선택했다. 우리는 하나님의 영광 안에 살도록 지음 받고 고안되었다. 그리고 그 영광은 예수님의 임재의 나타남이다. 성경은 말한다: "모든 사람이 죄를 범하였으매 하나님의 영광에 이르지 못하더니"(롬 3:23). 우리는 죄 때문에 하나님의 의도하신 목표에 이르지 못하게 되었다. **죄를 짓는** 것은 '과녁을 놓쳤다'는 것을 의미한다. 과녁을 향해 활을 쏜 후에 그 화살이 정중앙에 맞기는커녕 과녁에 도달조차 못 하는 것을 지켜보는 궁사를 생각해 보라. 그것이 바로 죄가 행한 바다. 우리는 과녁을 놓쳤을 뿐만 아니라 그 과녁에 도달하지도 못했다. 그러나 목표에 주의하라. 그것은 하나님의 영광이다. 우리는 그 영역 안에서 살도록 지음을 받았다. 모세는 이것을 본능적으로 알고 그것을 보다 더 분명하게 보길 갈망했다.

모세가 하나님과 함께했던 모든 만남들을 생각해 보라. 하나님의 영광은 불타는 떨기나무에 임했고, 하나님이 모세에게 강림하셔서 말씀하셨던 그 산에서 여러 번 나타나셨으며, 그분의 영광으로 충만한 성막에 방문하실 때마다 그와 함께하셨다. 이것들은 성경에 열거된 예들 중에서 단지 몇 가지에 불과하다. 그러나 이 순간에도 그의 마음에는 오직 한 가지만 있었다. 그것은 영광이었다. 이 모든 만남은 모세뿐 아니라 이스라엘에게도 영향을 미쳤다. 일단 당신이 당신이 살아 있는 진정한 이유를 맛본 적이 있다면 다른 어떤 것에도 만족하지 못할 것이다. 그러나 모세의 얼굴이 하나님과 같이 빛났던 때는 오직 이처럼 그분의 영광 가운데 하나님을 특별히 만났을 때였다. 나는 이런 만남에서 독특한 것이 무엇인지를 아는 것이 중요하다고 생각한다. 사람들이 모세의 얼굴 보기를 두려워해서 그에게서 보이는 것에서 자신들을 보호하기 위해 그의 얼굴을 수건으로 가리라고 했던 것은 이때가 유일하다. 나는 하나님의 영광이 장차 교회의 중요한 주제와 열정이 될 것이라는 느낌을 개인적으로 깊이 받는다.

일단 당신이 당신이 살아 있는 진정한 이유를 맛본 적이 있다면 다른 어떤 것에도 만족하지 못할 것이다.

> "모세가 그 증거의 두 판을 모세의 손에 들고 시내 산에서 내려오니 그 산에서 내려올 때에 모세는 자기가 **여호와와 말하였음으로 말미암아 얼굴 피부에 광채가 나나** 깨닫지 못하였더라 아론과 온 이스라엘 자손이 모세를 볼 때에 모세의 얼굴 **피부에 광채가 남을 보고 그에게 가까이 하기를 두려워하더니** 모세가 그들을 부르매 아론과 회중의 모든 어른이 모세에게로 오고 모세가 그들과 말하니 그 후에야 온 이스라엘 자손이 가까이 오는지라 모세가 여호와께서 시내 산에서 자기에게 이르신 말씀을 다 그들에게 명령하고 **모세가 그들에게 말하기를 마치고 수건으로 자기 얼굴을 가렸더라**" (출 34:29~33)

모세는 하나님의 영광을 보길 간구했다. 하나님은 그렇게 하시겠다고 말씀하시고 모세에게 그분의 선하심을 보여 주셨다. 주의

하라! 모세의 얼굴을 바꾼 것은 그분의 선하심이었다. 모세의 얼굴이 바뀐 때는 오직 하나님의 선하심이 새롭게 계시된 후였다. 지금 신약 교회에서 놓치고 있는 것이 이것 아닌가? 하나님이 그분의 선하심을 새롭게 계시하심으로써 그분의 백성의 얼굴을 바꿀 의향이 있으신 건 아닌가? 나는 그렇다고 생각한다. 세상은 교회의 분열과 분노와 물질주의를 보았다. 그리고 그 목록은 계속된다. 만일 그들이 그분과 그분의 영광(그분의 선하심)을 보고서 변화된 얼굴을 지닌 교회를 보았다면 무슨 일이 일어났을까? 이것이야말로 세상이 보여 달라고 소리치는 것이다. 그들은 하나님이 선하시다는 말이 참된 말임을 믿길 원한다. 우리가 그분을 어떻게 보느냐에 따라 이것의 가능성이 결정된다.

영광 가운데 거하기!

내가 좋아하는 다른 이야기는 하나님의 영광과 관련이 있다. 나의 아버지가 주님의 제사장이 되어 감사와 찬송과 경배로 그분을 섬기는 것이 우리에게 무슨 의미인지를 가르쳐 주신 이래로 나는 이것을 내 인생의 가장 중요한 목적으로 품었다. 나는 성경에서 그분을 섬기는 자들이 있었고 그들이 섬겼을 때 하늘에서 응답이 있는 것을 읽을 때마다 흥분했다. 그 교훈들은 언제나 심오했고 그 순간마다 영원한 무언가가 나타났다. 그것이 다윗, 모세 혹은 신약의 누구든 상관없다. 이러한 상호작용은 본질상 영원하다. 그리고 다음의 이야기도 그렇다.

"나팔 부는 자와 노래하는 자들이 일제히 소리를 내어 여호와를 찬송하며 감사하는데 나팔 불고 제금 치고 모든 악기를 울리며 **소리를 높여 여호와를 찬송하여 이르되 선하시도다** 그의 자비하심이 영원히 있도다 하매 **그 때에 여호와의 전에 구름이 가득한지라** 제사장들이 그 구름으로 말미암아 능히 서서 섬기지 못하였으니 **이는 여호와의 영광이 하나님의 전에 가득함이었더라**" (대하 5:13~14)

여기서 제사장들이 그들의 제물로 입술의 열매를 올려드리고 있다는 사실에 주의하라(히 13:15을 보라). 이것이 구약에서 일어난 일이었지만, 율법은 제사장에게서 찬송이 아닌 짐승의 제사를 요구하기 때문에 이것은 분명 신약적인 관행이다. 둘째, 제사장들이 하나가 되었다는 것에 주의하라. 사도행전 1~2장의 120명의 성도도 성령을 부어 주시는 사건이 일어나기 전에 하나였다는 사실을 기억하라. 하나님은 다시 한 번 그분의 영광을 연합된 백성에게 두셨다(시 133편을 보라). 하나님은 우리가 서로 사랑하는 것으로 알려질 때 그분의 백성에게 자신을 나타내시길 좋아하신다. 셋째, 그들이 하나님의 무엇을 찬양했는지 살펴보라. 그분의 선하심이다! 그들은 주님이 선하시다고 선포했다! 다시 한 번 우리는 그분의 선하심에 대한 계시와 그분의 영광(그분의 임재의 현현) 사이에 연결성이 있다는 것을 보게 된다. 종말이 오기 전에 물이 바다를 덮음 같이 하나님의 영광이 온 땅을 덮을 것이기에 이것은 놀랍다(합 2:14을 보라). 나는 많은 사람들이 이런 영광이 메시아가 재림하실 때 군사적 움직임을 통해 나타날 것이라 생각한다고 여긴다. 그분의 제자들도 그렇게 생각했다(눅 19:11~17을 보라). 그러나 나는 제자들이 이에 대해 잘못 생각한 것처럼 우리도 잘못 생각하고 있다고 말하고 싶다. 왜냐하면 우리도 그분이 일하길 좋아하시는 과정을 이해하지 못할 때가 많기 때문이다. 그분은 우리가 이 모든 것들에 참여하길 갈망하신다. 그것은 그분이 우리를 필요로 하시기 때문이 아니다. 처음부터 그분의 마음에는 우리와의 동역이 자리 잡고 있었다. 영과 진리로 하나가 되어 예배하는 예배 공동체가 된다는 것은 하나님이 원하시는 그 무언가, 곧 하나님의 선하심에 대한 우리 백성들의 찬양을 바치는 것과 같다.

오래전 주일 아침 예배 중에 예언적 노래를 불렀던 생각이 난다. 우리는 이와 같은 노래를 '주님의 노래'(the song of the Lord)라고 부른다. 그 이유는 그것이 예언적 노래이며, 마치 자기 백성인 우리를 위해 부르시는 그분의 노랫소리처럼 들리기 때문이다. 그 노래의 가사는 다음과 같았다.

내가 나의 영광으로 모세의 장막을 채우지 않았느냐?
내가 나의 영광으로 솔로몬의 성전을 채우지 않았느냐?
그렇다면 내 손으로 지은 곳을 내가 얼마나 더 채우겠느냐?
내 사랑하는 자들아, 나는 너희를 지금 짓고 있느니라.

그 순간 우리는 하나님이 마태복음 16장 18절을 언급하고 계시다는 것을 깨달았다. 이 말씀에서 예수님은 "내가 내 교회를 세우리니"라고 말씀하셨다. 그러므로 여기서 하나님이 그분의 영광을 어디에 그리고 왜 두시는지를 엿보게 된다. 그분은 백성들이 그분의 이름을 존중해서 지은 물리적 건물에 그분의 영광을 두길 부끄러워하지 않으셨다. 그렇다면 그분이 친히 지으신 집에 그분의 영광을 얼마나 더 많이 두시겠는가? 그 집이 바로 **교회**(하나님이 영원히 거하실 처소)다. 나는 '교회'란 말을 할 때 어떤 단체나 건물을 가리키지 않는다. 이런 요소들은 선한 것이고 실제 교회의 유용한 도구들이다. 그러나 그것들 자체는 교회가 아니다. 교회는 살아 있는 돌들로서 서로 연합해서 하나의 영적 집을 이루는 거듭난 그리스도인들로 구성되어 있으며, 예수님을 통해 받아들여지는 영적 제사를 드리는 제사장들을 수용한다. 이것이 바로 베드로가 우리에게 전해 준 계시다(벧전 2:5을 보라). 나는 많은 사람들이 베드로를 교회 사역의 기초로 생각한다는 것을 당신에게 상기시키고자 한다(마 16:18을 보라). 그리고 한 발 더 나아가 그 집에 두신 영광은 하나님의 영광을 나타낸다. 만일 우리가 이를 놓치면 모든 것을 놓치는 것이다.

> 그분은 백성들이 그분의 이름을 존중해서 지은 물리적 건물에 그분의 영광을 두길 부끄러워하지 않으셨다. 그렇다면 그분이 친히 지으신 집에 그분의 영광을 얼마나 더 많이 두시겠는가?

영광의 소망

성경 전체에 포함된 예언적 경험들뿐만 아니라 예언자들의 초점은 종종 그분의 백성인 교회를 향하신 하나님의 목적들을 가리킨다. 앞에서 언급한 이야기들은 우리를 향하신 하나님의 마음과 계획들을 계시한다. 그분의 목적은 그분을 우리에게 그리고 우리를 통해 계시하셔서 우리 주변의 세상의 본질을 변혁하는 것이었다. 우리는 이것을 우리의 **존재 이유**로 보고, 수용하고 받아들여야 한다.

우리를 향한 주님의 목표는 여전히 영광이다. 그분의 영광은 하나님의 백성의 처소가 되는 것이다. 그런 후에 그분은 우리 안에 거하신다. 사도 바울은 "너희 안에 계신 그리스도 곧 영광의 소망"이라는 우리의 마음을 사로잡는 문구를 사용했다(골 1:27). 우리 안에 계신 예수 그리스도는 우리를 향하신 그분의 목적(영광 가운데 사는 것)을 온전히 회복시킬 수 있으시다. 만일 하나님의 영광에 하나님의 선하심의 계시가 포함된다면 여기 열쇠가 있다. 우리 안에 성령으로 거하시는 예수 그리스도는 우리에게 그리고 우리를 통해 우리 주변 세상에 그분의 선하심을 알리신다. 그리고 그것은 소망을 직접 보여 주는 예시다.

그분의 선하심을 신뢰하기

나의 관점에서 볼 때 시편 27편은 성경에서 가장 비범하고 완전한 시편 중 하나다. 그래서 이 시편은 오랫동안 내 영혼을 위한 놀라운 영양 보급소가 되었다. 시편 기자는 하나님에 대한 그의 완전한 신뢰(1~3절)와 그분의 임재의 탁월한 가치(4~6절)와 순종에 대한 자신의 헌신(7~10절)을 설명한다. 그러나 장엄한 피날레는 그의 개인적인 힘의 비결이 무엇인지를 드러내는 것이다(11~14절). 그는 13절에서 다음과 같이 말한다: "내가 산 자들의 땅에서 여호와의 선하심을 보게 될 줄 확실히 믿었도다." 그로 소망을 잃지 않게 한 것은 그의 날 동안에 하나님의 선하심을 보게 될 소망이었다.

절망은 도둑이다. 그리스도인들은 분별이란 이름으로 그를 종종 환영한다. 이와 같은 속임수의 영향력은 원수의 도구로 표시하고 인지되어야 한다. 만일 역사의 모든 시기에 **하나님의 사람들이 우리가 하나님의 영광을 보게 될 것이라고 믿어야** 하는 계절이 있었다면 지금이다. 하나님의 사람들은 상황과 상관없이 그들의 소망이 다른 그 어떤 덕목보다 더 많이 알려져야 한다. 우리 중 한 사람인 올리비아 수페(Shupe)는 일전에 "가장 큰 소망을 가진 사람이 가장 큰 영향력을 가지고 있다"고 말했다. 그리고 우리도 충분히 그럴 만한 이유를 가지고 있다! 하나님의 선하심은 낙담과 우울 그리고 절망에 치명타를 가한다. 그분의 선하심을 맛볼 걸 기대하면 우리는 그분이 우리를 향해 본래 의도하신 것(소망의 전달자, 그리고 그분의 선하심을 보여 주는 자)과 상반되는 정신적, 감정적 신경쇠약에 휘둘리지 않게 된다.

---

1. "조지 워싱턴 카버의 유산: 비범한 과학자, 믿음의 사람, 교육자, 박애주의자," 2016년 6월 6일에 이 사이트에 접근함, http://www.tuskegee.edu/about_us/legacy_of_fame/george_w_carver.aspx.

6장

BILL
JOHNSON

GOD

is

그분은 당신이 생각하는 것보다 더 선하시다

GOOD

...

사랑은 심판을 요구한다

내가 믿는 바는 너무나 장엄하고 영광스러워 유한한 이해력을 초월한다. 목적을 가진 선의의 창조주가 우주를 창조했다는 것을 믿는 것과 이 창조주가 인간의 모양을 입고 죽음과 사망을 수용한 후 유혹을 받고, 배신을 당하고, 깨어지고, 우리 모두를 사랑했다고 믿는 것은 별개의 것이며, 이성을 거스른다. 이것은 너무 거칠어서 어떤 그리스도인들에게 두려움을 주어 그들은 다른 그리스도인들을 맹렬히 비난함으로 그들의 두려움을 교리화하려 한다. 왜냐하면 모든 답을 주는 깔끔한 기독교는 하나님의 사랑의 거친 경이에 도달하는 기독교보다 더 쉽기 때문이다. 그리고 심지어 그 사랑은 우리가 얻으려고 애쓸 필요가 없는 사랑이다.

_ 매들렌 렝글

당신이 사랑하는 누군가의 팔에 의심스러운 종양이 자라는 게 보여서 그를 의사에게 데려갔다고 생각해 보라. 당신은 의사가 그 종양에 심판을 내리고 그것을 제거하는 데 필요한 모든 조치를 취하기를 바랄 것이다. 당신은 그 종양에 자비를 보이거나 그 종양이 어떻게 자랐는지에 대해 매료되는 의사를 선택하지 않을 것이다. 단지 심판만이 용인된다. 나는 이처럼 생각하는 의사의 이야기가 무척 어리석어 보인다는 것을 알지만 이것은 핵심을 알리기 위함이다. 종양에 대해선 동정심이 없으며 다른 사람들이 어떻게 생각하는지에 대해서도 관심이 없다. 심판만이 유일하게 수용될 수 있는 반응이며, 당신이 그 사람을 사랑한다면 그의 복지를 위협하는 그 어떤 것에도 이와 같은 반응을 보여야 한다. 사랑은 그의 보호를 추구함으로써 그를 위해 싸울 것을 요구한다. 우리는 항상 심판을 축하하는 세상에서 살고 있다. 그러나 어떤 이유인지 심판이 하나님에게서 오면 그것을 잔인하고 사랑이 없다고 생각한다. 이 주제에 대한 내 친구 마이크 비클의 선언은 이런 문제를 분명하게 다루는 데 정말 도움이 되었다: "하나님의 모든 심판은 사랑을 방해하는 모든 것을 겨눈다." 값을 매길 수 없을 정도로 귀한 말이다. 그리고 너무나 완전한 진실이다.

만일 이웃이 내 자녀에게 공격성과 폭력성을 보인다면 나는 관계 기관에 알리고 자녀들을 보호하기 위해 할 수 있는 모든 것을 할 것이다. 죄에 사로잡힌 사람들에게 자비를 베푸는 성향이 있다면 나는 다른 사람들의 안전을 계속해서 위협하는 그들의 죄를 보호하는 일은 어떤 것도 하지 않을 것이다. '친구들'을 향해 이처럼 무관심한 것은 결코 사랑이 아니다. 사랑은 무언가를 상징한다. 그것은 필요할 경우 정직하고 대립적이다. 예를 들어, 당신이 돌보는 누군가가 불타는 건물 안에 있는데 그를 그곳에 놔두는 것은 사랑이 아니다. 그가 얼마나 진지하고 착한지, 그의 어린 시절이 얼마나 거칠었는지는 중요하지 않다. 사랑은 행동을 요구한다. 사랑은 심판을 요구한다. 즉 "건물에 불이 났어요. 빨리 나오세요. 그렇지 않으면 당신은 죽어요!"라고 말해야 한다. 사랑은 최선을 택한다. 사랑은 우리에게 단지 느낌이 좋은 것을 선택하지 않는다.

하나님의 심판의 주제를 한 단계 더 깊이 살펴보자. 첫째, 만일 하나님이 모든 인류를 정죄할 작정이셨다면 그분은 오래전에 이미 그런 일이 일어날 말을 그저 선포하심으로써 이루실 수 있었고 이루셨을 것이다. 이 책의 모든 핵심은 그분의 마음에는 정죄가 없다는 사실이다. 앞서 말한 대로 하나님은 "내가 어찌 악인이 죽는 것을 조금인들 기뻐하랴"고 말씀하셨다(겔 18:23). 그러나 심판은 일어나야 한다는 엄연한 사실은 남는다. 왜냐하면 하나님은 거룩하시기 때문이다. 그분은 완전히 아름다우시며, 더럽지 않은 순전함을 지니고 계시고, 모든 어둠과 악과 완전히 분리되어 있으시며, 모든 행동과 사고와 의도에 있어서 온전히 사랑을 따라 움직이신다. 죄는 그분이 만드신 모든 것을 어기고 더럽히며 창조주와 피조물 사이에 틈을 만든다. 그러나 그분은 사랑이시기 때문에 심판이 풀어져야만 했다. 불가피하게 그분은 "범죄하는 그 영혼은 죽을지라"고 선언하셨다(겔 18:20). 이것은 그분이 사랑이시기 때문에 나온 어떤 것(something)이었다. 같은 장에서 "내가 어찌 악인이 죽는 것을 조금인들 기뻐하랴"고 선언하신 사실에 주의하라(겔 18:23).

하나님은 거짓말을 하실 수 없다. 그것은 그분의 본성과 존재를 어기는 것이기에 불가능할 것이다. 그러나 가장 놀라운 일이 일어났다. 하나님은 필요한 심판을 우리 대신에 그분의 아들이신 예수님에게 쏟으시기로 택하셨다. 우리를 사랑하신 그 큰 사랑으로 인해 예수님은 자원해서 우리 대신에 우리 각 사람이 받아 마땅한 사망의 형벌을 지셨다. 그렇게 하심으로써 그분은 우리 심판에 대한

율법의 요구를 만족시키셨다. 그리고 나아가 그분은 우리로 하여
금 오직 예수님만이 받으시기에 합당한 유업 받을 자격을 부여하
셨다. 나는 그분만이 죄도 흠도 어떤 종류의 타협도 없이 사신 분이
심을 상기시키고자 한다. 솔직히 나는 지옥과 만나기로 한 나의 약
속이 취소된 것에 완전히 만족할 것이다. 그러나 아버지 하나님이
예수님과 같은 보상을 내가 받을 수 있도록 자격을 부여하신 것은
어떤가? 그것은 어떤 생각도 할 수 없는 나의 이해를 훨씬 초월하
는 것이다.

평지풍파를 일으켜라!

진정한 사랑은 심판을 요구한다. 심판이 없는 사랑은 무정하거
나 무기력하거나 열정이 없다. 그것은 진정한 의미에서 사랑이 아
니다. 감정을 표현하지 않은 채 확신을 증대
하려는 모든 신앙 체계는 예수 그리스도의
복음보다는 불교와 더 일치한다. 그런 신앙
은 평지풍파를 일으키지 않는다. 예수님에겐
반복해서 평지풍파를 일으켜도 아무 문제가
없으신 무언가가 있었다. 예수님은 수동적인
것과는 거리가 먼 분이시다. 실제로 '평지풍
파를 일으키지 않는' 입장은 **평화의 사람**이

진정한 사랑은 심판을
요구한다. 심판이 없는
사랑은 무정하거나 무
기력하거나 열정이 없
다. 그것은 진정한 의미
에서 사랑이 아니다.

상황이나 환경을 통제할 수 있는 평화일 때 평화로운 것으로 종종
박수를 받는다. 예수님은 진정한 평화가 어떤 모습인지를 보여 주
신 진정한 평화의 사람(평강의 왕)이시다. 그분은 비난과 핍박을 받으

시고 매를 맞으시며 십자가에 달리실 때에도 그렇게 하셨다. 환경은 그러한 평화의 통치를 통제하거나 영향을 미치거나 결정하지 못한다. 왜냐하면 그런 평화는 모든 면에 있어서 더 뛰어나기 때문이다. 그것은 변치 않는 한 인격 안에 닻을 내리고 있다.

사랑은 인격이다. 하나님은 사랑이시다. 그분은 하나뿐인 아들의 생명을 십자가에 희생하기까지 사람들을 사랑하신다. 이런 열심은 우리의 측량 능력을 넘어서지만 우리는 이것 때문에 살아 있다.

보편구원론? 아니다!

하나님의 선하심을 엿보기 시작한 많은 사람들이 자신의 논리와 이성을 따라가다 성경의 한계를 훨씬 넘어갔다. 이런 현상은 항상 위험하다. 우리 모두는 진리에 대한 확신과 개념을 가지고 있다. 나는 지금 미혹의 영에 넘어간 사람이 아니라 그리스도 안에서 성장하고 자라 가는 과정에 있는 사람을 말하고 있다. 일전에 누군가가 말했듯이 우리는 우리가 모르는 것을 모른다. 그러나 우리는 성경이 우리가 믿는 것을 말하게 하려 해서는 안 된다. 우리는 성경에 주어진 명령에 따라 우리가 믿는 것을 조정해야 한다. 하나님의 말씀은 우리 본래의 개념들을 잘라내고 그 가지를 쳐 냄으로써 참으로 성경적인 모습을 갖춰 예수님을 잘 나타내야 한다. 한 가지 예를 들어 설명해 보자. 만일 내가 성경에서 "사랑 안에 두려움이 없고"(요일 4:18)라는 말씀과 '하나님이 우리를 사랑하신다'(요 3:16을 보라)는 말씀을 보고서 신약성경에는 하나님에 대한 두려움이 없다고 결론을 내린다면 나는 두 성경 구절의 논리와 두 개의 매우 강력한 원리를 근거로 결론을 내린 것이다. 그러나 이것이 정확한가? 어떤 사람들에게는 그렇게 보일 수 있다. 그러나 우리가 생각하고 가르치는 바를 형성하고 생동감 있게 만들기 위해 성경 전체가 필요한 이유가 여기에 있다. 사도 바울은 다음과 같이 말했다: "그런즉 사랑하는 자들아 이 약속을 가진 우리는 하나님을 두려워하는 가운데서 거룩함을 온전히 이루어 육과 영의 온갖 더러운 것에서 자신을 깨끗하게 하자"(고후 7:1). 나는 지금 무엇을 하고 있는가? 이것은 예수 그리스도를 그들의 주와 구주로 따르는 사람들에게 주신 명백한 지시다. 이 시점에서 너무나 많은 사람들이 그들의 정의를 보호하기 위해 혹은 그들이 느끼기에 그들이 배우고 있다고 생각하는 것을 보호하기 위해 성경이 말하고 있는 바를 변개하려고 한다. 성경이 말한 것을 왜곡해서 당신의 이상에 맞지 않는 것을 깎아내리는 것보다 두 개의 모순된 개념을 긴장 상태로 유지하는 것이 더 현명하다(이에 대해서는 '신비의 중요성'이라는 제목의 장에서 더 자세히 다루겠다). 모든 것은 하나님의 말씀에 순복해야 한다.

최근에 바울이나 베드로(혹은 문제의 성경을 기록한 사람은 누구나)를 비난하며 성경 기자가 말한 것을 그들의 편견으로 돌리는 사람들이 많은데 이는 위험하다. 그 생각은 성경에는 예수님의 가르침과 일치하지 않는 가르침들이 들어 있다는 것이다. 이런 접근법은 나를 엄청나게 두렵게 만든다. 성경 기자가 말한 것을 비판하는 사람은 실제로 자신이 성경 자체가 말하는 것보다 훨씬 더 큰 가치와 권위를 지닌 의견을 가지고 있다는 것을 의미한다. 그러면 하나님의 말씀이 다른 사람들의 의견에 복속된다는 점에서 그 말씀은 무의미하게 된다. 하나님을 믿고 그분을 신뢰하고 우리를 모든 진리 가운데로 인도하시도록 성령님에게 간구하는 것이 훨씬 더 쉽다. 그래서 나는 신약성경에서 주님을 두려워해야 한다는 말씀을 읽을 때 나의 정의를 조정해 주었다. 내가 생각하고 살고 가르치는 것은 성경과 일치해야 한다. 그래서 나는 기록된 말씀이 하나님의 말씀 자체의 시험을 이길 때까지 나의 정의(definition)의 가지들을 쳐 내도록 허락한다.

죄 사함은 신약성경의 주요 메시지다. 우리는 용서받았다. 이것은 가장 놀라운 선물이다. 그러나 이 선물의 두 번째 부분은 우리의 죄에 대한 본성이 변했다는 점이다. 그러나 지구상에서 삶의 지평을 다시 한 번 바꾸는 부분은 그리스도 안에 있는 모든 자는 그리스도의 의가 된다는 사실이다(고후 5:21을 보라). 시편 기자도 이 용서의 원리를 가장 심오한 방식으로 선언한 것은 놀랍지 않다: "그러나 사유하심이 주께 있음은 주를 경외하게 하심이니이다"(시 130:4). 이것은 성경에서 가장 자연스럽지 않은 진리의 결합 중 하나임에 틀림없다. 그분은 우리를 용서하시고 우리는 그 용서 때문에 그분을 경외한다. 당신이 상상할 수 있듯이 이런 종류의 두려움(경외, fear)은 사람들을 그분에게서 멀어지게 만드는 대신에 사람들을 그분에게 가까이 데려간다.

여기 우리 신학의 가지를 치는 또 다른 예가 있다. 어떤 이들은 하나님이 사람들을 사랑하시기 때문에 그분은 악한 자가 죽거나 사람들이 지옥에 가는 것 보시길 원치 않으신다고 말하곤 한다. 이것은 우리가 살고 있는 시대에서 인기 좋은 추론이다. 지옥은 마귀와 그의 사자들을 위해 만들어졌으며 사람들을 위한 곳이 아니라는 것은 사실이다(마 25:41을 보라). 그러나 예수님은 지옥에 대해, 바깥 어두운 곳에 대해, 슬피 울며 이를 가는 것에 대해 많이 말씀하신다. 성경에서 사람들이 갈 지옥이 없다고 말한다고 만들려면 많은 노력이 필요하고 모든 사람이 천국에 간다고 말하려면 더 많은 노력이 필요하다. 보편구원론의 개념은 지옥 자체에서 나왔으며, 지상명령을 품어야 할 긴박성과 상호책임에 대한 감각을 교회에게서 앗아간다. 만일 보편구원론이 하나님 안에서 사실이라면 성경이 그렇게 두꺼워야 할 필요가 없을 것이며 모든 길이 같은 곳으로 이어지는 세상에서 성경은 무의미해진다. 다시 말하지만, 비록 성경이 논리와 이성을 반박하는 것처럼 보일 때에도 우리는 우리의 사상과 의견을 형성하는 데 성경을 사용해야 한다. 하나님과 그분의 본성 그리고 그분의 말씀에 대한 절대적 신뢰가 이 여정의 시작점이다. 우리가 모든 논리와 이성을 능가하시는 그분을 발견하는 것은 이러한 신뢰의 지점에서 나온다. 나는 많은 사람들이 이러한 경험을 하기 위해 필요한 신뢰가 결여되어 있기 때문에 하나님의 본성을 발견하지 못한다고 생각한다. 참된 신뢰는 우리가 가지고 있는 모든 질문보다 더 중요하다.

최악의 상태에 있는 사람들 사랑하기

문제 한가운데 있는 사람들과 함께 서는 것은 가치 없는 일처럼 보인다. 죄 가운데 있는 누군가와 서 있는 것은 눈살을 찌푸리게 만들며 다른 사람들로 하여금 우리가 그들의 죄를 지지하는 것으로 생각하게 만든다. 예수님은 분명 다른 접근법을 취하신 것 같다. 그 결과 그분은 죄인의 친구라 불리셨다. 실제적인 면에서 사람들로 하여금 아무런 결과 없이 그들의 죄를 자유롭게 드러내도록 격려하는 분위기를 만드는 것은 아무런 목적이 없다. 만일 누군가가 자기의 엉망진창이 된 상황을 정리하고 싶어 한다면 문제들을 가지고 그와 함께 서는 것이 훨씬 더 지혜롭다. 결정은 좋든 나쁘든 결과를 낳는다. 그것이 인생이다. 서로를 향한 충성심은 견고해야 하지만 그로 인해 다른 사람들로 하여금 잘못을 저지르게 만들어선 안 된다. 그러나 미친 소리처럼 들리겠지만 거룩하지 않은 자비는 결과를 인식하지 못한 채 사람들로 하여금 죄를 짓게 만든다. 그들이 사랑받을 만한 가치가 없을 때 그들을 사랑하고 그들에게 진리를 말해 주고 그들이 하나님이 모든 사람을 위해 의도하신 자유 가운데로 들어가도록 애쓸 때 참된 자비는 곤란에 처한 사람에게 보인다. 참된 자유는 우리가 하고 싶은 대로 하는 것이 아니다. 그것은 바른 일을 잘할 수 있게 해 주는 것이다.

마지막 때

마지막 때에 대한 약속들이 많다. 사실을 말한다면 우리는 2천 년 동안 마지막 때를 살고 있다. 요엘 선지자는 사도행전 2장의 성령 강림을 '마지막 때' 에 일어날 일로 말했다(욜 2:28~29). 만일 사도행전의 그날이 마지막 때였다면 우리는 분명 마지막 때 중에서도 마지막인 시대를 살고 있다.

예수님은 우리가 살고 있는 시대에 대해 하실 말씀이 많으셨다. 예를 들어, 주님은 "난리와 난리 소문을 듣겠으나 … 민족이 민족을, 나라가 나라를 대적하여 일어나겠고 곳곳에 기근과 지진이 있으리니"라고 말씀하셨다(마 24:6~7). 예수님이 당시 자기 사람들에게 어떤 약속도 주지 않으셨다는 사실에 주의하는 것은 중요하다. 바꿔 말하면, 이것은 하나님이 목적하신 바를 이루기 위해 교회가 그들의 믿음을 발휘해야 했던 그런 말씀이 아니었다. 대신에 예수님은 단지 변혁의 영향력을 가진 그분의 마지막 때의 군대를 보내실 상황을 간단하게 설명하고 계실 뿐이다.

모든 사람의 **말세 신학**은 믿음을 요구한다. 어떤 이들은 우리가 구원받을 때까지 견뎌야 한다고 믿는다. 다른 이들은 우리의 위임(commission)에 대한 응답으로 믿음을 획득해야 한다고 생각한다. 나는 후자를 택하겠다. 변혁(transformation)에 대한 우리의 확신이 그리스도의 공로가 아닌 그리스도의 재림에 달려 있을 때 우리는 우리의 믿음 안에서 가장 쓸모없는 자가 된다. 그분의 재림은 영광스럽게 이루어질 것이다! 하지만 그분의 공로(work)는 변혁된 사람들이 그들이 살고 있는 세상의 본질을 변화시킬 무대가 되었다. 이것은 영광스러운 주님이 재림하실 때 구하게 될 영광스러운 신부가 행해야 할 영광스러운 일(work)이다.

> 변혁(transformation)에 대한 우리의 확신이 그리스도의 공로가 아닌 그리스도의 재림에 달려 있을 때 우리는 우리의 믿음 안에서 가장 쓸모없는 자가 된다. 그분의 재림은 영광스럽게 이루어질 것이다! 하지만 그분의 공로(work)는 변혁된 사람들이 그들이 살고 있는 세상의 본질을 변화시킬 무대가 되었다.

성경에는 정보를 훨씬 초월해 기록된 것들이 많다. 약속들이 그렇다. 약속은 우리가 하나님을 믿어 드려야 하는 어떤 것(something)이다. 긴 안목에서 약속이란 주제를 계속해서 살피기 위해 나는 이스라엘이 약속의 땅에 들어갈 약속을 받았다는 점을 상기시키고자 한다. 그러나 그 약속을 처음 들은 세대는 그 땅에 들어가지 못했다. 하나님이 그렇게 하신 것인가? 결국 그들에게 약속하신 분은 하나님이 아니신가! 아니다. 그들에겐 하나님의 약속을 성취할 책임이 있었다. 그들은 마음을 강퍅하게 하고 하나님을 반복해서 시험함으로 결국 하나님은 그들이 그분의 약속에 들어가는 것을 허락하지 않으셨다! 내 친구 래리 랜돌프는 이 문제를 가장 잘 설명한다. 그는 다음과 같이 말한다: "하나님은 언제나 약속을 지키시지만 그분이 우리의 잠재력(potential)을 성취할 의무는 없으시다." 어떤 약속들은 하나님이 우리에게 주신 것들이다. 그 약속들은 그분의 마음과 그분의 갈망 그리고 우리를 향하신 그분의 목적을 계시한다. 그러나 그 약속들은 결코 성취되지 않을 가능성이 다분히 있다. 왜 그런가? 그 약속들이 우리에게 현실이 되려면 우리는 먼저 그 약속들을 믿고 행동에 옮겨야 한다. 하나님이 우리에게 선포하신 것 중 대부분의 것들은 우리가 해야 할 역할이 있다. 하나님에게 책임을 돌리는 것은 무책임할 뿐이다.

우리가 살고 있는 시대에 대해 하나님이 주신 약속들이 너무 많다. 하지만 우리 중 많은 이들이 이에 대해 눈이 감겨 있다. 전형적인 반응은 그것이 축복이 딸린 좋은 약속이면 천년왕국을 위한 것이라고 생각한다. 만일 시련과 환난과 그와 같은 것이 딸려 있으면 지금에 해당되는 것이라 생각한다. 나는 우리가 이런 약속들에 대해 눈이 멀게 된 주된 이유가 우리가 반대에 익숙해지고 악이 증가하는 것을 분명히 보았기 때문이라고 생각한다. 그래서 그것이 우리에게 다가오는 것을 해석하는 기준이 되었다. 그렇지 않다. 우리는 열등한 복음을 가지고 있지 않다. 하나님은 우리의 도전적인 날들과 환경에서 잘 항해하도록 돕기 위한 놀랍도록 위대한 약속들을 주셨다.

현재 교회가 경험하는 것과 이스라엘이 약속의 땅에 들어가는 것 사이에 비범한 유사성이 있다. 이 유사성은 때로 놀랄 정도로 비슷하다. 그것은 마치 하나님이 다음과 같이 말씀하시는 것과 같다: "약속의 땅 전체는 너희의 것이다. 그러나 너희는 그 땅을 조금씩 유업으로 받을 것이다. 너희가 너무 빨리 그 땅을 얻으면 너희가 유업으로 받은 것을 다스릴 수 없을 것이다. 그리고 그것이 돌이켜 너희를 물을(bite) 것이다. 과정을 수용하라. 왜냐하면 그렇게 할 때 내가 네게 준 것을 네가 지킬 수 있도록 내가 도울 것이기 때문이다." 인정하건대 이것이 너무 단순한 의역일지 모르지만 요점은 분명히 이해했을 것이다. 하나님은 우리가 그분의 축복을 받고서 생존할 수 있도록 일하시고 계시다.

하나님이 우리에게 어떤 약속을 주실 때, 그것은 마치 그분이 우리의 미래로 가서서 우리가 있길 원하시는 곳으로 우리를 데려가시는 데 필요한 말씀을 다시 가져오시는 것과 같다.

주목할 만한 약속들

하나님이 우리에게 어떤 약속을 주실 때,

그것은 마치 그분이 우리의 미래로 가서서 우리가 있길 원하시는 곳으로 우리를 데려가시는 데 필요한 말씀을 다시 가져오시는 것과 같다. 하나님이 종말에 대해 하신 이 두 가지 빛나는 약속의 경우에도 그렇다.

> "그 후에 이스라엘 자손이 돌아와서 그들의 하나님 **여호와와 그들의 왕 다윗을 찾고 마지막 날에는 여호와를 경외하므로 여호와와 그의 은총으로 나아가리라**" (호 3:5)

하나님을 찾고 그분의 선하심을 구하는 것과 그분을 경외하는 사람들 사이에는 마지막 날이 이 약속의 성취를 위한 배경이라는 점과 관련이 있음을 주의하라. 나는 우리가 우리의 믿음을 사용해서 여기서 약속하신 것을 믿기를 제안한다.

> "이 성읍이 세계 열방 앞에서 나의 기쁜 이름이 될 것이며 찬송과 영광이 될 것이요 그들은 내가 이 백성에게 베푼 모든 복을 들을 것이요 내가 이 성읍에 베푼 모든 복과 모든 평안으로 말미암아 두려워하며 떨리라" (렘 33:9)

여기에 하나님이 주신 두 가지 놀라운 약속이 있다. 나는 종말 전문가인 설교자가 이 말씀에 관해서나 심지어 이 주제에 대해 말하는 걸 한 번도 들어 본 기억이 안 난다. 약속은 분명하다. 즉 하나님의 선하심이 그분의 백성에게 보일 것이다. 다음을 생각해 보라.

교회가 가장 많이 간과한 전도 도구는 우리 삶에 부으시는 주님의 축복일지 모른다. 우리는 남용된 축복과 그분의 이름으로 물질적인 나라들(kingdoms)이 세워지는 것과 자기중심적인 여러 표현들을 보아 왔다. 그러나 우리가 다른 사람들의 잘못에 반응할 때 우리 또한 또 다른 잘못을 만들어 내는 경향이 있다.

성경은 다른 사람들도 그분의 선하심을 보고 주님을 두려워할 것이라고 말한다. 나는 얼마나 선해야 그런 선하심으로 말미암아 사람들이 그것을 보고 실제로 떨까를 생각해 본다. 평범하거나 우연한 선하심이 그런 반응을 일으킬 거라곤 생각지 않는다. 그것은 매우 분명해야 하고, 내 생각엔 매우 **극단적이며**, 그것이 하나님으로부터 왔다는 것이 너무나도 명백해야 사람들이 두려워 떨 것이다.

안전벨트를 매라! 우리는 이제 평생의 여정을 시작하려 한다. 지금은 반대가 늘어 가고 우리 도움의 필요가 더욱 분명해지고 하나님의 축복이 다른 이들과 우리를 구별해 주는 때다. 이러한 것들의 청지기가 되는 법을 아는 것은 우리가 모든 민족을 제자로 삼으시려는 그분의 마음을 성취하는 데 있어 너무 중요하다.

시편 67편[1]
기원과 영광송

"하나님은 우리에게 은혜를 베푸사 복을 주시고 그의 얼굴
빛을 우리에게 비추사 (셀라) 주의 도를 땅 위에, 주의 구원을

모든 나라에게 알리소서 하나님이여 민족들이 주를 찬송하게
하시며 모든 민족들이 주를 찬송하게 하소서 온 백성은 기쁘
고 즐겁게 노래할지니 주는 민족들을 공평히 심판하시며 땅
위의 나라들을 다스리실 것임이니이다 (셀라) 하나님이여 민
족들이 주를 찬송하게 하시며 모든 민족으로 주를 찬송하게
하소서 땅이 그의 소산을 내어 주었으니 하나님 곧 우리 하나
님이 우리에게 복을 주시리로다 하나님이 우리에게 복을 주
시리니 땅의 모든 끝이 하나님을 경외하리로다" (시 67편)

당신은 내가 이 시편에서 두 부분을 강조한 것을 눈치 챘을 것
이다. 첫 번째 강조 부분은 "주의 구원을 모든 나라에게" 이고(2절)
두 번째 강조 부분은 "땅의 모든 끝이 하나님을 경외하리로다" 이
다(7절). 이 두 선언은 본질상 복음적이며 열방이 그리스도에게로
돌아오는 것에 대해 이야기한다. 이것은 놀라운 말씀이며, 모든 민
족을 제자 삼으라는 지상명령에 나타난 하나님의 마음과도 일치한
다(마 28:19을 보라). 그러나 던져야 할 질문은 이것이다. 이 예언적인
시편에서 민족들로 회심하게 한 것은 무엇이었는가? 결론은 그들
이 하나님을 두려워했고 그분의 구원을 경험했다는 것이다! 그러
나 무엇이 그들로 하여금 하나님의 마음과 그분의 본성을 보고 자
기 자신의 죄에 찔림을 받고 회개하여 그분에게로 돌아가게 만들
었는가? 무엇이 그런 기적적인 사건의 역전을 일으켰는가? 축복이
다. 모든 민족이 그리스도에게로 돌아온다는 이 두 선언보다 앞선
것이 바로 축복이다: **우리를 축복하여 그들이 당신이 어떤 분이신지**

알게 해 주십시오. 하나님은 우리를 축복하시리니 그들이 그분에게로 나아올 것입니다(이는 나의 의역이다).

마귀가 그분의 완전한 선하심에 대한 우리의 확신을 훼손시키기 위해 너무나 열심히 일하는 것은 놀랄 일이 아니다. 모든 민족을 추수하는 마지막 때의 거대한 부흥을 여는 열쇠는 이와 같은 구체적인 계시다. 그분의 선하심의 영역으로 들어가 안주하는 것이 지금보다 더 시급한 적은 없다.

그러나 축복에는 도전이 있다. 내가 인식하는 어느 세대도 하나님을 여전히 희생적으로 섬기는 동시에 축복으로 충만한 삶을 살지는 못했다. 축복은 자격과 우월함(superiority), 독립성, 물질주의, 탐심 등을 만들어 낸다. 문제는 하나님의 축복에 있지 않다. 우리가 문제다. 나는 하나님이 우리의 가장 큰 꿈보다 더 크게 우리를 위해 공급하실 것이라 믿는다. 그리고 나는 **축복**이라는 용어를 돈에 관한 것만으로 언급하고 싶지는 않지만 그것은 돈을 포함한다. 그러나 그런 축복이 우리에게 무엇을 할 것인가? 많은 사람들이 문제가 있기 때문에 기도 생활만 한다. 그렇다면 누가 기도할 것인가? 많은 사람들이 그들의 개인적 필요가 너무 깊어서 다른 사람들이 그들의 한 주간의 삶에 함께해 줘야 하기 때문에 지역 사회를 발전시킨다. 그런 필요가 그렇게 분명하지 않을 때에는 어떤 일이 일어나는가? 여전히 그들의 십자가를 짐과 동시에 축복의 삶을 사는 세대를 일으킨다는 것은 이 시대의 도전이다. 내 관점에서 볼 때 하나님은 그분의 축복이 우리를 죽이지 않도록 우리를 훈련하고 계시다. 이건 정말 사실이다.

축복이란 은총(favor)이 증가될 때 나타나는 현상이다. 그러나 은총에는 목적이 있다. 그 목적을 발견하지 못하면 우리는 스스로를 높이고 개인의 왕국을 세울 위험이 있다. 시바 여왕은 솔로몬에게 주신 은총을 인정하면서 이렇게 말했다: "당신의 하나님 여호와를 송축할지로다 여호와께서 당신을 기뻐하사 이스라엘 왕위에 올리셨고 **여호와께서 영원히 이스라엘을 사랑하시므로 당신을 세워 왕으로 삼아** 정의와 공의를 행하게 하셨도다"(왕상 10:9). 그렇다. 하나님은 이스라엘을 사랑하셨기 때문에 솔로몬에게 은총을 보이시고 그를 왕으로 세우셨다. 은총은 왕으로 섬기는 사람들에게 유익을 주는 것이었다. 만일 그렇지 않으면 그것은 오용될 것이다. 그러므로 기본적으로 다음과 같은 결론에 도달한다: 나에게 주시는 은총은 나의 영향을 받는 사람들에게 유익이 되어야 한다. 만일 그렇지 않으면 그것은 오용된다.

> 나에게 주시는 은총은 나의 영향을 받는 사람들에게 유익이 되어야 한다. 만일 그렇지 않으면 그것은 오용된다.

우리는 은총과 축복이 증가되는 시대로 들어서고 있다. 그래서 책임의 영역들이 점점 더 커지고 있다. 나는 우리가 안락하고 자기를 높이는 부요한 삶으로 들어가고 있다고 말하는 게 아니다. 단지 그분이 누가 그분의 마음을 가지고 있는지를 점점 더 분명하게 하고 계시다는 뜻이다. 그들은 영향력을 행사하기 위해 다른 사람들에게 더 많은 은총을 풀어낸다. 그것이 그분의 은총의 표시다.

증가와 관련이 있는 우리의 위치는 무언가를 위한 것이다. 우리 도시와 민족들이 당면하고 있는 문제들은 하나님 밖에서는 답이 없다. 언제나 변함없는 소망의 사람인 우리는 섬기고 또 잘 섬겨서 왕이신 하나님과 그분의 나라를 우리 주변의 모든 사람들의 일상 가운데 가져올 기회를 지니고 있다. 그분은 그들로 하여금 그분을 잘 볼 수 있도록 도울 무언가를 우리에게 두고 계신다. 만일 하나님이 나에게 맡기신 것을 나 자신의 유익을 위해 사용한다면 나는 스스로에게 매우 실망할 것이다. 그러나 내가 그분의 은총과 축복 가운데 살면서 의도한 목적을 위해 그것을 사용한다면 민족들이 그리스도에게로 돌아올 것이다. 그것이 그분의 약속이고 그분의 말씀이다. 그리고 그분은 선하시기 때문에 그렇게 된다.

---

1. 나의 저서인 「세상을 변화시키는 능력」(The Power that Changes the World)에서 시편 67편에 대해 더 자세히 다루었다. 나는 당신에게 이 책을 읽어 볼 것을 강력하게 권한다. 지금 우리가 살고 있는 이 시대에 하나님이 행하고자 하시는 바에 대해 이 책은 예언적 그림을 제공해 준다고 믿기 때문이다.

7장

BILL
JOHNSON

GOD
— is —

그분은 당신이 생각하는 것보다 더 선하시다

GOOD
...

우리에겐 아버지가 계시다

당신은 선택을 해야 한다. 이 사람이 하나님의 아들이었고 지금도 그런지, 아니면 미치광이나 그보다 더 나쁜 무엇인지 둘 중 하나다. 당신은 그분을 바보로 취급하며 외면할 수 있고, 그분에게 침을 뱉고 귀신으로 몰아 그분을 죽일 수도 있으며, 그분의 발에 엎드려 그분을 주와 하나님으로 부를 수도 있다. 하지만 그분은 위대한 인간 선생이라는 난센스를 지지하지는 말자. 그분은 그런 여지를 우리에게 열어 놓지 않으셨다. 그분은 그럴 의도도 없으셨다.

_ C. S. 루이스, 「순전한 기독교」

예수님은 왜 사람이 되셔서 이 땅에 오셨는가? 나는 이 다소 단순한 질문을 신자들은 물론이고 때론 불신자들도 이해하고 있다는 사실을 알았다. 그러나 나는 이 질문에 답하면서 성경에서의 선언들을 찾아보고 싶다. 몇 년 전 나는 한 가지 질문에 대한 답을 찾기 위해 신약성경 전체를 읽기 시작했다. 그 질문은 왜 영원한 하나님의 아들이신 예수님이 이 땅에 오셔서 사람이 되셨는가 하는 것이었다. 비록 이 연구에서 나온 목록을 잘못 배치하긴 했지만 여기 몇 가지 구절의 말씀들과 선언들이 있다. 우리는 다음의 사실들을 알고 있다.

1. 예수님은 우리 죄를 구속하러 오셨다(요일 2:2, 3:5을 보라).

2. 그분은 우리가 받아야 할 형벌을 친히 받으러 오셨다. 우리의 형벌은 사망이다. 그리고 그분은 우리가 그분만이 받을 자격이 있는 것을 받게 하셨다. 그것은 영생이다(롬 5:6~11을 보라).

3. 그분은 마귀의 일을 멸하러 오셨다(요일 3:8을 보라).

4. 그분은 마귀의 어리석음을 공개적으로 보이시고 십자가의 지혜를 계시하러 오셨다(골 2:15을 보라).

5. 그분은 우리로 풍성한 생명을 얻도록 하기 위해 오셨다(요 10:10을 보라).

6. 그분은 하나님의 나라(하나님의 통치의 영역과 효과들)를 현재형으로 인지하도록 하기 위해 오셨다(마 6:10을 보라).

7. 예수님은 인간의 생명을 파괴하러 오신 것이 아니라 구하러 오셨다(눅 9:56을 보라).

이것이 물론 전체 목록은 아니다. 그러나 나의 주장을 설명하기엔 충분하다. 나는 이 주제를 성경의 첫 장부터 끝 장까지 살펴보았다. 하지만 나는 그분이 오신 가장 중요한 이유를 놓쳤다. **예수님은 아버지 하나님을 계시하러 오셨다.** 내가 목록에 적은 모든 요점들은 실제로 이 가장 중요한 이유의 하부 요점이다. 예수님은 고아들이 사는 이 땅에 우리에게 가장 필요한 것이 무엇인지를 계시하러 오셨다. 그것은 아버지 하나님이시다. 비극적이

예수님은 고아들이 사는 이 땅에 우리에게 가장 필요한 것이 무엇인지를 계시하러 오셨다. 그것은 아버지 하나님이시다.

게도 이 놀라운 계시는 우리의 깨어진 현 가족 문화의 상태 때문에 고난을 당하고 있다. 너무나 많은 사람들이 생물학적 아버지의 학대나 무시를 받으며 고통을 당했기 때문에 이런 현상의 경이를 잃어버릴 때가 많다. 반면에 인간의 깨어짐과 필요에 대한 이처럼 위대한 해답을 위해 더 성숙한 순간도 결코 없었다. 인류의 질병의 대부분은 한 가지 계시로 치료될 것이다. 그 계시는 우리의 초점과 관심 그리고 애정을 선하신 아버지 하나님에게 두기 위해 예수님이 오셨다는 사실이다. 우리 아버지 하나님은 완전한 선이시다.

구약성경에 하나님의 선하심이 빠져 있는 것은 아니다. 실제로 그분의 선하심의 계시는 구약에서 시작된다: "여호와는 선하시며"(나 1:7). 이 계시는 구약성경 전체에 걸쳐 그분이 반역하는 백성에게 계속해서 보이신 자비에서 나타난다. 계속 반복해서 이스라엘은 손으로 만든 우상들을 섬기고 주변 국가들의 성적 죄악에 자신을 내어 줌으로써 재앙을 자초했다. 그러나 그들이 하나님에게 부르짖었을 때 그분은 불평도 형벌도 하지 않고 그들을 구원하셨다. 그분의 선하심은 성경의 모든 페이지마다 뚝뚝 떨어진다. 그러나 어떤 경우에 그 선하심은 전쟁과 심판과 질병과 재앙 가운데 잃어졌다. 예수님이 오셨을 때 그분은 새로운 기준을 망각하는 것이 거의 불가능하게 만드셨다. 왜냐하면 그분은 그 선하심을 친히 보여 주셨기 때문이다. 그 선하심은 그분 안에서 인격화되었다. 선하심은 눈에 띄었고 맛볼 만한 가치가 있었다(시 34:8을 보라).

하나님의 선하심의 비밀과 계시는 예수님 안에 포함되어 있다. 예수님이 이 땅에 오신 이유에 대한 많은 계시를 담고 있는 요한복음을 읽으면서 우리는 예수님을 볼 때 아버지 하나님을 본다는 것을 발견한다(요 14:9을 보라). 그런 뒤에 우리는 그분이 아버지가 말씀하시는 것만 말씀하신다는 것을 발견한다(요 12:49~50을 보라). 또한 우리는 예수님이 아버지 하나님이 하시는 것만 행하신다는 것을 깨닫게 된다(요 5:19을 보라). 그리고 예수님에 대해 우리가 사랑하고 흠모하는 모든 것은 실제로 정확히 아버지 하나님을 나타낸 것이다. 하나님은 그(the) 아버지이시고 아버지는 선하시다.

> "옛적에 선지자들을 통하여 여러 부분과 여러 모양으로 우리 조상들에게 말씀하신 하나님이 이 모든 날 마지막에는 아들을 통하여 우리에게 말씀하셨으니 이 아들을 만유의 상속자로 세우시고 또 그로 말미암아 모든 세계를 지으셨느니라 이는 하나님의 영광의 광채시요 그 본체의 형상이시라" (히 1:1~3상)

이것은 성경의 놀라운 부분이다. 이 말씀은 예수님이 아버지 하나님[그분의 본성과 인격(person)]을 정확히 대표하신다고 말한다. 그분은 아버지의 존재에서 나오시며 그분의 영광을 드러내신다(출 33:18~19의 선하심을 기억하라). 예수님이 제자들에게 자신이 다시 아버지에게로 돌아가지만 보혜사(성령님)를 보내시겠다고 알리셨을 때 주님이 매우 특별한 단어를 사용하셨다는 것을 알면 흥미롭다: "내가 아버지께 구하겠으니 그가 또 다른 보혜사를 너희에게 주사 영원토록 너희와 함께 있게 하리니"(요 14:16). 여기서 "또 다른"으로 사용된 단어는 **정확하게 동일한 것**이란 의미다. 내가 설명해 보겠다. 내가 이 책을 쓰면서 내 거실의 가구를 쳐다본다. 벽난로 앞에 두 개의 소파가 서로 바라보고 있다. 둘은 정확히 똑같다. 서로 거울에 비친 모습이다. 우리 가족 룸에 또 다른 소파가 있는데 그 색깔과 크기가 우리 거실에 있는 두 개와 약간 다르다. 나는 "우리 가족 룸에는 또 다른 소파가 있다"고 말할 수 있지만 요한복음 14장에 사용된 단어를 사용할 수는 없다. 왜냐하면 가족 룸의 소파는 소파로서 자격이 있지만 거실의 두 소파와 정확히 똑같지는 않기 때문이다. 요점이 무엇인가? 우리가 예수님을 볼 때 그분은 **정확히** 그분의 아버지와 동일하시다. 그리고 예수님은 성령님을 보내셨다. 그분은 **정확히** 예수님과 같으시다. 바꿔 말하면, 하나님은 이 시점에서 역사의 행로를 적시고 바꾸는 데 필요한 계시를 놓치는 일이 없길 원하셨다. 그것은 우리 하나님을 선하고 완전하신 아버지로 계시하는 것이었다.

예수님은 학대적이지 않으며 자기 잇속만 차리지 않는 아버지를 계시하신다. 지금 우리 안에 살아 계시는 성령님은 이 완전히 선하신 아버지의 경이와 아름다움을 재확인하신다. 그분이 우리 안에서 행하시는 일은 모두 우리와 아버지와의 연결을 심화시키는 것이다. 그리고 아버지는 삶에서 우리의 목적을 이루시기 위해 정체성, 목적, 운명(destiny)과 무한한 자원에 대한 인식을 가져다주신다. 성령님이 그분의 완전하신 일을 우리 가운데 행하실 수 있을 때 모든 선한 것과 우리의 연결은 강화되고 분명해진다. 하나님을 우리 아버지로 보여 주는 계시는 하나님의 선하심을 궁극적으로 나타낸 표현이다.

징계의 아름다움

내가 이처럼 완전한 하나님 아버지를 말할 때 자기 자녀를 징계하길 거절하시는 그런 분을 말하는 건 아니다. 그리고 사람들은 징계의 주제를 듣고 싶어 하지 않지만 징계는 사실이고 필요하다. 이 문제의 진실은 그분이 우리를 너무 사랑하셔서 우리를 있는 그대로 둘 수 없다는 것이다. 가장 의미심장한 변화 중 일부는 오직 이런 맥락에서 발생한다. 성경에 따르면 징계는 우리가 그분의 아들딸로서 그분의 것임을 입증한다(히 12:7~8을 보라). 징계가 없는 자는 진짜 상속자나 자손이 아니다. 그들은 가짜다. 그들은 말을 위한 말을 하지만 징계가 없다면 진정한 동행을 할 수 없다.

베니와 나는 자녀를 키울 때 징계를 충동적인 폭발이 아니라 하나의 사건(event)으로 만들기로 결정했다. 폭발은 부모를 위한 것이지 자녀를 위한 것이 아니다. "그 아이는 내 뜻을 어겼어. 누가 윗사람인지 보여 줘야겠어." 그래서 신체적으로 더 큰 사람이 소리를 지르거나 찰싹 때린다. 이상하게도 그렇게 하면 부모는 정당성을 입증한 느낌을 받고 최소한 아이가 사회에 해를 끼치는 통제 불능아가 되는 것을 방지했다고 느낀다. 우리는 모두 우리 자녀를 잘 돌보길 원한다.

베니와 나는 결코 화가 나서 우리 아이들을 징계하지 않기로 결정했다. 폭발과 분노는 아이를 사랑으로 돌보는 것과 전혀 상관이 없다. 엉덩이를 찰싹 때리거나 폭언을 쏟아내는 것은 아이의 마음을 바르게 형성하지 못한다. 충동적인 반응들은 우리의 의도를 훼손한다. 그럴 때 징계는 부모에게 분노 분출 밸브가 되며, 아이 마음의 형성이나 행복과는 상관이 없다. 초점을 바꾸면 방법이 바뀌고 방법은 결과를 바꾼다.

어떤 종류의 징계가 됐든, 징계 전에 먼저 아이를 그의 방으로 보내어 내 마음을 준비하는 데 필요한 충분한 시간을 갖는 것이 우리의 정책이었다. 나는 나를 위해서가 아니라 아이를 위해서 방에 들어가는 것을 꼭 확인해야 했다. 나는 단호하지만 분노하지 말아야 했고 긍휼을 베풀지만 부주의하지 말아야 했다. 흥미롭게도 징계를 받은 아이는 일반적으로 그날 저녁 내내 나와 함께 내 무릎에서 나와 게임을 하며 놀기를 원했다. 제대로 하면 징계는 섬김이 되고 이상하게도 하나가 되게 한다. 징계는 분리를 가져오지 않는다.

예수님은 요한복음 15장에서 이에 대해 말씀하셨다. 이것은 포도나무와 농부와 열매에 관한 장이다. 예수님은 징계를 설명하시기 위해 전지 작업에 대해 말씀하신다. 하나님은 전지 작업을 통해 모든 성장에 대해 보상하신다. 이것은 무언가 잘못된 것이 있을 때만 일어나는 것은 아니다. 손을 보지 않은 포도나무는 자라긴 하지만 열매가 거의 없거나 아주 없게 된다. 포도나무의 모든 에너지가 열매가 아닌 가지와 잎사귀를 자라게 하기 때문이다. 하나님은 우리 삶에서 열매에 매우 관심이 많으시고 이 우선순위를 지키기 위해 필요한 모든 것을 행하신다. 만일 우리가 제재를 받지 않으면 우리의 성장은 외모(appearance, 능력은 없고 경건의 모양만 있는 것)에 그친다. 그리고 아담과 하와가 벗은 것을 숨기기 위해 자신을 나뭇잎으로 가린 것처럼 우리도 그리스도를 닮는 본질이 아닌 성장의 외모 뒤에 우리의 미성숙을 숨긴다. 예수님처럼 되는 열매(회심, 기적, 기도 응답, 삶의 변화)가 있어야 한다.

> "나는 참포도나무요 내 아버지는 농부라 무릇 내게 붙어 있
> 어 열매를 맺지 아니하는 가지는 아버지께서 그것을 제거해
> 버리시고 무릇 열매를 맺는 가지는 더 열매를 맺게 하려 하여
> 그것을 깨끗하게 하시느니라 너희는 내가 일러준 말로 이미
> 깨끗하여졌으니" (요 15:1~3)

나는 이 말씀이 매우 흥미롭다고 생각한다. 예수님은 제자들에게 그들의 삶에 전지 작업이 있을 것을 알리신다. 그러나 "너희는 내가 일러준 말로 이미 깨끗하여졌으니"라고 말씀하신 후다. **깨끗해졌다**는 말은 **전지하다**란 말과 기본적으로 같다. 그리고 이 본문의 맥락에서 우리가 깨끗해지는 것(훈련과 징계를 받는 것)은 그분의 말씀(그분의 음성)을 통해 이뤄진다. 전지 작업(훈련과 징계)은 그분이 우리에게 말씀하실 때 일어난다는 사실을 생각하라. 이는 참으로 놀랍다. 나는 내 삶에서 일어나는 나쁜 상황들은 그분의 징계라고 생각하면서 성장했다. 그것은 예수님이 그의 제자들에게 주신 교훈과 일치하지 않는다. 그 이후로 나는 나쁜 상황들은 우리가 만들어 낸 것일 때가 많지만 그로 인해 우리가 다시 경청의 자리로 돌아간다는 사실을 배웠다. 요나를 삼킨 커다란 물고기는 주님의 징계가 아니었다. 그는 하나님(음성)에게서 도망치다가 '벽'에 부딪혔다. 그

러나 물고기는 요나를 다시 하나님의 음성을 듣길 원하는 자리로 데려갔다. 나는 상황이 결코 징계의 한 부분이 될 수 없다는 뜻으로 말하는 것이 아니다. 그러한 경우에도 그분은 단지 필요한 변화를 우리 안에 일으키시려고 우리에게 말씀하길 원하신다는 뜻이다. 그분이 말씀하실 때 많은 일들이 일어나고 우리는 마음으로부터 들으며 그분이 언제나 의도하셨던 대로 그분의 말씀을 행하는 자가 된다(약 1:21을 보라).

예수님은 자기 제자들을 징계하신다

누가복음 9장은 성경에서 아주 흥미롭고 재미있는 장(chapter) 중에 하나다. 이것은 매우 연구할 만한 가치가 있다. 제자들이 어리석은 일을 행하거나 말할 때 예수님이 그들을 어떻게 다루셨는지를 볼 수 있기 때문에 나는 이 장을 좋아한다. 예수님은 제자들을 매우 능한 자들로 만드셨다. 그런데 지금 그들은 예수님이 그분 자신과 그들을 위해 세우신 기준과 매우 일치하지 않는 일들을 행하고 있다.

이 장에서 열두 제자는 예수님의 이름으로 사역할 능력과 권세를 부여받고(2절) 둘씩 짝을 지어 그들의 고향으로 하나님 나라의 복음을 전파하기 위해 보냄을 받는다(눅 9:6을 보라). 그들이 돌아왔을 때 그들은 예수님을 만나 그들이 무엇을 말하고 어떻게 행동했는지를 보고한다. 분명 거기에는 흥분이 있었고 그들은 예수님이 계시지 않았는데도 그분이 행하신 것을 행했다. 그들의 말과 손을 통해 기적들이 일어났다. 후에 예수님은 그들이 진정으로 축하해야 할 일은 그들의 이름이 하늘에 기록된 사실이라고 알려 주셨다(눅 10:20을 보라). 그들이 사역에 있어 큰 성공을 거둔 후에 이상한 일들이 나타나기 시작했다. 먼저, 그들은 누가 가장 큰 자인지에 대해 논쟁하기 시작했다. 그들이 두 명씩 짝을 지어 보내졌다는 사실을 기억하라. 이것은 그들을 통해 능력의 역사들이 일어났을 때 나머지 열 명은 그 자리에 없었다는 것을 의미한다. 그들 마음에 자기들이 경험한 것과 같은 의미심장한 일들을 다른 제자들이 경험했다고 상상하기란 어려웠을지 모른다. 그들이 무슨 이야기를 하는지 아시는 예수님은 **전지 작업을 해야** 할 때가 되었음을 알아차리셨다. 만일 그들이 위대함에 대한 근거를 그들을 통해 흘러나간 기적들에 뒀다면 그들은 곤란에 빠진 것이다. 만일 그 가지가 자라도록 놔둔다면 하나님의 영광을 위해 영원한 열매를 맺을 모든 가능성은 없어질 것이다. 그래서 예수님은 한 아이를 가리키시면서 하나님의 나라에서 진정으로 위대한 자의 모습이 어떤지를 알려 주셨다. 주님은 "너희 모든 사람 중에 가장 작은 그가 큰 자니라"고 말씀하셨다(눅 9:48하). 예수님은 다시 한 번 그분의 나라의 비밀을 소개하셨다. 그 나라에서 우리는 줌으로써 얻고 낮아짐으로써 높아진다.

예수님이 개인적으로 큰 자가 되려는 그들의 선입견을 다루시자마자 제자들은 또 다른 실수를 저질렀다. 그들은 누군가가 예수님의 이름으로 귀신을 쫓아내는 것을 보았다. 그래서 그들은 그를 꾸짖고 하나님 나라의 권능에 대해 자신들의 독점권을 유지하려 했다. 그것은 거의 "좋아. 알겠어. 우리는 서로보다 더 낫지 않지만 분명 저 사람보단 나아!"라고 말하는 것과 같다. 그들에겐 다른 사람에겐 없는 예수님에 대한 접근권이 있었기 때문에 "무릇 많이 받은 자에게는 많이 요구할 것이요"(눅 12:48)라고 말씀하신 것처럼 그들은 그것을 개인적인 책임 대신에 개인적인 업적을 측정하는 도구로 여겼다. 그들은 이것을 놓쳤다. 예수님은 다시 한 번 그들의 인생을 바꿀 말씀을 하셨다: "금하지 말라 너희를 반대하지 않는 자는 너희를 위하는 자니라"(눅 9:50). 나는 당신이, 예수님이 열두 제자를 징계해서서 그들이 가는 방향으로 계속 가도록 놔두면 미래에 열매를 맺지 못하는 가지를 잘라내셨음을 기억하기 원한다. 엘리트주의의 개념을 지금 다루지 않으면 그것은 미래에 그들에게 큰 대가를 치르게 만들 것이다. 그들은 또한 그들을 지지하는 사람들이 그들에게 속하지 않은 사람들에게서 나온다는 것을 알아야 했다. 요한복음 15장 3절에서 언급된 바와 같이, 이 말씀의 과정은 그들을 깨끗하게 하는 전지 작업이다. 마음의 문제들은 항상 예수님이 말씀하실 때 다루어졌다. 말씀을 받으면 우리는 변화된다(약 1:21을 보라).

그러나 이것이 끝이 아니었다. 그들의 마음의 문제들은 가장 부적절한 시기에 서서히 증가하고 상승하는 것처럼 보였다. 이 장은 위대한 실험의 기록임을 기억하라. 그것은 매우 완전하지 않은 제자들에게 능력을 주는 것이다. 다음 장면에서 야고보와 요한은 도시 전체에 불을 내리길 원한다. 왜냐하면 그 도시 사람들이 제자들의 사역을 거절했기 때문이다. 살인의 영(the spirit of murder)이 이제 제자들을 통해 그들이 실제로 도시 전체 시민들을 죽이고 싶을 정도로 역사하고 있다. 살인하고자 하는 마음은 분명 잘못된 것이다. 그러나 자신에 대해 좋게 느끼기 위해 옳은 것을 입증해야 할 필요가 생기는 것은 매우 불안정한 근거다. 이런 가지(생각, 신조와 개념)는 징계를 통해 처리되어야 한다.

참고로 제자들은 최근에 행한 선교 여행에서 그들의 사역을 통해 하나님이 어떤 종류의 일을 행하신 것을 보았기에 예수님이 허락만 하시면 그들이 실제로 불을 하늘에서 내릴 수 있다고 생각하게 되었을까? 만일 이 가지가 계속 자라도록 허용한다면 포도나무 전체의 목적에 위협이 될 수 있었다. 예수님은 그들의 마음을 한마디로 드러내셨다: "너희는 너희가 어떤 영을 지녔는지 알지 못하고 있도다. 인자는 사람들의 생명을 멸하려고 온 것이 아니라 구원하려고 왔느니라"[눅 9:55~56, 한글킹제임스 성경(개역개정 성경에는 이 내용이 없다-옮긴이)]. 킹제임스 성경은 그들이 이런 일을 부탁할 때 엘리야를 예로 든 것을 강조한다: "주여, 우리가 하늘에서 불이 내리도록 명하여 마치 엘리야가 한 것처럼 그들을 살라 버리기를 원하시나이까?"[눅 9:54, 한글킹제임스 성경(개역개정 성경에는 엘리야에 관한 언급이 없다-옮긴이)]. 재미있는 것은 우리가 이미 잘못되었다고 마음으로 알고 있는 것을 입증하는 구절이 너무나도 자주 발견된다는 사실이다. 제자들은 예수님이 사람들에게 다가가는 모습을 보았고 그분의 마음에 위대한 긍휼과 자비가 있다는 것을 알았다. 하늘에서 불을 내리는 것이 엘리야 시대에는 완벽하게 옳지만 예수님 시대에는 매우 잘못된 것이라는 사실도 흥미롭다. 엘리야는 자신의 임무를 완벽하게 수행했다. 그러나 그의 임무는 아버지 하나님을 드러내는 것이 아니었다. 예수님은 이런 행동이 하나님 아버지에 대한 계시를 손상시킬 것을 아시고 제자들에게 한 도시에 불을 내리는 계획을 수행하려면 다른 영의 능력을 받아야 함을 말씀하셨다. 그런 뒤에 그분은 그분이 오신 또 다른 이유를 말씀하셨다. 주님은 **사람들의 생명을 파괴하기 위함이 아니라 그들을 살리려** 오셨다. 나는 더 많은 사람들이 이것을 이해하길 원한다. 일전에 한 자매가 나를 저주하고 책망한 적이 있었다. 실제로 그녀는 내가 샌프란시스코를 파괴하려는 그녀의 기도에 동의하지 않자 성전 뒷문에서 내게서 귀신을 내어 쫓으려 했다. 감사하게도 그녀가 그렇게 했을 때 유일하게 남아 있던 귀신이 떠났다. 나는 친절하게 그녀를 출구까지 환송해 주었다.

오해하지 말라. 그 도시의 죄와 다른 대부분의 도시들의 죄는 크다. 변명의 여지가 없지 않은가? 그렇다. 그렇다면 용서받지 못하는가? 아니다. 지금은 심판의 때가 아니다. 지금은 위대한 자비의 때다. 심판 날은 그분의 손에 있다. 그러나 긍휼의 날은 우리 손에 있다. 우리 모두가 그분의 용서를 받을 수 있었던 것은 그분의 자비 때문이다. 우리의 기도는 이것이다: "하나님, 저는 이 도시의 사람들보다 더 낫지 않다는 것을 압니다. 주님이 저에게 보여 주신 감당치 못할 그 동일한 자비를 그들에게 보여 주옵소서." 하나님은 그분의 자비를 더 이상 좌우를 분별하지 못하는 사람들에게까지 확대하길 갈망하신다(욘 4:11을 보라). 이것은 그들의 지성을 비하하는 말이 아니다. 절대로 그렇지

> 심판 날은 그분의 손에 있다. 그러나 긍휼의 날은 우리 손에 있다.

않다. 이는 대부분의 사람들의 선악을 분별하는 능력에 대한 말이다. 지금 시대는 미친 짓을 제정신이라 부르고 잘못을 정의라고 생각하며 어리석음을 고상한 것이라 부른다. **권리**란 이름으로 아이들이 살해되는 반면에 동물들은 **책임**이란 이름으로 보호받는다. 그리고 이 모든 것을 위해 싸울 때 하나님만이 받기에 합당하신 열심을 **제물**(offering)로 드린다. 우리에게는 우리의 도시와 민족들을 향한 그분의 자비가 절실히 필요하다.

누가복음 9장은 예수님이 그분의 능력과 권세를 정말 안정되지 못하고 성숙하지 못한 열두 명의 제자에게 맡기시는 위대한 실험을 기록한다. 누가 가장 크냐고 논쟁하고, 그들의 그룹에 속하지 않은 모든 사람들의 활동을 제한하고 싶어 하며, 이어서 살인을 감행하려고 했던 사실은 이들의 상태가 어떤지를 우리에게 알려준다. 만일 우리 교회 목회자 중 한 사람이 자신의 사역이 거절을 당하고 도시를 떠나라는 요청을 받아서 이제 도시 전체를 폭파할 계획을 가지고 있다고 내게 은밀히 말한다면, 분명히 말하지만 나는 그의 사역에 대해 크게 염려할 것이다. 최소한 나는 그의 활동을 제한하고 그가 도움을 받도록 할 것이다. 예수님은 이런 문제들이 생겼을 때 심지어 놀라지도 않으시는 것처럼 보인다. 그리고 모든 경우에 그분은 구체적인 말로 교정하시고 방향을 재설정해 주신다. 그러나 어디서도 주님은 화를 내지 않으신다. 어디서도 주님은 그들을 벌하시거나 다른 사람들에게는 계속 따르라고 하시면서 그들에게는 "벤치를 지키라"(운동선수가 경기장에서 뛰지 못하고 벤치에 앉아 있는 것을 말함-옮긴이)고 말씀하지 않으신다. 그분이 말씀하시면 그들은 변화되었다. 그리고 이런 문제는 결코 다시 부각되지 않았다.

모든 것 중에 가장 재미있는 놀라움!

많은 사람들은 열두 제자에게 권세와 능력을 위임한 것이 실패한 실험이라고 생각할 것이다. 그러나 예수님은 분명 그렇지 않으셨다. 그 후에 주님은 설명할 수 없는 일을 행하신다. 그분은 동일한 능력과 권세를 70명의 다른 이들에게 맡기시고 그들에게 열두 제자와 동일한 사역을 주심으로써 이 실험을 감행하신다: "그 후에 주께서 따로 칠십 인을 세우사 친히 가시려는 각 동네와 각 지역으로 둘씩 앞서 보내시며"(눅 10:1). 이는 놀랍다. 분명 예수님은 우리가 일을 엉망으로 만드는 걸 두려워하지 않으신다. 성경에서 내가 사역에 관해 좋아하는 구절 중 하나는 잠언 14장 4절이다: "소가 없으면 구유는 깨끗하려니와 소의 힘으로 얻는 것이 많으니라." 많은 사람들의 사역의 목표는 일을 엉망으로 하지 않는 것이다. 그리고 그것이 성공의 기준이 된다. 나는 공동묘지가 질서정연하고 깨끗하다는 것을 당신에게 상기시키고 싶다. 그러나 아이들로 가득한 유치원은 그렇지 않다. 하나는 살아 있고 다른 하나는 죽어 있다. 부흥을 원한다면 삽을 들고 과정 중에 있는 사람들과 인내를 가지고 일하는 법을 배우라.

예수님은 아버지 하나님을 완전히 선하신

> 공동묘지는 질서정연하고 깨끗하다. 그러나 아이들로 가득한 유치원은 그렇지 않다. 하나는 살아 있고 다른 하나는 죽어 있다. 부흥을 원한다면 삽을 들고 과정 중에 있는 사람들과 인내를 가지고 일하는 법을 배우라.

분으로 계시하신다. 그분은 하나님을 모든 말(가르침)과 행동(기적과 친절한 행동)으로 계시하셨다. 그런 뒤에 그분은 우리에게 성령님을 주셔서 우리를 통해 그분을 모방하게 하신다. 아버지 하나님의 모습이 어떤지에 대한 지속적인 계시에는 실수나 낙담이란 없다. 그 계시가 예수님을 통해 이루어진 것처럼 우리를 통해서도 이루어지게 되어 있다.

죄로 가득한 도시들을 구하는 비결

많은 사람들이 죄인들을 저주하길 원한다. 그러나 그 저주는 권세와 목적을 오용한 것이다. 하나님은 우리를 주님의 제사장이라 부르신다(벧전 2:9을 보라). 제사장의 사역에서 우리는 하나님 앞에 사람들을 그리고 사람들 앞에 하나님을 제시한다. 하나님 앞에 사람들을 제시하는 것은 기도 사역이며 종종 중보라 불린다. 당면한 임무는 중간의 틈(영적 평형과 가치에 있어서 분명히 깨어진 곳)에 서서 그들을 위해 자비를 간구하는 것이다(겔 22:30을 보라). 누군가가 우리를 위해 이런 일을 했다. 이제는 우리가 다른 사람들을 위해 이 일을 해야 한다. 비극적이게도 에스겔서에서 하나님은 곤궁에 처한 사람들을 위해 자비를 구하는 외침을 발하는 자를 찾지 못하셨다. 누군가를 위해 기도하라고 주신 임무를 취해서 그 순간을 저주로 바꾼다는 것은 하나님이 주신 책임을 완전히 오용하는 것이다. 이런 임무를 오용한 것에 대해 하나님 앞에 회개할 때 그것이 우리를 쏠 것이다. 성경에서 그분이 우리의 눈물을 씻어 주신다고 말한 이유 중 일부가 이것 때문일지 모른다.

하나님은 우리가 그분과 동역하길 갈망하신다. 중보기도는 그런 역할이다. 그리고 기적의 라이프스타일도 그렇다. 예수님은 세 도시를 책망하셨다. 왜냐하면 그들은 그분이 계속해서 기적의 삶을 사시는 것을 목도했기 때문이다(마 11:20~24을 보라). 그들은 그분의 하시는 일에는 박수를 보냈지만 그들에게 계시되고 있는 이 기준에 맞춰 그들의 라이프스타일을 조정하진 않았다. 바꿔 말하면, 그들은 회개하지 않았다. **회개**란 근본적으로 '우리의 사고방식을 바꾸다'란 뜻이다. 그들은 기적을 목도했지만 그것으로 그들의 사고방식이나 삶에서 그들의 책임을 보는 방식이 바뀌진 않았다. 그러자 예수님은 충격적인 결론을 내리셨다: "네게 행한 모든 권능을 소돔에서 행하였더라면 그 성이 오늘까지 있었으리라"(마 11:23). 당신은 알겠는가? 예수님의 사역이 하나님의 심판으로 유명한 소돔성에서 이뤄졌다면 그 도시는 여전히 지금도 존재할 것이다. 소돔은 회개했을 것이다! 예수님이 행하신 크기의 기적들을 보았을 때 소돔은 심판의 도시에서 위대한 유산과 인내를 지닌 목적의 도시로 바뀌었을 것이다. 그들이 잃어진 것을 보면 목적과 운명이 무엇인지를 쉽게 인식할 수 있게 된다.

하나님은 자비를 보이시길 갈망하신다. 그러나 사람들이 서로 힘을 합쳐 도시나 유명인사나 정치인이나 악한 상사를 저주할 때 우리는 우리가 살아 있는 이유를 어긴다. 그분은 중보로 그 중간에 서 있을 사람들을 찾으신다. 왜 그런가? 왜냐하면 그분이 선하시기 때문이다! 그 중간에 서서 자비를 필요로 하는 사람들을 위해 중보하지 않는다면 그분의 선하심이 나타날 기회를 놓칠 것이다.

모든 것이 바뀌다

그 한 가지 임무(아버지 하나님을 계시하는 것)를 성취하기 위해 그분은 모든 것을 말씀하셨고 모든 것을 행하셨다. 내가 이 단순한 핵심을 깨달았을 때 모든 것이 바뀌었다. 그것은 맥락을 창조했고, 더 중요한 것은 예수님의 모든 말씀과 행동에 대한 이유를 창조했다. 아버지 하나님은 이 땅의 고아들에게 알려지셔야 했다.

예수님이 맹인 바디매오의 외침에 반응하셨을 때 그분은 아버지 하나님을 대표하셨다. 우리에게 맹인 된 자녀의 눈을 뜨게 할 능력이 있다면 그렇게 하지 않을 사람은 우리 중에 아무도 없을 것이다. 아버지라면 으레 그렇게 한다. 우리는 해결사다. 그리고 이 경우에 예수님은 바디매오의 눈을 뜨게 하심으로써 그의 맹인 됨을 해결하실 뿐만 아니라 그에게 새로운 정체성을 주신다. 맹인이 예수님에게 올 때 그는 자기의 거지 옷을 버렸다. 그 옷은 제사장들이 준 고용의 표였으며 그가 구걸을 받을 자격이 있다는 것을 입증해 주었다.

사람들이 간음하다 현장에서 잡힌 여인을 예수님에게 데려와 그분이 어떻게 하시는지 보려 했을 때 그분은 다시 한 번 아버지 하나님을 대표하셨다. 종교 지도자들은 그들이 지키는 율법에 따라 그녀를 죽이려고 돌을 가져왔다. 하지만 예수님은 다른 임무를 가지고 오셨다. 그분은 몸을 숙여 땅에 글을 쓰시면서 그녀를 돌로 치려는 자들에게 다음과 같은 조건하에 그 일을 하라고 말씀하셨다: "너희 중에 죄 없는 자가 먼저 돌로 치라"(요 8:7). 흥미로운 것은 오직 죄가 없으신 한 분만이 돌을 던지길 거절하셨다는 점이다. 대신에 그분은 하나님 아버지를 계시하셨다. 현실에서 이것은 아버지와 딸의 순간이었다.

그녀에게 돌을 던지려 했던 모든 사람들은 현장을 떠났다. 그분이 쓴 글의 내용이 무엇이든 간에 그것은 너무나 은혜로운 분위기로 가득 차서 심판하려 했던 자들이 떠나야만 했다. 그러고 나서 예수님은 우리 딸이 그런 도덕적 실패와 수치 가운데 잃어졌을 때 우리 모두가 취했을 행동을 하셨다. 그분은 그녀를 섬기셨다. 예수님은 종교 지도자들이 그분에 대해 무엇을 생각하든 개의치 않으셨다. 군중의 의견도 중요하지 않았다. 그분은 아버지 하나님을 보여주셔야 했다. 그리고 더욱 중요한 것은 이 잃어진 자, 고아의 마음을 드러내는 이 여인이 하나님 아버지를 알아야 했다.

옛 언약대로라면 그녀는 돌에 맞아 죽었을 것이다. 그러나 비록 예수님의 보혈이 아직 흐르지 않았기 때문에 옛 언약이 여전히 유효하지만 이제는 다른 계절이다. 그녀의 죄는 무시되거나 가볍게 취급되지 않았다. 그녀가 자기를 송사하던 자들이 떠나고 자기를 정죄하는 자가 아무도 없다는 것을 알자 예수님이 말씀하셨다: "나도 너를 정죄하지 아니하노니 가서 다시는 죄를 범하지 말라"(요 8:11). 그분은 그녀를 사랑의 말로 징계하셨다.

모든 행동과 말이 완전하신 아버지, 완전히 선하신 분을 가리켰다. 제자들이 아이들은 예수님이 섬기는 어른만큼 중요하지 않다고 생각했을 때 예수님은 그들의 생각을 교정하셨다. 아이들은 선한 아버지 주변에 몰려든다. 또한 부모는 자기 자녀들을 선한 아버지에게 맡긴다. 예수님은 제자들이 이해하는 데 시간이 걸린 이런 현상을 그저 보여 주셨다. 그분은 아버지 하나님을 사람들에게 나타내셨고 아이들은 그것을 보았다.

> "사람들이 예수께서 만져 주심을 바라고 어린 아이들을 데리고 오매 제자들이 꾸짖거늘 예수께서 보시고 노하시어 이르시되 어린 아이들이 내게 오는 것을 용납하고 금하지 말라 하나님의 나라가 이런 자의 것이니라" (막 10:13~14)

성경의 모든 페이지와 모든 이야기는 예수님이 말과 행동으로 아버지 하나님을 어떻게 계시하셨는지를 보여 준다. 요한복음 17장의 예수님의 대제사장의 기도는 우리에게 예수님과 아버지 하나님과의 가장 친밀한 순간들을 열어 준다. 그것은 마치 예수님이 자신이 지구상에서 자기 시간을 자기 아버지와 어떻게 보내셨는지를 설명해 주는 것처럼 들린다. 이 장 전체는 한 가지 목적, 즉 예수님이 이 땅에서의 그분의 삶을 어떻게 설명하셨는가라는 질문에 대한 답을 찾으려는 목적만으로도 읽을 만하다. 이것만으로도 우리는 예수님이 이 땅에 오셔서 하시려고 했던 것이 무엇인지를 이해하는 데 도움을 얻는다. 예수님은 그분의 기도 가운데 많은 것을 언급하셨지만 이 위대한 장에서 나는 네 가지를 열거하고 싶다.

1. 나는 일을 끝냈다(4절).
2. 나는 당신의 이름을 드러냈다(6절).
3. 나는 그들에게 당신의 이름을 주었다(14절).

4. 나는 당신의 이름을 선포했다(26절).

예수님은 아버지 앞에서 자신의 임무를 점검하신다

1. 예수님은 아버지의 일을 끝내시기 위해 오셨다. 예수님이 사람들의 삶에서 계속해서 그들을 만지시고 고치시는 것이 가족의 일이었음을 기억하라. "만일 내가 내 아버지의 일을 행하지 아니하거든 나를 믿지 말려니와"(요 10:37). 아버지 하나님의 일을 만나면 아버지 하나님 그분을 만나게 된다. "그 일은 믿으라 그러면 너희가 아버지께서 내 안에 계시고 내가 아버지 안에 있음을 깨달아 알리라"(요 10:38). 처음부터 이것은 하나님의 본성이며 마음이었다. 그러나 예수님이 오실 때까지 이것은 결코 온전히 이뤄지지 못했다.

2. 예수님은 아버지 하나님의 이름의 현현이다. 이름은 본질과 정체성을 계시한다. 예수님은 아버지 하나님의 본질과 정체를 계시하셨다. 그분은 아버지 하나님의 이름과 완전히 조화를 이루며 사셨고 자신이 그분의 이름으로 왔다고 고백하셨다(요 5:43을 보라). 예수님이 행하신 기적들은 아버지 하나님의 이름으로 행해졌다(요 10:25을 보라). 하나님의 자녀가 되는 권리와 권세는 그분의 이름을 믿는 자들에게 주어졌다. 왜냐하면 그분은 그분의 아버지의 이름으로 오셨기 때문이다(요 1:12을 보라).

3. 예수님은 아버지의 말씀을 사람들에게 주셨다. 예수님은 하나님의 말씀으로 계시되었다(요 1:14을 보라). 그분만이 아버지가 말씀하시는 것을 말씀하셨다. 또한 그분은 그분의 말씀을 듣고 믿는 자들에게 영생이 있다고 말씀하셨다(요 5:24을 보라). 그런 다음에 예수님

은 자신이 말하는 말씀의 근원을 밝히신다: "예수께서 대답하여 이르시되 사람이 나를 사랑하면 내 말을 지키리니 내 아버지께서 그를 사랑하실 것이요 우리가 그에게 가서 거처를 그와 함께 하리라 나를 사랑하지 아니하는 자는 내 말을 지키지 아니하나니 너희가 듣는 말은 내 말이 아니요 나를 보내신 아버지의 말씀이니라"(요 14:23~24). 이 세상은 하나님의 말씀으로 창조되었음을 기억하라. 그분이 말씀하실 때마다 무언가가 창조되었다. 오늘날도 마찬가지다. 하나님이 말씀하시는 것을 말하면 우리도 그분의 생명과 사랑 그리고 임재를 우리 주변 세상으로 풀어내는 무언가를 할 수 있다.

하나님이 말씀하시는 것을 말하면 우리도 그분의 생명과 사랑 그리고 임재를 우리 주변 세상으로 풀어내는 무언가를 할 수 있다.

4. 예수님은 그분의 이름을 선포하셨다. 주님은 이미 자신이 그분의 이름을 나타내셨다고 언급하셨다. 그러나 이제 예수님은 아버지의 이름이 또한 선포해야 하는 어떤 것임을 강조하신다. 온전한 효과를 보려면 어떤 것들을 선포해야 한다. 예수님은 이 하늘 아버지가 누구신지를 선포하시는 하늘에서 오신 분이다. 그분은 정확히 예수님과 같으시다! 복음서의 모든 페이지마다 우리는 예수님이 말씀하시고 행하신 모든 것이 그분의 아버지에게서 왔음을 선언하시는 것을 본다. 그분은 영광을 자신을 위해서는 조금도 취하지 않으셨다. 대신에 그분은 단지 말해야 할 것을 선언하셨다는 사실을 알리셨다.

분명한 임무

베니와 나는 여러 차례 한 계절 동안 입양아들과 함께 살았다. 우리는 아주 비극적인 경우를 당한 두 소년을 받았는데 그들 부모는 모두 자살을 했다. 먼저는 엄마가 학대 때문에 자살했으며 약 6개월 후에 아버지도 자살했다. 감사하게도 아이들이 우리 집에서 몇 주간 보낸 후에 상담자는 그들이 더 이상 상담이 필요치 않다고 말했다. 그 아이들은 우리가 그들을 사랑한다는 것을 알고 마음에 평화를 경험하기 시작했다. 그러나 우리 집에서 첫날과 둘째 날을 보낼 때 매우 흥미로운 일이 벌어졌다. 저녁 시간이 되었을 때 그들은 손이 닿는 대로 모든 음식을 그들 그릇 주변에 갖다 놓고 팔로 감싸며 어느 누구도 그 음식을 가져가지 못하게 했다. 그들은 우리에게 고아가 어떻게 사는지를 보여 주었다. 우리는 미소를 지으며 그들에게 그들이 원하는 모든 것을 가질 수 있으며 내일 또 다시 충분히 먹고도 남을 음식이 있을 거라고 확실히 말해 주었다. 시간이 조금 걸렸지만 그들은 곧 우리와 살기 때문에 확실한 공급이 이루어질 것임을 알았다.

고아들은 자기가 사랑받고 있다는 것을 아는 아이들과 다르게 산다. 자급자족하고 스스로를 높이는 삶은 건강한 자녀들의 행동이 아니다. 대신에 안정된 아이는 자신에게 관심을 보여 달라고 싸울 필요 없이 다른 사람의 은사를 더 축하해 주는 경향이 있다. 우리 주변의 모든 이들은 고아들이다. 우리가 우리 이웃, 상사, 교회 친구들 혹은 중동 전쟁, 심지어 정당 간의 전투에 대해 이야기하고 있는지 여부는 중요하지 않다. 고아들이 우리를 인도하고 먹인다.

그들에겐 답이 없다. 그들은 단지 고통을 죽이기 위한 서로 다른 방법들을 가지고 있을 뿐이다. 이제 하나님의 사람들이 일어날 때다. 우리는 우리를 위하시는 이 놀라운 아버지를 알 뿐만 아니라 우리 그릇에 모든 음식을 담길 원하는 우리의 성품을 단번에 처리하는 특권을 가지고 있다. 우리의 개인적인 승리를 통해 우리는 그분을 알리고 다른 사람들도 스스로 그분을 경험하는 기회를 제공하는 특권을 가지고 있다.

예수님은 제자들에게 다음과 같은 임무를 부여하셨다: "아버지께서 나를 보내신 것 같이 나도 너희를 보내노라"(요 20:21). 바라건대 예수님에게 주어진 임무가 아버지 하나님을 계시하는 것임을 이제 당신도 볼 수 있길 바란다. 이 말씀에서 예수님은 그분의 임무의 이 부분을 우리에게 전해 주신다. 그리고 그렇게 하심으로써 그분은 우리의 목적을 그분이 하셨던 것과 동일하게 정의하신다. 우리는 여전히 그분이 사랑하시는 세상에서 살고 있다. 이 세상은 좌우를 분별하지 못하는 사람들로 가득하다. 천국의 가치들에 대한 관점은 아버지 하나님과 그분의 선하심을 아는 자들에게만 진정으로 임한다.

8장

BILL
JOHNSON

GOD

is

그분은 당신이 생각하는 것보다 더 선하시다

GOOD

...

예수 그리스도, 완전한 신학

나는 여전히 하나님에 대한 질문들을 가지고 있다 …
분명 그렇다. 하지만 그것은 믿음 안에서이지 믿음 밖
에서가 아니다. 그리고 그것은 분명 믿음을 반대하지
않는다.

_ 엘리 위젤

예수님을 그분의 모습 그대로 봐야 할 개인적인 깊은 필요가 그
리스도의 몸에 있다. 예수 그리스도는 모든 면에서 완전하시다. 그
분은 완전한 아름다움이시고 완전한 위엄이시며 완전한 능력이시
고 완전한 겸손이시다. 그분의 놀라운 성품과 덕목의 목록은 끝이
없다. 그러나 이 장의 목적 면에서 예수 그리스도는 완전한 신학이
시다. 그분은 인격화되신 하나님의 의지이시다.

문제에 대한 예수님의 반응

예수님은 그분에게 오는 모든 사람을 고쳐 주셨다. 예외가 없었
다. 또한 그분은 아버지가 그분에게 고치라고 지시하신 모든 자를
고치셨다. 예수님이 우리에게 주신 것과 또 다른 기준을 세우는 것
은 용납될 수 없다.

예수님은 그가 만난 생명을 위협하는 모든 폭풍을 잠잠케 하셨다. 우리는 그분이 자신의 권세를 사용해서 폭풍의 영향력을 증가시키시거나 어떤 종류의 재앙도 내리시는 것을 결코 본 적이 없다. 그분은 도시의 시민들이 더 겸손해지고 기도하는 법을 배워 더욱 그분과 같이 되도록 하기 위해 한 도시를 멸하려고 폭풍을 명한 적이 결코 한 번도 없으시다. 오늘날 우리의 영적 지도자들 중에 많은 이들이 하나님이 왜 폭풍을 보내셨는지를 선언할 때 그것이 한 지역의 교만과 죄악을 깨부수기 위함이라고 말한다. 하나님은 분명 어떤 비극도 그분의 목적을 위해 사용할 수 있으시다. 그러나 그렇다고 해서 그분이 그 문제를 고안해 내셨다는 의미는 아니다. 예수님은 이런 식으로 폭풍을 다루지 않으셨다. 폭풍이 어떻게 그리고 왜 발생했는지 상관없이 예수님이 해답이셨다. 우리가 사는 세상에서 많은 보험회사들과 신문들은 자연재해를 '하나님의 행위'(acts of God)라 부른다. 아마도 그들은 이 신학을 우리에게서 배운 것 같다.

하나님이 우리의 폭풍과 질병과 갈등을 일으키신다고 생각함으로써 우리는 야고보와 요한이 "마치 엘리야가 한 것처럼"이라고 말했을 때와 동일한 논리로 돌아가는 건 아닌가?[눅 9:54을 보라, 한글킹제임스 성경(개역개정 성경에는 엘리야에 관한 언급이 없다-옮긴이)] 그들은 신약성경의 딜레마를 해결하기 위해 구약성경의 기준을 사용함으로써 그들의 사고를 정당화했다. 구약성경에서 성경적 전례를 발견했다고 해서 이런 반응을 정당화할 수 있는가? 왜 예수님은 단지 멈추라고 말씀하시는 대신에 폭풍을 꾸짖으셨는가? 이것이 암시하는 바는 어둠의 세력이 이 폭풍에 관여했다는 것이며 그 세력들은 이 땅에서의 하나님의 마음과 목적에 위배되기 때문에 처리되어야 했다는 것이다. 만일 마귀가 폭풍에 관여했다면 우리는 폭풍이 하나님 아버지의 뜻이라고 말하는 모습을 보여 주고 싶어 하지 않을 것이다.

축사(deliverance)는 구하는 모든 자에게 허락되었다. 이것이 예수님이다. 그분은 수로보니게 여인이 자기 딸을 위해 그분에게 왔을 때 이를 잘 보여 주셨다(막 7:24~30을 보라). 그녀는 이방인이었기에 예수님은 사역을 해 줄 필요가 없으셨다. 그분의 사역은 처음에는 성경의 명령을 성취하기 위해 유대인에게 주어졌다. 이는 복음을 모든 민족에게 열기 위해 필요한 조치였다. 그러나 심지어 여기서도 우리는 예수님이 사람들을 향해 긍휼한 마음으로 감동되셨음을 보게 된다. 그분은 이 젊은 여인에게 곤궁에 처한 딸을 향한 하나님 아버지의 마음을 드러내시는 방편으로 그녀에게 축사와 치유를 베푸셨다. 다시 한 번 예수님은 아버지를 정확하게 계시하셨다. 그리고 이것은 예수님과 함께 역사하시는 성령님의 역사임을 상기시키는 바다. 성령님은 우리 안에 살아 계셔서 동일한 역사를 나타내신다.

당신이 하나님에 대해 안다고 생각하는 것이 무엇이든 그것을 예수님의 인격 속에서 발견할 수 없다면 그에 대해 질문할 이유가 있다. 예수 그리스도는 아버지 하나님과 지금까지 알려질 수 있는 그분의 본성을 가장 충만하게 그리고 가장 정확하게 계시하신 분

당신이 하나님에 대해 안다고 생각하는 것이 무엇이든 그것을 예수님의 인격 속에서 발견할 수 없다면 그에 대해 질문할 이유가 있다. 예수 그리스도는 아버지 하나님과 지금까지 알려질 수 있는 그분의 본성을 가장 충만하게 그리고 가장 정확하게 계시하신 분이시다.

이시다.

예수님의 삶에서 보이는 하나님의 선하심과 서구의 보편적인 교회의 신앙체계를 통해 계시된 하나님의 선하심 간의 차이는 광대하다. 우리는 예수님이 우리 삶에 대해 세우신 기준은 은유적이어서 오늘날 전적으로 달성할 수 없다고 믿거나 아니면 예수님의 모범을 합법적인 기준으로 생각하는 것은 신학적으로 잘못된 것이라고 믿는 편이 더 쉬워졌다. 그분의 모범은 단지 역사에나 있을 뿐이다. 이러한 혼돈의 근원은 예수님의 삶과 신자가 매일 겪는 경험의 차이를 조화시키는 데 따르는 어려움이다. 이러한 차이를 발견하면 우리는 우리를 편안하게 해 줄 신학을 자주 만들어 내지만 또한 영속적인 미성숙에 우리를 가둔다. 하나님이 능력으로 응답하실 **때까지** 하나님을 찾기보다는 왜 이런 일이 일어나지 않았는지 그 이유를 찾아냄으로써 성경에 대한 우리의 해석을 바꾸는 것이 더 쉬웠다.

질병에 대한 예수님의 반응

만일 예수님이 자신에게 오는 모든 사람을 치유하셨고 아버지 하나님에게는 사람들을 아프게 할 의도가 있으시다면, 우리는 분열된 가정(예수님의 가르침에 따르면 더 이상 제대로 지속될 수 없는 가정)이 되고 만다. 질병, 폭풍, 고통과 같이 해답이 제시되어야 한다고 여겨지는 것들도 하나님에 의해 생긴다는 것을 입증하기 위해, 예외없이 논쟁의 이 지점에서 구약성경의 이 구절들이 인용된다. 그런 뒤에 우리는 "하나님은 변치 않으신다!"라는 말을 듣는다. 하나님이 계속해서 질병을 일으키신다는 것을 입증하기 위해 이런 말을 사용한 후에 그와 동일하게 예수님이 그분에게 온 모든 자들을 고치신 것을 입증하지 않는 것이 내게는 이상하다. 우리가 동일한 일을 하길 원하시는 것이 그분의 마음이기 때문에 이것은 비극이다. 하나님은 변치 않으신다는 것은 사실이다. 이제는 그분이 신약에서와 같이 구약에서도 자비하신 분이라는 사실을 아는 것이 중요하다. 하나님 아버지의 모습이 어떤지를 정확히 볼 수 있게 된 것은 예수님이 오신 뒤부터였다.

우리는 옛 언약에서 얼마만큼을 보존하길 원하는지 우리 자신에게 물어야 한다. 우리의 문제를 일으키시는 하나님의 기준을 보존하는 것이 합법적인 노력인가? 무엇을 보존하든 우리는 그 아래에서 살아야 한다. 우리의 신앙 체계가 하나님을 바꾸는 것은 아니다. 우리의 신앙 체계 혹은 이 경우에 **불신앙의 체계**는 우리 삶에서 하나님의 역사를 제한한다. 성경은 하나님을 제한하는 것에 대해 심각하게 경고한다: "그들이 광야에서 그에게 반항하며 사막에서 그를 슬프시게 함이 몇 번인가 그들이 돌이켜 하나님을 거듭거듭 시험하며 이스라엘의 거룩하신 이를 노엽게 하였도다 그들이 그의 권능의 손을 기억하지 아니하며 대적에게서 그들을 구원하신 날도 기억하지 아니하였도다"(시 78:40~42).

그리스도인의 생활 영역 중에서 이적, 기사와 표적보다 이런 식

> 우리의 신앙 체계가 하나님을 바꾸는 것은 아니다. 우리의 신앙 체계 혹은 이 경우에 불신앙의 체계는 우리 삶에서 하나님의 역사를 제한한다.

으로 교회가 기꺼이 타협하려 하는 영역은 거의 없다. 예를 들어, 우리는 사람들에게 자기 죄를 속하기 위해 양을 희생 제물로 드리라고 말하지 않을 것이다. 예수님이 모든 사람을 위해서 단번에 희생이 되셨다. 우리는 사람들에게 하나님에게 합당한 예배를 드리기 위해 예루살렘까지 여행하라고 하지 않을 것이다. 예수님은 오늘날의 예배는 장소에 있지 않고 영과 진리에 있다고 가르치셨다(요 4:21~24을 보라). 우리는 신체에 결함이 있는 자들에게 예배하러 그분 앞에 나오지 말라고 금하는 걸 결코 생각하지 않을 것이다(레 21:18~21을 보라). 우리는 또한 맹인을 하나님에게 저주받은 자로 여기지도 않을 것이다(신 28:28을 보라). 우리는 반항하는 청소년을 위해 신실하게 기도하지만 결코 그 젊은이를 돌로 쳐 죽이지는 않을 것이다(신 21:18-21을 보라). 그러나 이 모든 말씀은 옛 언약 아래서 하나님이 사람들을 대하시는 방법을 나타낸다. 이렇게 사람을 대하시는 방법들이 변하지 않으시는 하나님의 본성을 나타내는 것 또한 사실이지 않은가? 모세가 자기 아들에게 할례를 행하지 않았기 때문에 하나님은 그를 거의 죽이실 뻔했다. 그러나 우리에게 그것은 선택 사항이다. 구약성경에서 하나님은 이스라엘에게 원수 나라들(모든 남녀와 어린이를 포함한)을 죽이라고 명령하셨지만 우리는 이제 원수를 사랑하라는 말을 듣는다. 엘리야는 800명의 우상 숭배자들을 죽였지만 예수님은 악인을 대신에 자신을 처형하도록 내주셨다. 예수님이 오셔서 아버지 하나님을 더 정확하게 계시하셨을 때 이런 기준들을 계속해서 수용하는 것이 합법적인가? 그러나 역사적으로 교회는 치유와 축사의 주제에 대해 바로 이런 일을 자행했다. 만일 구약성경이 치유의 영역에 있어서 예수 그리스도 안에서 발견되는 하나님의 완전한 계시를 대신한다면 위에 주어진 목록도 그런 권리를 갖게 된다. 다시 말하지만 우리는 이적, 기사와 표적의 영역에서는 그렇게 하면서 복음의 다른 부분에서는 그렇게 하지 않는다. 이것이 오늘날의 현상이다. 그러나 언제나 이런 식은 아니었다.

예수님처럼 되려는 노력이 이처럼 논란의 대상이 될 수 있다는 것이 내게는 놀랍다. 그리고 이상하게도 그 반대는 그리스도를 고백하는 사람들에게서 나온다. 우리가 예수님처럼 되어야 한다고 사람들이 말하는 이 시대에 그들은 우리가 인내하고 친절하고 사랑해야 한다는 의미로 그렇게 말한다. 삶의 순수성에 대한 부분은 신실한 증인이 되는 데 있어 필수적이다. 그러나 능력의 부분도 동일하게 중요하다. 순수성과 능력은 예수 그리스도의 부활을 증거하는 데 우리가 서야 할 두 다리다. 우리가 증거해야 할 것은 부활이다.

2천 년 전에 모든 질병은 마귀에게서 오는 것으로 여겨졌고 치유(하나님의 나라가 현재 임한 실상의 표적)는 하나님에게로부터 왔다. 열병처럼 단순한 것조차 마귀에게서 난 것으로 여겨졌다(막 1:31을 보라). 모든 것이 너무 분해되어 많은 사람들이 질병은 우리의 성품을 세우기 위해 하나님이 보내시거나 허락하신 것으로 생각하는 반면에 치유 사역을 추구하는 사람들은 기껏해야 균형이 안 맞을 뿐이며 최악의 경우에는 마귀의 역사로 여긴다. 만일 이 사람이 모든 사람이 치유될 수 있다고 믿을 경우에는 특히 그렇다. 2천 년 동안에 일이 이렇게까지 차이가 날 수 있다는 것은 두렵기까지 하다. 더욱 당혹스러운 것은 하나님이 우리의 유익을 위해 질병을 인정하시거나 심지어 보내셨다고 여기는 바로 그 사람들이 치료책을 찾고 병에서 놓임을 받기 위해 의사를 찾아가는 데 아무런 문제가 없다는 사실이다. 이처럼 지각없는 성경 접근법은 중단되어야 한다. 그리고 치유 기도를 결코 받지 않으려는 사람들은 의사를 찾아가는 것을 **상식**으로 여긴다. 이것이 **당연한지** 모르겠지만 성경에서 우리에게 준 모범을 위반할 때 **의미**가 없다. 우리가 때로 성경에서 언급된 경험을 하지 못했을 때 우리는 예수님의 삶을 통해 주신 압도적인 증거 대신에 우리의 경험 부족을 설명하거나 변명하는 애매모호한 성경 구절을 찾는 경향이 있다.

그냥 내 생각일 뿐이지만 나도 의사를 찾아가거나 약을 먹는 것에 문제가 없다. 하나님은 의도된 결과(건강)를 얻기 위해 이런 것들을 사용할 수 있으시다. 당신은 두 가지 사실을 동시에 믿을 수 없다. 즉 하나님이 우리의 교훈을 위해 질병을 보내셨다고 믿은 후에 약의 개입을 통해 그것을 제거하려는 것 말이다. 그것이 당신의 믿음이라면 당신은 하나님의 주권을 위배하고 있는 것이다. 나는 너무나 많은 사람들이 '현대 의학'의 영향 아래 살면서 위대한 의사이신 주님에게 가는 것을 전혀 생각하지 않거나 거의 생각하지 않는 것이 걱정된다. 나는 치유를 위해 기도하지만 약의 도움을 기꺼이 받는다. 그리고 개인적으로 나는 수치감 없이 그렇게 한다.

다음을 생각해 보라. 많은 사람들이 하나님에게 은총을 얻는 고통의 한 형태로 질병을 받아들이도록 훈련받았다. 만일 우리가 합법적으로 질병을 가지고 그렇게 한다면 우리는 죄를 가지고도 그렇게 할 수 있다. 예수님은 죄와 질병을 무력화시키기 위해 동일한 값을 치르셨다(시 103:3, 사 33:24, 막 2:9, 약 5:16을 보라).

예수 그리스도, 삶의 모델

완전한 신학이신 예수님은 하나님의 뜻을 보여 주신다. 그분은 그분의 나라의 현실을 모델로 삼아 삶을 어떻게 살아야 할지를 보여 주신다. 이 나라에서 당신은 죽음으로 살고 낮아짐으로 높아지며 줌으로 받는다. 이처럼 논리적으로 모순되는 목록은 끝이 없어 보인다. 그러나 그것들은 그분의 나라(그분의 마음)를 심오하게 계시한다. 아래 목록은 이와 관련해서 어떻게 살아야 할지를 모델로 보여 주는 영역들의 일부다.

> 완전한 신학이신 예수님은 하나님의 뜻을 보여 주신다. 그분은 그분의 나라의 현실을 모델로 삼아 삶을 어떻게 살아야 할지를 보여 주신다.

소유 - 예수님은 그분이 하신 모든 말씀과 행동에서 아버지의 마음을 잘 보여 주신다. 그분은 우리가 소유에 대해서 어떻게 접근해야 할지를 모델로 보여 주신다. 나는 그분이 하나님이라는 사실을 상기시키고자 한다. 그분은 하늘과 땅의 모든 것의 주인이시다. 그러나 그분의 사랑은 그분이 주신 것으로 측정된다. 그분은 자신을 주셨다. 잭 헤이포드는 풍요(abundance)가 내가 가지고 있는 것이 아니라 내가 준 것으로 측정된다고 정의했다. 뛰어난 정의다. 예수님은 통으로 짠 옷을 입으심으로 탁월함에 대한 그분의 가치를 모범으로 보여 주셨지만 가난한 자를 돌보시고 목소리를 낼 수 없는 자들을 위해 나서시는 것을 우선순위로 삼으셨다. 신구약 성경은 모두 순종하면 그 사람이 번성할 수 있다는 것을 보여 준다. 그러나 예수님은 구약에서 종종 인식하지 못한 경고를 하셨다. 즉 참된 부는 지금 이곳에 있는 하나님 나라의 보이지 않는 실상들이며 돈보다 훨씬 낫다는 사실이다. 그리고 돈을 사랑하면 우리는 참된 부를 잃는 대가를 치를 수 있다.

경제 - 예수님은 하나님 나라 재정의 우선순위로 기부의 아름다움을 보여 주신다. 그분은 또한 만족의 능력을 가르쳐 주셨고 소유를 탐하는 것이 영혼의 암이라는 것도 아셨다. 그러나 많은 사람들이 예수님을 사회주의자로 생각하는 실수를 저질렀다. 이보다 더 진실이 아닌 것은 없다. 그분은 그분을 따르기 위해 모든 것을 버린 제자들에게 그들이 그들의 버린 것의 100배를 현세에 받을 것이라고 약속하신다(막 10:28~30을 보라). 달란트와 므나의 비유에서(마 25:14~30과 눅 19:11~27을 보라) 책임 있게 일하지 않는 자에게 남는 것은 아무것도 없었다. 그리고 오늘날의 정치 정세에서 가장 불쾌한 부분은 예수님이 무책임한 종이 받은 얼마 되지 않는 것을 가장 많이 가진 자에게 주셨다는 사실이다. 그러나 그분이 옳으시다. 내가 이 이야기 가운데 더함(increase)에 대한 하나님의 가치를 보고 진심으로 그분의 결정에 "아멘"으로 화답할 수 있을 때까지 나는 그분의 마음을 가진 것이 아니다.

VIPs - 예수님은 중요한 사람들과 반응하는 법의 모델을 보여 주신다. 그분은 유명한 사람들에게 호소하기 위해 그분 본연의 모습이나 메시지를 결코 바꾸지 않으셨다. 그분은 지위와 칭호에 흔들리지 않고 감동을 받지 않는 삶을 사셨지만 다른 사람들과 똑같이 그들을 섬기셨다. 그분은 모든 높아짐이 그분에게서 온다는 사실을 아셨다. 그러나 그분은 니고데모라 불리는 종교 지도자에게 여지를 남기셨다. 그는 동료들의 의견을 두려워해 밤에 주님을 찾아왔다. 그분은 하나님의 아들로서 그분을 따른다는 것이 무엇을 의미하는지 그 기초를 놓는 데 확고한 입장을 취하시는 빛나는 모범을 보이셨다. 그러나 순종할 마음은 있지만 그 순간에 필요한 용기가 부족한 자들에게는 은혜를 베푸셨다. 그리스도가 죽으셨을 때 그분의 장사를 위해 향료를 가져와 그분의 몸을 자신의 무덤에 매장한 사람은 니고데모였다. 예수님의 용기 있는 죽음은 니고데모에게 용기 있는 삶을 전해 주었다

사탄 - 그분은 마귀를 찾아다니지 않으셨다. 그러나 그분의 구속의 목적과 라이프스타일을 방해할 때는 그를 다루셨다. 또한 그분은 결코 어둠의 세력에 반응하며 살지 않으셨다. 대신에 그분은 아버지 하나님에게 반응하며 사셨다. 마귀는 많은 신자들이 그에게 주는 관심을 사랑한다.

종교 지도자들 - 예수님은 자신의 위치를 사용해서 개인적 이득을 취하려는 종교 지도자들에 대해 관용을 베풀지 않으셨다. 하지만 그분은 자신의 부르심에 진실하고, 필요한 겸손과 갈망을 보이는 자들의 정직한 대화와 상호반응을 환영하셨다. 또한 그분은 그들과의 대화에서 그들이 큰 믿음이나 지혜를 가졌을 때는 그들을 인정하셨다(막 12:34을 보라).

정치적 이슈들 - 그분은 당시의 뜨거운 정치적 이슈들을 아셨고 언제라도 그 문제들을 다루실 수 있었다. 그분은 언제나 마음을 겨

냥한 그분의 나라에 대해 가르치셨다. 그러한 가르침들은 그분 시대와 우리 시대의 이슈들을 다루는 데 필요한 해답을 담고 있었다. 그분은 이상적이지 못한 상황에서 번성하는 법에 대한 가르침을 베푸시기로 선택하셨다. 예를 들어, 노예 제도를 살펴보자. 예수님은 모든 사람이 자유해지도록 일하셨다. 아버지 하나님은 은혜의 해를 창조하신 분이시기에 구약 시대의 형편없는 결정 때문에 결국 노예로 전락한 사람들도 언제나 해방의 소망을 가지고 있었다. 그러는 동안 그분은 노예들에게 그들의 비극적 상황에서 더 낫게 사는 방법을 알려 주셨다. 미국 초기 역사에서 사람들은 이 문제에 대한 그분의 침묵이 그분이 노예 제도를 지지한다는 것을 의미한다고 생각했다. 이보다 진실에서 벗어난 것은 없을 것이다. 그분은 모든 종족을 해방시키기 위해 오셨다. 정말 그렇다. 그리고 지금 노예 제도는 불법이지만 아직도 많은 노예들이 존재한다. 빚, 원한, 중독의 노예들이 그들이다. 그리고 세계 여러 곳에서 성매매가 이뤄지고 있으며, 어떤 나라에서는 실제로 노예 제도가 존재한다.

죄인들 - 예수님은 사회가 죄인으로 인정하는 사람들과 반응하는 법을 우리에게 보여 주셨다. 그분은 그들과 시간을 보내셨지만 그들의 알려진 방식대로 그런 죄 된 생활을 살지는 않으셨다. 그분은 **죄인의 친구**라고 불리셨다. 당시의 종교 지도자들은 예수님이 사귀는 사람들 때문에 그분을 매우 심하게 비난했다. 죄인들이 예수님과 함께 있길 좋아했지만 우리와 함께 있길 좋아하는 경우는 거의 없다는 사실에 주의해야 한다. 그리고 비극적이게도 죄인들이 함께 있고 싶어 하는 신자들은 그들이 불신자들이 행하는 것과 동일하게 타협적인 라이프스타일로 살기 때문일 때가 많다. 예수님은 이 땅을 거닐던 사람 중에서 가장 거룩한 분이셨다. 그런 그분을 죄인들은 여전히 환영했다. 이는 사람들이 참된 거룩에 대해 내재된 입맛을 가지고 있다는 것을 말해 준다. 나는 사랑(진정한 사랑)이 사람들에게 영향을 미친다는 것을 말하고 싶다. 그것은 모든 사람들이 갈망하는 것이다.

천사들 - 예수님은 그분의 대화와 가르침 가운데 천사들의 가치에 대해 모범을 보여 주셨다. 그분은 피곤한 곳에서 천사들의 시중을 받으셨으며 이 땅에서 사시는 동안 그들이 그분 위에 오르내리게 하셨다. 그러나 천사들은 결코 경배의 대상도, 신자의 삶의 초점도 아니었다. 나는 이것을 이렇게 표현하고 싶다. 즉 천사들은 결코 예배를 받을 대상이 아니다. 하지만 그들은 무시할 대상도 아니다.

정부 - 그분이 정부를 대하시는 모습은 매력적이고 옳다. 우리는 정부가 사람들을 보호하고 권한을 부여함에 있어 하나님을 대표하는 목적을 위해 봉사할 수 있도록 "가이사의 것은 가이사에게" 바쳐야 한다. 나는 예수님이 정치적으로 나쁜 계절에 이 땅을 거니셔서 다행이라 생각한다. 그렇지 않았다면 우리는 정부가 의로운 때에만 정부에 충성하는 것이 합당하다고 말했을 것이다.

장례식 - 예수님은 자신의 장례식을 포함해 그분이 참석하신 모든 장례식을 엉망으로 만드셨다. 그분이 죽음을 대하시는 모습은 주목할 만하다. 왜 예수님은 죽은 자를 살리셨

> 예수님은 자신의 장례식을 포함해 그분이 참석하신 모든 장례식을 엉망으로 만드셨다.

는가? 모든 사람이 하나님의 타이밍에 죽은 것이 아니기 때문이었다. 그러므로 우리는 이처럼 매우 심각한 주제에 대한 하나님의 접근 방식을 취하는 것이 중요하다. 그리고 모든 죽음이 하나님의 계획과 목적에 있다고 너무 성급히 가정하지 말라. 성경은 우리가 죽는 것은 정해진 것이라고 말한다(히 9:27을 보라). 그것이 **언제인가** 하는 것이 우리가 할 수 있는 유일한 질문이다. 그리고 우리는 이 질문이 어떻게 전개되는지에 대한 역할을 가지고 있다.

우리를 하나로 묶어 주는 것

선지자들은 모두 예수님의 오심(coming)에 대해 말했다. 그들은 그분의 오심과 그분의 오심이 미칠 영향력을 선언함으로써 우리를 훌륭하게 섬겼다. 예레미야 선지자는 이 점에서 우리에게 가장 놀라운 말씀 중 하나를 준다. 여기 그 영향력이 있다.

> "그들이 와서 시온의 높은 곳에서 찬송하며 여호와의 복 곧 곡식과 새 포도주와 기름과 어린 양의 떼와 소의 떼를 얻고 크게 기뻐하리라 그 심령은 물 댄 동산 같겠고 다시는 근심이 없으리로다 할지어다 그 때에 처녀는 춤추며 즐거워하겠고 청년과 노인은 함께 즐거워하리니 내가 그들의 슬픔을 돌려서 즐겁게 하며 그들을 위로하여 그들의 근심으로부터 기쁨을 얻게 할 것임이라 내가 **기름으로** 제사장들의 마음을 **흡족하게 하며** 내 복으로 내 백성을 만족하게 하리라 여호와의 말씀이니라"(렘 31:12~14)

이 말씀은 나를 흥분시킨다. 그림은 너무 명확하다. 하나님의 사람들이 강물처럼 주님의 선하심을 향해 한 방향으로 흐를 것이다. 하나님의 나라는 그분의 선하심의 땅이다. 이것은 위대한 발견이다. 그분의 선하심은 그 자체가 기쁨과 즐거움의 무한한 근원이다. **흡족하게 하다**라는 단어는 '충만히 채우다' 란 뜻이다. 그러므로 여기서 우리는 다음과 같은 사실을 보게 된다. 즉 신약의 모든 신자들(벧전 2:9을 보라)은 충만히 채움을 받아 주님의 선하심과 더불어 기쁨과 완전한 만족의 곳에 이르게 된다.

하나님의 선하심은 언제나 분명하다

하나님은 구약 전체에서 그분의 선하심의 증거를 보이셨으며 그것은 이를 보고자 한 사람들에게는 심오하게 보였다. 그분은 모든 시대 가운데 가장 위대한 계시(예수 그리스도)를 위한 무대를 세우고 계셨다. 예수님은 아버지 하나님의 마음과 본성의 계시다. 이 주제에 대해 내가 좋아하는 신약성경의 구절 중 하나는 하나님이 자신의 마음을 구약 시대에 어떻게 나타내셨는지를 말해 준다. 그 말씀은 관계가 있기 전에 먼저 사람들에게 다가오시는 하나님의 마음을 보여 주기에 내 마음에 깊은 감동을 준다. 그것은 사도행전 14장 17절에 나와 있다: "그러나 자기를 증언하지 아니하신 것이 아니니 곧 여러분에게 하늘로부터 비를 내리시며 결실기를 주시는 선한 일을 하사 음식과 기쁨으로 여러분의 마음에 만족하게 하셨느니라." 우리가 하나님을 아버지로 알기도 전에 그분은 우리 마음을 기쁨으로 채우시기 위해 일하신다. 이는 놀랍다. 이것이 그분의 명함(a calling card)이다. 이처럼 하나님이 단순하게 다가오시는 것을 그분은 **자기를 증언하신 것**이라고 부르신다. 다음을 생각해 보라. 어떤 사건에 대한 증인은 소문을 듣고 말하지 않고 개인적인 경험과 그 주제를 친히 아는 지식으로 말한다. 하나님이 자신을 증인으로 삼으실 때 그분은 각 사람을 그분에게 이끄시어 그분의 은총을 경험하게 하신다. 그분의 갈망은 그들이 그 은총으로 인해 그분을 그들의 아버지로서 아는 마음의 갈망을 일깨우는 것이다. 그분은 자신을 우리에게 강요하지 않으시고 그분의 피조물 중에서 가장 영광스러운 부분 중 하나인 인간의 자유의지를 보호하시기 위해 계속해서 일하신다. 그러나 우리를 향한 그분의 갈망 가운데 그분은 선하신 아버지에게서만 올 수 있는 축복들을 통해 우리를 자신에게로 이끄신다.

산상수훈에서 예수님은 아버지를 대표하시면서 놀라운 선언을 하셨는데 그 선언 다음에 더 놀라운 질문을 하셨다: "너희가 악한 자라도 좋은 것으로 자식에게 줄 줄 알거든 하물며 하늘에 계신 너희 아버지께서 구하는 자에게 좋은 것으로 주시지 않겠느냐"(마 7:11). 예수님은 악한 자들도 선한 일을 할 수 있다는 것을 인정하신다. 그러나 주님은 아버지 하나님의 본성과 마음을 놀랍게 계시하시기 위해 이것을 그 배경으로 삼으신다. 우리 모두는 죄를 범했다. 그리고 죄 된 상태에서도 우리는 우리 자녀들을 위해 선한 일들을 할 수 있다. 그분은 행동이나 생각이나 의도에 있어서 결코 죄를 범하지 않으셨다. 예수님은 우리의 상상력을 동원해서 그분의 아버지의 선하심을 생각해 보라고 도전하신다. 그리고 그분의 아버지를 우리의 아버지와 비교해서 다음과 같이 질문해 보라고 하신다: "하물며 하늘에 계신 너희 아버지께서 구하는 자에게 좋은 것으로 주시지 않겠느냐." 이 말씀은 내게 깊은 감동을 준다. "**하물며**"(영어 성경에는 '얼마나 더'라고 되어 있다-옮긴이)라고 물으시는 말씀이 내 마음에 계속해서 울린다. 그리고 그것은 단지 기본적인 필요만을 채우시지 않는 아버지의 모습과 상관이 있다. 그것은 기본이다. 그분은 우리가 구하기 전에 우리의 필요를 아시고 우리를 돌보시겠다고 약속하셨다(마 6:8을 보라). 이번에 주님은 울부짖음, 더 나아가 그분의 자녀들의 마음의 꿈들을 만나시는 하늘 아버지를 말씀하신다. "**좋은 것**"이라는 단어도 매혹적이다. 이것은 **유익을 낳는 것**이란 뜻이며 **매력과 탁월함**을 암시한다. 보다시피 이것은 기본적 필요를 훨씬 뛰어넘는 것들이다. 그분은 사랑의 아버지시지 하루에 세 끼 식사와 밤에 잘 집을 보장하는 고아 돌보미가 아니시다. 그분이 우리에게 다가오시는 방법은 완전히 그분의 본성에 근거한다. 그분의 본성은 거룩과 아름다움과 지혜와 이해와 사랑에 있어서 완전하시다. 그분은 그분의 모든 자녀들을 엄청나게 사랑하시며 그들이 누구냐 그리고 그들의 마음에 무엇이 있느냐에 따라 그들에게 선물을 주심으로 이를 입증하신다. 영원하고 무한한 질문인 "**하물며**"(얼마나 더)라는 말씀이 이런 선물보다 앞선다는 사실을 기억하라.

그분이 축복하시는 것을 축복하라

때로 익숙하기 힘든 것 중 하나는 하나님이 의로운 자와 불의한 자 모두를 축복하시길 좋아하신다는 사실이다. 우리는 하나님이 신자에게 빛나는 통찰을 주실 때 기뻐한다. 그 통찰력이 질병을 치료하는 것이든, 인류를 잘 섬길 새로운 발명을 가능하게 하는 것이든, 아니면 그분의 사랑하는 평화의 사람을 통해 전쟁 중인 두 나라에 평화를 가져오는 것이든, 그런 것들은 우리 모두가 듣고 싶어 하는 것이다. 나는 그분이 이와 같은 주의 종의 은사와 부르심을 확증하시고 사람들을 향한 그분의 마음의 증거를 증가시키는 심오한 방법으로써 그런 자를 사용하신다고 믿는다. 그러나 우리는 그분이 때로 라이프스타일과 심지어 목적에 있어서 심히 악한 불신자들을 통해 동일하게 이런 일을 하시기로 택하신다는 사실 또한 인정해야 한다. 하나님이 악인에게 이런 보물을 주심으로써 하시는 것이 무엇인가? 그것은 자기를 증언하시는 것이다.

성경의 더 무서운 예 중에 하나는 헤롯이다. 그는 백성에게 연설할 때 자신을 우상화하려는 의도는 없었지만 "이것은 신의 소리요 사람의 소리가 아니라"는 말을 계속하게 했다. 그러자 "주의 사자가 곧 치니 벌레에게 먹혀 죽"었다(행 12:22~23). 다음을 생각해 보라. 그는 자신의 연설로 군중에게 심오한 영향을 미칠 수 있는 그의 능력에 대해 하나님에게 영광을 돌리지 않았기 때문에 죽었다. 그가 사람들에게 의미 있는 무언가를 말할 수 있었던 것은 그에게 임한 하나님의 은혜 때문이었다. 하나님은 그에게 기름을 부으셨다. 이런 때에 교회가 인정하기란 특히 어렵다. 정치적 긴장이 높은데 누군가가 담대하게 그리스도 안에서 거듭난 경험을 고백하지 않고 테레사 수녀와 같은 모범을 보이면 교회는 그 개인을 비판하고 거부하는 경향이 있다. 우리는 신자가 아닌 사람들에 임한 기름부음을 인정하기가 어려워진다. 만일 그 사람이 지도자에 대한 우리의 개인적 기준에 부합하지 않으면 더욱 그렇다. 만일 그 사람이 과거에 도덕적 정치적 실수를 저질렀다면 교회가 그분의 정해진 때에 그에게 임하시는 하나님의 손을 볼 가능성은 거의 없다. 모든 사람에게 항상 구속의 목적을 가지시는 완전하신 하늘 아버지의 눈을 통해 보는 것이 이 시대에도 필요하다.

요지는 하나님의 기름부음이 거룩한 목적들을 위해 경건치 않은 자들 위에도 임할 수 있다는 것이다. 우리는 이런 모습을 요한복음 11장 49~52절의 대제사장 가야바에게서 다시 보게 된다. 그는 그리스도의 십자가의 고난과 그것이 이스라엘 민족에게 미칠 결과들에 대해 예언했다. 그는 하나님과 그의 관계에서가 아니라 그의 지위 때문에 주의 말씀을 선포했다. 하나님은 때로 온전히 그 사람을 위해 그의 삶에 머무실 때가 있으시다. 그것은 축복의 명함이다. 그러나 가야바의 경우처럼 때로 그 은혜는 그가 섬기거나 영향을 미치는 사람들을 위해 그 사람에게 머물기도 한다. 우리가 사회에 주신 그분의 **명함**의 온전한 효과를 보려 한다면 우리가 할 일은 그것을 인정하는 것이다.

예수님은 산상수훈에서 우리에게 다음과 같이 가르치셨다: "나는 너희에게 이르노니 너희 원수를 사랑하며 너희를 박해하는 자를 위하여 기도하라 이같이 한즉 하늘에 계신 너희 아버지의 아들이 되리니 이는 하나님이 그 해를 악인과 선인에게 비추시며 비를 의로운 자와 불의한 자에게 내려주심이라"(마 5:44~45). 하나님의 접근법은 모든 사람에게 은총과 축복을 베푸시는 것이다. 우리가 이 놀라운 아버지를 모방하고 우리가 하늘 아버지의 참된 아들들임을 입증하고 싶다면 우리는 이 은총을 얻지 못한 자들을 사랑해야 한다. 그것이 하나님의 마음이다. 이는 하나님의 나라가 어떻게 작동하는지를 이해하는 데 중요한 것으로 입증된다. 그분이 우리 가운데 가장 악한 자들에게 은총을 베풀기로 선택하셨다면 내가 누구이기에 정죄하고 거절한단 말인가? 나는 그분이 택하신 방법으로, 그분이 가장 잘 아는 최선의 방법으로 사람들의 마음에 그분의 표를 남기시는 것을 알기에 그분이 축복하시는 것을 축복해야 한다.

나는 비범한 은총이나 축복을 받아 여생 동안 모든 것이 바뀌는 삶을 산 사람들의 이야기를 듣길 좋아한다. 이런 종류의 경험은 종종 신문의 헤드라인을 장식할 것이다. 그가 그것을 얻기 전에 하나님이 한 사람의 일생 동안 은총의 표식을 어떻게 남기셨는지를 들을 때면 종종 눈물이 난다. 이런 이야기에는 대개 사람들이 운명의 장난(twist of fate)이라 부르는 비범한 우연의 일치가 들어 있다. 실제로 이것은 하나님이 그분의 선하심을 외치는 그분의 명함을 남기시는 것이며, 이는 그분을 이 세상에서 옳은 모든 것의 아버지로 알리시기 위함이다. 그분은 이런 방식으로 사람들을 기쁨의 영원한 운명으로 부르신다. 만일 그들이 그들의 삶을 통치할 권리를 지니신 유일하신 분에게 "예"라고 말하면서 자신의 생각을 표현하고 그 근원을 인식할 만큼 주의한다면 그분의 부르심을 들을 것이다. 그리고 그분이 다스리시는 통치는 우리가 상상할 수 있는 가장 위대한 자유로 들어가게 한다.

하나님은 하나님이시며 그분은 언제나 그분이 기뻐하시는 대로 행하신다. 그분은 우리에게 종속되지 않으시고 우리에게 어떤 것도 설명할 의무가 없으시다. 비록 그분이 그분을 우리 자신에게 반복해서 계속 거저 주시지만 말이다. 이것은 마치 내가 그분의 선하심을 묘사함으로 우리가 통제하거나 판단할 위치에 있는 것처럼 보일 수 있지만 그렇지 않다. 오히려 반대다. 내가 지금까지 기술한 모든 것은 단지 모든 신학의 기초가 하나님의 선하심이라는 점을 선포하기 위함이다. 그것은 무슨 일이 일어난다 할지라도 내가 의문을 갖지 않는 한 가지는 그분의 선하심이라는 뜻이다. 나는 왜 비극이 일어나는지를 설명하기 위해 인간의 이성의 제단에 하나님의 선하심에 관한 지식을 희생하지 않을 것이다. 그러나 한 가지 분명한 것이 있다. 그것은 그분이 선하시다는 것이다. 그리고 그분은 언제나 내가 생각하는 것 이상으로 그러하시다.

> 하나님은 하나님이시며 그분은 언제나 그분이 기뻐하시는 대로 행하신다. 그분은 우리에게 종속되지 않으시고 우리에게 어떤 것도 설명할 의무가 없으시다.

9장

BILL
JOHNSON

GOD

is

그분은 당신이 생각하는 것보다 더 선하시다

GOOD

...

그분의 잘못이 아니다

그렇다면 하나님은 왜 그들에게 자유의지를 주셨는가?
왜냐하면 비록 자유의지가 악을 저지를 가능성이 있지
만 그것은 또한 사랑이나 선 혹은 기쁨을 가질 만한 가
치가 있게 만들어 주는 유일한 것이기 때문이다.
_ C. S. 루이스, 「순전한 기독교」

하나님은 보통 세상에 존재하는 악에 대해 비난을 받으신다. 왜
냐하면 그분은 크고 능하시기 때문에 만일 그분이 하나님이시라면
모든 문제를 매우 쉽게 제거하실 수 있기 때문이다. 그러나 이 세상
에서 죄와 그 결과들을 제거하려면 무언가 매우 드라마틱한 것(모든
죄인을 제거하는 것)이 필요할 것이다. 그리고 그 경우에 거듭나지 않는
다면 우리 중 과연 몇이나 살아남겠는가? C. S. 루이스는 일전에 다
음과 같은 말을 남겼는데, 이것은 오랜 세월 동안 나에게 상당한 도
움이 되었다: "일단 저자가 무대에 서면 연극은 끝난다." 그분은 모
든 것을 한순간에 고칠 수 있으시다. 그러나 그분이 그렇게 하실 때
시간은 멈추고 영원이 시작되며 모래 위에 최종 선이 그어진다. 그
분의 답은 매우 고통스러울 것이다. 지금 그분이 인내를 풀가동하
고 계신 것은 우리로 하여금 가능한 한 많은 이들을 가족으로 모으

시기 위함이다. 그분의 오래 참으심은 우리의 모든 이해력을 초월하며 개인적으로 큰 대가를 치르신 것이다. 이 세상의 문제들을 '하늘의 군사적 침공'을 통해 고치시는 것도 우리가 원하는 해답이 아니다. 그럴 경우에 그분은 그분의 뜻을 인류에게 강요하시고 자유의지라 불리는 모든 피조물 중에 가장 위대한 것을 파괴하실 것이다. 그렇게 하실 때 그분은 거룩한 목적을 지닌 한 백성을 가지실 기회를 버리게 되실 것이다. 그분은 대신에 사랑의 침공을 선택하셨고 그곳에서 사람들의 마음은 그들의 안녕을 위해 자신을 온전히 희생하시는 그분에 의해 정복된다. 그 결과 지금 우리는 당면한 문제들을 훌륭하게 해결하고 우리로 하여금 우리를 영원히 변화시킨 그 동일한 메시지를 그들에게 전할 수 있는 능력의 복음을 가지고 있다. 이제 우리는 그것을 믿고, 그것을 살고, 그것을 보이는 데 모든 위험을 감수할 사람들을 필요로 할 뿐이다.

예수님은 그분의 아버지의 마음을 모든 가능한 상황에서 보이셨다. 그것이 질병이든, 고통을 주는 귀신이든, 폭풍이든, 죽은 자녀를 가진 어머니든, 먹을 것이 없는 군중이든, 아니면 복음서에 기록된 다른 수많은 재난 중 하나이든 상관이 없었다. 각 상황은 우주의 하나님이 정말 어떤 모습인지를 계시하는 기회가 되었다. 그분이 우리가 상상할 수 있는 모든 상상력을 동원해서 꿈꾸는 그런 아버지로 자신을 나타내실 때 우리는 반복해서 경외감에 빠진다. 이처럼 기적을 보이신 것이 그분의 친절하심을 일시적으로 보이신 것이었는가? 많은 사람들이 그렇게 생각한다. 그들의 경우에 성경의 정경이 완성될 때까지 하나님은 그런 식으로 나타나는 분이셨다. 그것이 그렇게 슬프지 않다면 그런 생각은 웃기는 일일 것이다.

나는 하나님의 절대적인 말씀인 성경에 대해 너무나 감사를 드린다. 성경은 우리의 교훈을 위해 주어졌다. 그것을 받을 때 우리는 이 땅에서 하나님의 뜻을 보이고 성취하는 라이프스타일을 살 수 있도록 무장되고 능하게 된다. 예수님을 하나님의 뜻으로 계시하는 것은 이 동일한 하나님의 말씀이다. 실제로 예수님은 육신이 되신 하나님의 말씀, 완전하신 하나님의 뜻의 계시이시다(요 1:14을 보라). 하나님의 말씀(인격)이 아닌 하나님의 말씀(성경)에 헌신하는 것이 어떻게 용인될 수 있는가? 예수님은 안식일에도 병을 고치셨다. 왜냐하면 하늘 아버지에게 있어서 종교 지도자들이 그 규칙을 어떻게 해석하는가보다 사람들이 더 중요했기 때문이다. 어떤 이들은 그분이 그 규칙에 대한 종교 지도자들의 해석을 더 중요하게 여기는 것으로 돌아갔다고 생각하는 것 같다. 이 규칙에서 오도된 가르침은 곤궁에 처한 사람들에게 다가가는 긍휼의 목소리보다 더 큰소리를 낸다. 사람들은 여전히 그분이 사신 밭에서 발견된 그분의 보물이다. 지금 역사하는 하나님의 나라는 과거에도 그리고 지금도 그분의 해답이다. 사랑은 지금 그분의 해답을 보여 주길 요구한다.

예수님은 하늘 아버지의 마음의 지속적인 계시의 성취셨다. 이 계시는 계절이 갈수록 더해지기만 한다. 그것은 이사야 9장 7절에서 우리에게 주신 원리다: "그 정사와 평강의 더함이 무궁하며." 그것은 오직 더할 뿐이다. 그리고 전진한다. 이 전진의 개념은 고린도 후서 3장 18절에서도 반복된다: "영광에서 영광에." 핵심은 하나님이 우리를 계속 더하시는 계시 가운데 전진하게 하신다는 것이다. 그것은 결코 쇠퇴하거나 열등한 기준으로 돌아가거나 특히 구약의 기준으로 돌아가지 않는다. 일단 구약의 요구들이 만족되자(예수님 안에서 그리고 그분으로 말미암아) 신약이 영원히 우위를 차지했다. 일단 실제(즉 하나님의 어린 양이신 예수님)가 나타나면 우리는 결코 상징(희생양)으로 돌아가지 않는다. 일단 하나님의 나라가 명백해지면 다시 돌아갈 수 없다. 만일 예수님이 이적과 기사와 표적을 통해 하늘 아버지의 계시를 여셨다면 그분이 왜 열등한 것으로 돌아가셔야 하겠는가? 그분은 그러지 않으셨다. 그러나 우리는 그랬다. 그리고 그것이 요점이다. 그분이 세우신 기준을 우리가 결코 잊지 않도록 하기 위해 그분은 불가능한 것을 말씀하셨다: "내가 진실로 진실로 너희에게 이르노니 나를 믿는 자는 내가 하는 일을 그도 할 것이요 또한 그보다 큰 일도 하리니 이는 내가 아버지께로 감이라"(요 14:12). 이것은 전진이며 하나님의 계획이다. 후퇴는 없다. 그리고 변명도 없다.

당신의 지갑에는 무엇이 있는가?

은행에 백만 달러가 있어도 굶어 죽을 수 있다. 만일 내가 내 계좌에서 돈을 인출하지 않으면 나의 부는 단지 꿈과 원칙 혹은 판타지에 지나지 않는다. 그리스도 안에서 우리 계좌에 있는 모든 것은 우리의 가장 큰 꿈을 초월한다. 우리는 무엇이 존재하는지 모르면 인출을 할 수 없다. 예수님은 우리 계좌에 무엇이 있는지 단지 시작의 모델을 보여 주셨다. 그분의 약속의 말씀은 이처럼 탁월한 현실에 대한 더 큰 통찰을 제공해 준다. 이제 예수님이 무엇을 가지고 계신지를 보아서 예수님이 우리에게 주신 것이 무엇인지를 볼 수 있어야 할 때다. 핵심은 여기에 있다. 즉 그분은 우리에게 그분에게 속한 모든 것을 주셨다. 그리고 아버지 하나님은 그분에게 모든 것을 주셨다! 성령님의 역사에 대해 말하는 요한복음

> 그리스도 안에서 우리 계좌에 있는 모든 것은 우리의 가장 큰 꿈을 초월한다. 우리는 무엇이 존재하는지 모르면 인출을 할 수 없다.

16장 14~15절에서 이것을 보라: "그가 내 영광을 나타내리니 내 것을 가지고 너희에게 알리시겠음이라 무릇 아버지께 있는 것은 다 내 것이라 그러므로 내가 말하기를 그가 내 것을 가지고 너희에게 알리시리라 하였노라."

이것은 참으로 놀라우며 우리에게 큰 책임이 있는 말씀이다. 성령님은 예수님만이 소유하고 계신 것을 선언을 통해 우리의 계좌로 넣어 주셨다. 그분이 우리에게 말씀하실 때마다 그분은 예수님의 영원한 자원을 우리의 계좌로 이체시키셔서 우리로 우리의 임무를 완수할 수 있게 하신다: "병든 자를 고치며 죽은 자를 살리며 나병환자를 깨끗하게 하며 귀신을 쫓아내되 너희가 거저 받았으니 거저 주라 … 그러므로 너희는 가서 모든 민족을 제자로 삼아 아버지와 아들과 성령의 이름으로 세례를 베풀고 내가 너희에게 분부한 모든 것을 가르쳐 지키게 하라 볼지어다 내가 세상 끝날까지 너희와 항상 함께 있으리라"(마 10:8, 28:19~20). 이 말씀에서 주의할 것은 제자들이 회심자들에게 예수님이 자기들에게 가르치신 모든 것을 가르치라고 말하고 있다는 점이다. 그것은 병자를 고치고 귀신을

쫓아내라는 지시사항을 **포함해야만 한다**. 우리의 오늘을 사는 방식과 그분의 최초의 기준 사이에는 결코 차이가 있을 수 없다.

예수님이 기적을 행하셨을 때 그분은 그저 영원히 천국에 있고 싶은 우리 안의 식욕을 돋우기만 하셨는가? 천국은 언제나 우리가 열정적으로 원하는 무엇(something)이어야 한다. 우리에게 "하늘에서 이루어진 것 같이 땅에서도"라고 기도하는 법을 가르쳐 주신 분은 예수님이시다(마 6:10을 보라). 그렇다. 영원은 중요하다. 그러나 천국에 가는 것은 나의 책임이 아니다. 그분이 전적인 그분의 은혜로 나를 그곳에 데려가실 것이다. 내가 할 일은 매우 구체적이고 극히 중요하다. 그것은 기도와 순종을 통해 이 땅에 천국을 가져오는 것이다. 예수님이 천국이 가까이 왔다고 선언하셨을 때 그분은 생명을 주시고, 어둠의 세력들을 파하시고, 깨어진 삶과 마음과 가정을 회복시키심으로 그 나라를 보여 주셨다는 것을 주의하라. 그분은 우리에게 동일한 메시지를 취하라고 말씀하셨다. 왜 우리는 다른 결과를 기대해야 하는가?

오래전에 나는 「지금의 하나님 나라 그러나 아직 임하지 않은 하나님 나라」(Kingdom Now, But Not Yet)라는 제목의 놀라운 책을 읽었다. 이 책의 저자는 토미 리드(Tommy Reid)다. 그는 뉴욕 버펄로에서 사역하는 놀라운 목사이며 사도적 지도자다. 그는 80년대에 내가 참여했던 오리건 주 포틀랜드의 컨퍼런스 주 강사 중 한 명이었다. 나는 당시 그의 책과 그의 가르침에 강력한 영향을 받았다. 책 제목과 내용 모두 나의 내면 깊은 곳을 건드렸다. 나는 그가 책 제목으로 사용한 말을 이전엔 한 번도 들어 본 적이 없었다. 그 책은 나에게 지대한 영향을 미쳤다. 우리는 '아직 임하지 않은' 분명한 현실 가운데 살고 있지만 그는 하나님 나라의 '지금'이라는 면을 더 많이 소개해 주었다. 당시에 나는 하나님이 의도하신 것만큼 그 나라를 인지하지 못하고 있었다.

나는 아마도 이것이 개인적인 좌절임을 깨닫지만, 오늘날에도 이 구절이 사용되는 것을 들을 때 대부분의 경우에 나는 움찔한다. 그 이유는 우리가 살고 있는 이 위대한 날에 하나님이 우리를 위해 허락하신 것이 무엇인지를 선포하는 대신에 우리가 지금 할 수 없는 것을 설명할 때 거의 언제나 그 구절을 사용하는 말을 듣기 때문이다. 그 구절은 초대 대신에 변명이 되었다. 그렇긴 해도 우리는 두 현실(지금 영으로 임한 하나님 나라와 장차 더 온전하게 임할 하나님 나라) 가운데 살고 있다. 그러나 우리가 평생 동안 보았던 것보다 더 위대한 돌파를 경험했던 앞선 세대들이 있다는 것을 깨달으면 우리는 더 많은 것이 있다는 것을 인식하게 될 것이다. 바로 지금을 위해 더 많은 것들이 고안되었다. 그분의 정사(그분의 통치와 나라의 현현)의 더함은 결코 끝이 없다! 오늘은 언제나 어제보다 더 위대해야 한다.

하나님의 뜻

위대한 성경 교사인 밥 멈포드(Bob Mumford)는 「왕과 당신」(The King and You)[1]이라는 제목의 놀라운 책을 썼다. 나는 이 책에서 하나님의 뜻에 대한 무언가를 배웠으며 그것은 내게 엄청난 도움이 되었다. 신약성경에서 **하나님의 뜻**을 가리킬 때 **뜻**(will)이란 단어는 원어에서 두 가지 다른 단어가 사용된다. 한 단어는 **불레마**(boulema)고 다른 단어는 **셀레마**(thelema)다. **불레마**는 하나님의 뜻에서 이미 설정되고 고정된 것을 가리킨다. 이 '뜻'은 누가 그것을 믿든 혹은 반대하든 상관없이 이루어진다. 그리스도의 재림은 이런 부류의 **하나님의 뜻**에 속한다. **셀레마**는 그것이 하나님의 갈망과 소원을 가리킨다는 점에서 사뭇 다르다. 예를 들어, '하나님은 아무도 멸망하지 않기를 원하시지만'(벧후 3:9을 보라) 사람들은 멸망한다. 하나님의 뜻의 이 영역은 하나님의 마음에 대한 사람들(멸망하는 사람과 또한 하나님 나라의 복음을 세상 끝까지 전하라고 하나님에게 보내심을 받은 사람들 모두)의 반응에 따라 달라진다. 우리는 하나님의 뜻의 이 부분을 이루는 일에 영향을 미친다.

이것은 엄청나다. 하나님은 이루어질 수도 아니면 이루어지지 않을 수도 있는 갈망들을 가지고 계시다. 오해하지 말라. 그분은 원하시기만 하면 모든 것을 가능하게 할 능력을 가지고 계시다. 그러나 그분은 자기 백성의 발달 과정에 함께 역사하시어 그분과 함께 책임을 지고 동역하길 원하시는 마음이 있다. 이 과정의 결과는 우리가 그분의 아들 예수님처럼 보이고 그분처럼 사는 사람들이 되는 것이다.

하나님의 뜻을 나타내는 첫 번째 단어 **불레마**는 내가 앞서 말했듯이 변하지 않는 것들을 가리킨다. 예를 들어, 예수님은 다시 오실 것이다. 당신은 이에 대해 **찬반 투표**를 할 수 없고 **나는 신경 안 쓴다**고 말할 수 없다. 당신의 의견은 중요하지 않다. 우리는 이 결정에서 할 역할이 없다. 그것은 전적으로 하늘 아버지의 손에 달려 있으며 그분만이 그 일이 어떻게 언제 일어날지를 결정하신다. 반대로 하나님이 일어나길 원하시고 일어날 수 있지만 결코 일어나지 않을 일들이 많이 있다. 이는 신자들이 그것이 더 이상 하나님의 뜻이 아니라고 믿거나 아니면 하나님이 친히 그 일을 행하시길 기다리고 있기 때문이다. 이런 뜻은 **셀레마**란 단어로 표현되었다. 나는 예수님이 제자들에게 군중을 먹이라고 말씀하셨을 때 그들에게 어린아이의 점심 외에는 아무것도 없었다는 사실을 상기시키고 싶다. 그들이 그 불가능한 임무를 이룰 수 없다고 말했을 때 예수님은 이를 행하라는 그분의 위임령을 결코 회수하지 않으셨다. 그분은 여전히 그들이 그 음식을 나눔으로써 그들의 손을 통해 기적을 목도할 수 있는 무대를 마련하셨다. 그리고 그들은 그렇게 했다(막 6:37~44을 보라).

하나님의 뜻은 많은 논쟁의 주제였다. 그리고 나는 종종 이 주제가 매우 흥미롭다는 것을 발견한다. 기독교 신학 수업에서 이 주제에 대해 대화를 하는 건 우리에게 도움이 되지 않는다. 이 주제는 아파하는 사람들이 있는 거리로 가져가야 한다. 하나님의 뜻은 기도하는 사람들을 통해 보여야 한다. 그들은 운동장 밖에 서서 마귀가 계속해서 훔치고 죽이고 멸망시키는 것을 보려 하지 않으며 이론가들이 하나님이 이런 일을 행하신다고 말하는 것을 보고 싶어 하지 않는다. 우리의 불신앙을 뼈 없는 신학으로 가리려는 것은 큰 미혹이다. 서로에게 그리고 세상 사람들에게 이

하나님의 뜻은 많은 논쟁의 주제였다. 그리고 나는 종종 이 주제가 매우 흥미롭다는 것을 발견한다. 기독교 신학 수업에서 이 주제에 대해 대화를 하는 건 우리에게 도움이 되지 않는다. 이 주제는 아파하는 사람들이 있는 거리로 가져가야 한다.

처럼 하나님의 본성과 마음을 계속해서 잘못 제시하는 것을 멈춰야 한다. 우매함은 경험이 없을 때 종종 지적으로 보인다.

누가 통제하는가?

이런 토론을 할 때 가장 많이 사용되는 문구 중 하나는 "하나님이 통제하신다"(He is in control)는 말이다. 그분이 주권자 하나님이신 것은 진실이다. 그분은 만물을 다스리시며 모든 것이 그분의 소유다. 그 어느 것도 그분의 손길과 관심이 닿지 않는 것이 없다. 그분은 전지하시고 전능하시다. 그러나 그분이 통제하시는가? 이것은 그분의 능력이나 그분의 권세에 대한 질문이 아니다. 만일 그렇다면 히틀러에 대한 책임이 그분에게 있지 않은가? 뇌 암도 그분의 아이디어인가? 만일 그분이 통제하신다면 우리는 질병, 지진, 허리케인과 인생의 모든 다른 재난의 원인이 그분이라고 여겨야 할 것이다. 이제 당신도 알 것이다. 나는 그분이 책임을 맡으시지만(in charge) 그분이 통제하지 않으신다고 말하는 것이 더 정확하다고 생각한다. 이 글을 읽는 모든 부모는 이 점을 매우 쉽게 이해할 것이다. 우리는 우리 가정을 책임지지만 우리의 지붕 아래서 일어나는 모든 일이 반드시 우리의 아이디어는 아니며 우리가 승인한 것도 아니다. 이것은 매우 중요한 분별이다.

헛된 지껄임

나는 그리스도인들이 "그건 하나님의 뜻이 분명해. 그렇지 않으면 그런 일이 일어나지 않았을 거야"라고 말하는 소리를 들을 때 그것이 결코 옳아 보이지 않았다. 아니면 보다 구체적으로 "그렇게 젊은 남자가 그런 자동차 사고로 아내와 어린 자식들을 남기고 죽다니 비극적이지 않아? 그러나 우리는 하나님이 신비롭게 역사하신다는 걸 알아"라고 말할 때 더욱 그렇다. 아니면 "우리는 그 아이가 죽는 것이 왜 하나님의 뜻이었는지 모르지만 하나님에게 이유가 있다는 건 알아"라고 말할 때 더더욱 그렇다. 실제로 이런 대화들은 상당히 일반적이다. 그런 대화는 많은 상황에서 정상이 되어 버렸다. 재난도 가슴 아프지만 내 생각엔 신자들의 반응도 간담을 서늘케 한다. 만일 하나님이 다른 결과를 원하셨다면 그분은 그런 일이 일어나게 하셨을 것이라는 가정이 있다. 그것은 게으른 신학이며 어쩐지 우리에게 책임을 맡기신 하나님에게 책임을 전가함으로서 책임을 회피하려는 것 같다. 나는 '책임이 우리에게 있다'는 말에 많은 사람들이 이 주제에 대해 나와 갈등을 일으킬 것을 안다. 나는 이것을 어디까지 가져가야 할지 모르겠다. 이 난제를 스스로 생각해 보라. 하지만 최소한 이것만은 고려해 보라. 예수님은 우리에게 따라야 할 모델을 주셨다. 그분은 문제에 직면하실 때 하나님의 뜻을 보여 주셨다. 또한 그분은 우리의 위대한 임무/위임을 성공적으로 수행하도록 그분의 권세를 우리에게 주셨다. 그 임무에는 미래에 예수님을 따를 모든 제자들에게 예수님이 친히 가르치시고 모범이 되어 주신 것들을 가르치는 것이 포함된다. 이어서 그분은 모든 제자들이 꼭 능력(성령)으로 옷 입어야 할 것을 지시하셨다. 성령님은 예수님의 부활의 능력이시다. 그분은 하나님의 아들이시며 또한 사람의 아들이신 예수 그리스도의 생애에 있었던 그 동일한 능력을 모든 신자가 사용할 수 있도록 만드셨다. 그런 뒤에 예수님은 하늘 아버지에게로 돌아가셨고, 우리가 그분이 하신 일보다 더 큰일을 하게 될 거라고 말씀하셨다(요 14:12을 보라). 내가 가정을 너무 멀리 했는가? 아마 그럴지 모른다. 그러나 예수님이나 그분의 제자들 어느 누구도 문제들을 하나님의 뜻으로 받아들이는 상기의 추론을 모델로 삼지 않았다. 그렇다면 예수님은 위기와 비극, 질병과 재난의 위협을 다루기 위한 권세와 능력과 임재의 동일한 도구들을 가지고 누구를 뒤에 남기셨는가? 우리들이다. 끔찍한 문제들이 발생할 것이라는 위협이 있을 때 우리가 모든 책임을 지진 않겠지만 일부에 대해선 책임이 있다. 그리고 이제는 우리에게 주어진 도구들을 사용하는 법을 발견할 때이며, 더 구체적으로 말해, 신학적 변명을 하는 대신에 이 땅에서 예수님의 이름에 영광을 돌리는 방식으로 성령님과 동역하는 법을 발견해야 할 때다.

앞서 말한 것처럼 하나님은 그분의 영광을 위해 어떤 상황도 바꾸실 수 있다. 그분은 그만큼 선하시다. 그리고 나는 이에 감사를 드린다. 나는 가장 무서운 일들이 사람들에게 일어나는 걸 보았다. 그리고 하나님이 그들의 마음을 설명할 수 없는 힘의 자리까지 회복시키셨다. 그러나 문제를 구속적으로 사용하실 수 있다는 이유로 문제의 원인을 그분에게 돌리는 것은 논리적이지 않으며 어리석다. 그것은 예수 그리스도 안에서 계시된 하나님의 본성과 위배

된다. 가족 안에서 하늘 아버지의 본성에 대한 이런 혼돈이 생길 때 그 결과는 우리 주변의 세상 사람들에게 미친다. 하나님이 그들을 구원하길 원하신다는 우리 주장과 위배되는 하나님의 본성에 대해 세상 사람들은 더욱더 혼란스러워한다.

하나님은 갈망, 소원, 꿈을 가지고 계시다. 그분은 그 꿈의 한 부분으로서 우리와 관계를 맺으셨다. 우리 중 어느 누구도 하나님과 이런 관계를 강제로 맺지 않았다. 이제 우리는 지구상에서 일어나는 일과 일어나지 않는 일들에 영향을 미침으로써 그분의 갈망을 더 많이 성취할 수 있는 그리스도 안에서의 위치를 갖고 있다. 예를 들어, 다음과 같이 매우 단순한 경우를 생각해 보자. 우리는 구원의 메시지를 전한다. 이 메시지는 온 세상에 전파되어야 한다. 만일 우리가 이 메시지를 전하는 전도자들을 한 나라에는 보내고 다른 나라에는 보내길 거절한다면 우리가 복음으로 섬기기로 선택한 나라에서는 회심자의 수가 훨씬 더 많을 것이다. 이럴 경우에 하나님이 다른 사람들은 영생을 놓치도록 뜻하셨다는 의미인가? 아니다. 우리가 그랬다. 그것은 우리의 선택이었다. 하나님은 "아무도 멸망하지 아니하고 다 회개하기에 이르기를 원하"신다(벧후 3:9하). 이 말씀에서 하나님의 뜻은 무엇인가? 아무도 그들의 죄 가운데서 멸망하지 않고 **모든 사람이** 회개에 이르는 것이다. 이것이 하나님의 뜻이다. 그렇다면 그런 일이 일어나고 있는가? 아니다. 그분의 잘못인가? 아니다. 그것은 그분이 자신이 원하시는 걸 이룰 능력이 없다는 것을 의미하는가? 아니다. 그분은 모든 사람이 그리스도에게 올 수 있도록 하셨다. 그분은 우리에게 예수님 안에서 따라야 할 모범을 보이셨다. 그분은 예수님의 보혈로 우리의 죄를 없이 하셨다. 그런 다음에 그분은 예수님으로 말미암아 우리를 보내셨다. 그런 다음에 그분은 예수님이 이 땅에서 사역하실 때 가지셨던 그 동일한 능력을 우리에게 부여하셨다. 그분은 하나님의 뜻이 하늘에서 이루어진 것처럼 이 땅에서도 이루어지는 것을 가능하게 하셨다. 그것이 현실이 되는 촉매제는 그분이 우리에게 기도하라고 하신 것을 기도하는(끈질기게 기도하는) 사람들이다: "뜻이 하늘에서 이루어진 것 같이 땅에서도 이루어지이다"(마 6:10을 보라).

이 신비의 예를 들어 보겠다. 요한복음의 위대한 이야기 중 하나는 베데스다 연못에서 일어났다. 나는 이스라엘의 이 연못 유적지에 다녀왔다. 많은 군중이 몰리는 곳은 아니지만 어찌된 일인지 나는 이스라엘 중에서 이곳을 가장 좋아한다. 하나님은 다른 대부분의 유적지보다 그곳에서 내 마음을 감동하시는 것처럼 보인다. 여기 그 이야기가 있다.

> "예루살렘에 있는 양문 곁에 히브리 말로 베데스다라 하는 못이 있는데 거기 행각 다섯이 있고 그 안에 많은 병자, 맹인, 다리 저는 사람, 혈기 마른 사람들이 누워 [물의 움직임을 기다리니 이는 천사가 가끔 못에 내려와 물을 움직이게 하는데 움직인 후에 먼저 들어가는 자는 어떤 병에 걸렸든지 낫게 됨이러라] 거기 서른여덟 해 된 병자가 있더라 예수께서 그 누운 것을 보시고 병이 벌써 오래된 줄 아시고 이르시되 네가 낫고자 하느냐 병자가 대답하되 주여 물이 움직일 때에 나를

못에 넣어 주는 사람이 없어 내가 가는 동안에 다른 사람이 먼저 내려가나이다 예수께서 이르시되 일어나 네 자리를 들고 걸어가라 하시니 그 사람이 곧 나아서 자리를 들고 걸어가니라"(요 5:2~9)

이것은 소망이 없는 한 사람이 예수님의 긍휼함의 터치를 받는 아름다운 이야기다. 예수님은 하늘 아버지를 대표해서 그에게 오셨다. 이는 대단히 소중하다. 만일 이 이야기가 오늘날 일어났다면 몇몇 사람들은 처음에 흥분할 것이다. 그러나 신문사 주필과 텔레비전 앵커와 신학자, 목회자 그리고 교사들은 고침을 받지 못한 연못 주변의 사람들과 인터뷰를 할 것이다. 천사가 물을 움직인 후에 그 연못에 들어감으로써 기적을 맛볼 기회를 바라면서 약 천여 명의 사람들이 족히 모였을 것이다. 그 인터뷰는 다음과 같이 진행될 것이다: "예수가 당신 곁을 지나가 다른 사람을 고쳤을 때 당신 느낌은 어땠습니까?" 어떤 사람들은 이 기회를 이용해 사람들에게 소망을 갖는 위험성에 대해 경고할 것이다. 그리고 카메라가 절름발이와 병든 군중들을 돌아가며 비친다. 그러면 교회를 대표하는 많은 사람들은 이 한 가지 행동이 하나님으로부터 왔을지라도 모든 사람을 고치는 것이 하나님의 뜻이 아니라는 오히려 분명한 증거라는 결론에 도달하게 된다. 왜 그런가? 그분은 우리에게 하나님이 하실 수 있는 일이 무엇인지를 보여 주려는 대신에 죄가 없고 성령의 권능을 온전히 받은 한 사람이 할 수 있는 것이 무엇인지를 보여 주려 하셨다. 만일 우리가 병자들로 둘러싸인 이 연못에 대해 걱

정하는 마음이 든다면, **가라!** "온 천하에" 다니라(막 16:15).

하나님의 뜻은 복잡하지 않다. 예수님은 하나님의 뜻이시다. 그분은 완전하신 하늘 아버지를 가리키신다. 그리고 그 아버지는 우리 각 사람을 향해 위대한 꿈과 갈망을 가지고 계신다. 우리는 꿈꾸시는 그분의 마음속에 있다. 그리고 그 꿈은 지금과 영원 모두를 위한 것이다. 시간을 내어 그분과 그분의 마음과 본성을 따라 생각하면 우리가 평생 동안 보고 경험하는 것에 드라마틱한 영향을 받을 것이다. 우리는 그분을 있는 그대로 여기는 것을 우리 주변 모든 사람들에게 전할 책임이 있다. 그분은 선하시고 완전하신 아버지시다.

1. 밥 멈포드, 「왕과 당신」(1974, Revell Publishing, Ada, MI).

10장

BILL
JOHNSON

GOD

is

그분은 당신이 생각하는 것보다 더 선하시다

GOOD

...

하나님의 선하심을 다시 소개하기

> 오늘날 세상이 직면한 가장 큰 이슈는, 가슴 아프게 하
> 는 모든 필요와 더불어, 직업이나 문화에 따라 '그리스
> 도인'이라 규정되는 사람들이 예수 그리스도의 제자(학
> 생, 견습생, 실천자)가 되어 그분에게서 천국의 삶을 인간
> 존재의 모든 영역에서 살아내는 방법을 배울 것인가 아
> 닌가 하는 것이다.
>
> _ 달라스 윌라드

예수님이 제자들에게 기도를 가르치실 때 그분은 그들을 안내
할 수 있는 일련의 원리들을 주셨다. 그 원리들은 일반적으로 주기
도문이라 불리는 것에서 발견된다. 그것은 이 기도에 대한 제목으
로 정말 좋지 않다. 왜냐하면 기도에는 죄의 고백이 있는데 예수님
은 죄가 없으시기 때문이다. 이것을 제자의 기도라 부르면 더욱 정
확할 것이다. 이처럼 이 기도는 기도 가운데 우리의 관심과 애정 모
두를 부어야 할 그런 것들을 심오하게 잘 보여 준다. 아마 배워야
할 가장 중요한 교훈은 하나님의 나라는 기도를 통해 나타난다는
것일 것이다.

여기에 열거된 목록은 하나님의 관점에서 **가장 중요한 것들**이
다. 만일 당신이 이 기도를 연구하는 데 관심이 있다면 나의 저서

「하늘이 땅을 침노할 때」를 참고하라. 이에 대한 더 자세한 내용이 기록되어 있다. 그러나 여기서 검토를 위해 끄집어내고 싶은 것이 한 가지 있는데, 그것은 하나님을 완전한 아버지로 발견해 가는 여정에서 도움이 되기 때문이다. 이 기도는 "우리 아버지"로 시작한다(영어 성경에는 어순상 '우리 아버지'가 먼저 나온다-옮긴이). 그리고 기도는 "나라와 … 아버지께 … 아멘"으로 끝난다. 여기서 말하고자 하는 요점을 보라. 이 나라는 아버지의 나라다. 바꿔 말하면, 나라에 대한 모든 이야기는 가족에 대한 이야기다. 그리고 일단 우리가 가족의 주제를 떠나면 우리는 나라의 주제도 떠난 것이다. 물론 이것은 생물학적 가족보다 더 크다. 그것은 그분이 오로지 그분의 영광을 위해 만드신 모든 사람의 유익과 목적을 사랑으로 섬기시는 아버지에 관한 이야기다.

하나님은 참으로 선하시다

하나님이 선하시다고 믿는 것은 효과적인 복음 사역에 있어 절대적으로 중요하다. 우리가 예수님을 제대로 그리고 지속적으로 대표하는 것은 이 한 가지에 달려 있다. 하나님은 절대 선이시다.

사도 바울은 우리 믿음의 분량을 따라 예언하라고 가르쳤다(롬 12:6을 보라). 이는 놀랍다. 왜냐하면 믿음은 우리가 예언하는 것(what)에 영향을 미치기 때문이다. 이것은 우리 지도자들 중 몇몇에게서 계속해서 왜 심판의 말이 많이 흘러나오는지에 대한 이유를 설명해 준다. 우리의 확신이 복음의 능력 대신에 죄의 능력과 그 결과들에 있을 때 개혁보다는 심판의 예언을 하기가 더 쉽다. 성령의 위대한 부어 주심이 없을 때 사회는 자연스럽게 쇠퇴한다. 그리고 만일 '앞일을 말하고 무언가를 일으키는' 우리의 예언자들이 그들의 말을 가지고 하나님의 목적들을 선포하길 그친다면 우리가 기대할 것이 무엇인가? 예언 사역은 이런 변화를 선포함으로써 부분적으로 변화를 '일으킨다'. 그래서 성경은 "죽고 사는 것이 혀의 힘에 달렸나니"라고 말한다(잠 18:21). 그렇다고 우리 평생에 일어나길 소원하는 것에 대해 판타지를 가지라는 말은 아니다. 그러나 이 말씀은 하나님의 마음을 발견하고 그에 따라 선포하기 위해 성경을 추구해야 할 책임을 우리에게 지운다.

어떤 것들은 실제로 선포의 권세의 위치를 얻은 사람들의 믿음 때문에 일어나기도 한다. 아브라함과 모세 모두는 이 진리를 아름답게 보여 준다. 그들은 하나님과 그들의 우정을 통해 역사의 길을 만들었다. 단지 이 시대의 잘못들을 찾아내는 자들은 신문이나 텔레비전 뉴스와 다를 바가 없다.

제자들이 "마치 엘리야가 한 것처럼" 사마리아인들에게 불을 내리고 싶어 했을 때 예수님은 그들이 어떤 영을 가졌는지 모른다고 말씀하셨다[눅 9:51~55, 한글킹제임스 성경(개역개정 성경에는 엘리야에 관한 언급이 없다-옮긴이)]. 그분은 나에게 다음과 같이 말씀하신다: "너는 나의 기름부음을 가지고 그렇게 할 수 없다. 너는 다른 영에게서 그런 것을 얻어야 할 것이다. 왜냐하면 사람들이 나를 거절한다고 해서 내 이름으로 파괴를 가져오는 것은 내가 아니기 때문이다." 그러나 하나님의 기름부음을 받은 위대한 선지자 엘리야는 그들이 원하는 바로 그것을 행했다. 그는 그런 행동의 한 예다. 예수님이 선지자를 완전하게 하기 위해 오셨다고 말씀하셨을 때 그분은 정말 그런 뜻으로 말씀하셨다(마 5:17을 보라). 그분은 이 땅의 모든 도시들 위에 내려야 할 심판을 자신의 육체로 감당하셨다. 그분은 생명과 소망과 미래를 풀어내는 특권을 지닌 곳에서 이런 시간을 가능하게 만드셨다.

나는 911 사건 때 빌딩이 불타는 것을 보고서 "이런 재앙으로는 미국에 부흥이 오지 않을 것을 알았다"고 말하는 사람에게서 그리 감동을 받지 않는다. 그것이 예언적 통찰인가? 아니면 우리의 선포와 기도와 부정적인 반응으로 이 문제에 공헌하기 위해 어둠에 그렇게 감동을 받게 되었는가? 그분은 '만국의 보배'(desire of the nations)가 아니시던가? 그렇다면 빠진 요소는 무엇인가? 예수님이 열방 가운데 우리에게 주신 바로 그 임무를 성취하는 것이 가능하다고 믿는 것이 교회가 해야 할 일이 아닌가?(마 28:19을 보라). 그렇다면 우리는 추수할 밭 전체를 지금 추수할 수 있다고 믿는 백성이 되어야 마땅하지 않은가? 이것이 바로 예수님이 "밭을 보라 희어져 추수하게 되었도다"(요 4:35)라고 선언하실 때 그분이 다루고자 하신 것이 아니겠는가?

불타는 확신의 필요

하나님의 선하심에 대한 확신이 없으면 이 땅 자체가 아프도록 간절히 원하는 돌파를 추구하는 선명한 초점과 믿음의 힘을 개발할 수가 없다. 우리가 그분을 어떻게 보느냐가 우리가 어떻게 생각하고 어떻게 사는지를 결정한다. 우리가 그분을 이해하는 방식은 우리가 그분을 대표하는 방식이다. 내가 예수님 안에서 보여 주신 하나님의 선하심과 그분의 위대하심을 말할 때 나는 그분이 또한 성전에서 채찍으로 환전상들을 쫓아내신 분이심을 잊지 않는다. 이것 또한 사랑이다. 예수님은 아버지 하나님을 잘못 나타내는 것은 무엇이든 미워하시기 때문이다! 그분 시대의 종교 지도자들은 그들의 지위를 이용해 백성을 섬기는 대신에 개인의 이익을 구했다.

> 우리가 그분을 어떻게 보느냐가 우리가 어떻게 생각하고 어떻게 사는지를 결정한다. 우리가 그분을 이해하는 방식은 우리가 그분을 대표하는 방식이다.

마찬가지로 아버지 하나님이 우리를 징계하시기 위해 질병을 허락하신다고 말하는 것은 아버지를 잘못 나타낸 것이다. 그 말은 그분이 자기 자녀들을 징계하시기 위해 죄를 사용하신다고 말하는 것과 다름없다. 질병이 내 몸과 관련이 있는 것처럼 죄는 내 영혼과 관련이 있다. 이제는 이러한 환전상들을 성전에서 내쫓을 때다.

우리가 이 진리의 본질을 이해할 때 우리는 예수님이 하나님에 대해 새롭고 개선된 기준으로서 그분 자신을 계시하시기 위해 아버지 하나님을 거슬러 전쟁을 벌이고 계시지 않다는 것을 안다. 그분은 언제나 그러셨듯이 아버지 하나님의 본성을 정확히 계시하시고 드러내신다.

약속하신 대로 천국이 임할 때까지 우리는 부족(lack)을 감안한 교리를 만들어 내거나 아니면 하나님을 추구할 수 있다. 우리가 아는 한 제자들이 기적으로 돌파하지 못한 유일한 때는 귀신이 죽이려고 불에 던진 아이를 고쳐 주고 축사 사역을 하려 했던 때다(막

9:14~29을 보라). 이전에는 언제나 귀신을 쫓아냈었는데 그 아이의 아버지가 요청한 축사는 왜 하지 못했는지 그들은 그 이유를 생각해 내지 못했다. 이유를 알 수 없어 너무 놀란 그들은 예수님에게 왜 그들이 이 가족에게 돌파를 일으키지 못했는지를 물었다. 바꿔 말하면, 그들은 축사를 기대했다. 기대감의 분위기는 자연스럽게 대답을 요하는 질문을 낳는다. 우리는 돌파가 일어나지 않을 때 '이유'를 찾기 위해 우리의 사랑하는 사람들이나 우리 자신에게 그 원인을 돌린다. 주님은 이처럼 귀신이 깊이 뿌리박힌 상황에서는 기도와 금식이 효과가 있다는 통찰을 그들에게 주셨다. 예수님이 주신 대답은 우리에게 위대한 통찰을 제공해 주지만, 종종 간과되는 부분은 **해답을 얻지 못했을 때에는 예수님과 잘 지내면서 이유를 찾아내라**는 것이다. 해답을 얻지 못하는 것을 용인해서는 안 되며 또한 그것이 정상이어서도 안 된다. 신자의 삶은 기도 응답이 이루어지지 않은 것에 의해 측정되어서는 안 된다. 그와 반대다. 요한복음 15장에 나오는 포도나무에서 자란 열매는 최소한 기도 응답의 일부다(요 15:7~8을 보라). 많은 사람들의 경우에 우리가 아직 도착하지 못했고 하나님과 잘 지내지 못한다는 사실을 수용하기보다는 그것을 '하나님의 신비로운 뜻'이라고 부름으로써 하나님에게 책임을 돌리기가 더 쉽다. 이제 우리 모두가 과정 중에 있지만 우리는 여전히 그분이 책임을 맡기신 사람들이라는 사실을 직면하자.

이 귀신 들린 아이의 이야기는 나에게 깊은 감동을 준다. 나는 귀신에게 고통 받는 자기의 어린 아들을 나에게 데려온 젊은 엄마를 결코 잊지 못할 것이다. 이 사건은 20년 전에 내가 남부 캘리포니아에서 사역할 동안에 일어났다. 그 고통은 매우 생생하고 매우 어두웠다. 내가 기도할 때 그 귀신이 드러났다. 나는 내가 아는 모든 방법을 동원했다. 귀신들을 다루는 것은 내게 새롭지 않았다. 나는 이미 이런 것들을 자주 다루는 사역에 관여했기 때문이다. 나는 긍휼함과 내가 가지고 있는 모든 권세를 가지고 그 필요에 반응했다. 그러나 소용이 없었다. 자신의 아들이 도움을 받지 못했을 때의 그녀의 표정을 나는 결코 잊지 못할 것이다. 그것은 제자들이 도움을 주지 못한 그 아이의 아버지의 상황과 비슷했다. 그녀는 실망해서 소리쳤다: "이게 전부인가요? 이게 당신이 가지고 있는 전부인가요?" 그런 뒤에 그녀는 나에게 물었다: "이제 제가 어떻게 해야 하나요?" 나는 그녀에게 내가 할 수 있는 최선의 조언을 해 줬다. 그러나 그것은 내가 들어도 매우 미천했으며 분명 그녀에게도 그랬을 것이다. 도움을 받지 못하고 집으로 가는 이 아이의 결과를 용인해서는 안 된다. 그리고 그것을 하나님의 뜻이라 불러서는 **더더욱 안 된다.** 그런 식으로 그 일이 끝나서는 안 되었다. 기도와 금식이 필요했다. 나는 사람들이 기도를 받은 후에 돌파가 일어나지 않자 그들의 문제를 신비한 하나님의 뜻으로 가정하고 교회 문을 나서는 경우가 너무 많은 것을 의아하게 생각한다. 설상가상으로 이런 사역을 하는 사람은 문제가 그들의 삶에 대한 하나님의 계획에 있다고 가정해서 그 일이 일어나지 않은 것에 대한 신학을 만들어낸다.

모두가 예수님에 대한 것이다

예수님에 대해 문제가 있는 사람은 거의 없다. 그들은 교회와 종교 혹은 거듭났다고 고백하는 사람들을 좋아하지 않을지 모르지만 실제로 예수님을 거절하는 사람은 거의 없다. 그들은 그분이 하나님의 아들이라는 것을 받아들이지 않을지 모르지만 최소한 대부분은 예수님이 하신 일을 칭찬한다. 제자들이 예수님의 정체성에 대해 이와 같은 일반적인 통찰력이 부족했을 때 나는 그분의 기분이 나쁘셨을까 하는 의문이 든다. 왜냐하면 제자들도 그들의 여정 초기에 이 문제에 대해 분명하지 않았기 때문이다. 일전에 누군가가 말한 대로 "제자들은 믿기 전에 먼저 그분에게 속했다". 주님과 함께 시간을 보낸 사람들은 언제나 그분과의 지속적인 만남과 관계를 통해 변화되었다. 그분이 누구신지 분명히 보지 못한 사람들은 그분을 순전하게 대표하는 사람들을 만날 필요가 있다. 그분과의 만남은 순수함, 능력, 영광 그리고 무엇보다도 본질적으로 희생적인 사랑으로 충만하다.

예수님은 우리에게 허락되어진 모델이시다. 그분은 영원한 하나님의 아들이시다. 그러나 이해하기 어렵고 설명하기 불가능한 부분은 그분이 완전한 하나님이시면서 동시에 완전한 사람이라는 사실이다. 이것은 위대한 신비다. 우리가 보고 알아야 할 중요한 부분은 예수님은 그 어느 것도 하나님과 같이 행하지 않으셨다는 점이다. 그분은 사람의 제한성을 가지고 살기로 택하셨다. 그래서 그분은 "아들이 아무 것도 스스로 할 수 없나니"라고 말씀하셨다(요 5:19). 이 계시의 날카로운 면은 예수님이 우리에게 모범을 보여 주셨다는 것이다. 그분은 영원한 하나님의 아들이시지만 사람의 제한을 가지고 살기로 정하셨으며 이는 그분이 우리에게 따라야 할 모범을 보여 주시기 위함이었다. 만일 예수님이 하나님처럼 그분의 모든 기적을 행하셨다면 우리는 여전히 감동을 받았을 것이다. 그러나 내가 따라 하기에 그것은 불가능한 모범이다. 나는 단지 구경꾼이며, **만일** 구경하는 것이 내 인생을 향한 그분의 목적이라면 나는 그것에 매우 행복해할 것이다. 오직 하나님만이 하실 수 있는 놀라운 일들을 즐거워하는 데는 아무런 문제가 없다. 그러나 처음부터 불완전한 사람들과 동역의 관계를 보여 주는 무대를 계속해서 세우신 분은 하나님이셨다. 주님이 그분의 아버지를 따라 사람으로서 행하시는 모습을 볼 때 나는 그 모범을 따르기 위해 내가 해야 하는 모든 것을 해야 한다는 의무감을 느낀다. 나는 더 이상 지금 나의 모습으로 사는 것에 만족하지 못한다. 나는 여전히 그분의 선하심을 기뻐하지만 이제 그 선하심은 예수님이 사셨던 '참호'에서 나올 것이다.

예수님의 모범에서 내게 주신 두 가지 조건이 있다. 이 자격은 예수님이 명백히 보여 주신 그분의 생명과 임재와 능력을 모방하는 데 있어 필수다. 첫째는 예수님이 죄가 없으시다는 사실이다. 예수님이 없을 때 나는 죄 가운데 소망 없이 잃어졌다. 그러나 나는 더 이상 그분 없이 살지 않으며 결코 다시 그러지도 않을 것이다. 그 잃어진 상태는 더 이상 나의 정체성이 아니다. 이제 나는 그리스도 안에서 죄 없이 발견된다. 왜냐하면 그분의 보혈이 나를 깨끗하게 만드셨기 때문이다. 이처럼 압도적인 긍휼과 은혜 때문에 나는 첫 자격 조건을 갖추었다. 두 번째 조건은 예수님은 온전히 성령의 능력을 받으셨다는 사실이다. 인간으로서 그분은 무기력했다. 그러나 그분이 물로 세례를 받으실 때 하나님의 성령이 그분에게 임하셨다(눅 3:21~22을 보라). 그분이 능력 가운데 행하시는 모습을 보인 것은 이 경험을 하고 난 직후였다(눅 4:1, 14을 보라). 예수님이 제자들도 그분과 동일한 능력 가운데 살길 원하셨을 때 그분은 그들 모두에게 풀어 주시겠다고 약속하신 것(그분이 받으셨던 동일한 성령의 부으심)을 받도록 그들에게 예루살렘에서 기다리라고 명하셨다(행 1:8, 2:1~4을 보라).

예수님의 생애는 죄 없는 한 사람이 행할 수 있는 것이 무엇인지를 보여 준 삶이었으며, 이는 전적으로 성령의 능력으로 가능했다. 완전한 하나님이신 예수님은 인간의 제약을 가진 삶의 모델을 보여 주셨다.

예수님의 사역의 성공의 실제(reality)는 내가 기도해 준 모든 사람의 병이 다 낫지 않는다고 해서 바뀌지 않는다. 기준은 그분이지 내가 아니다. 그분이 지도자이시며 나는 따르는 법을 배우고 있다. 모든 차이는 내게서 일어나지 그분이 아니다.

> 나의 사역 경험에 편안함을 느끼기 위해 성경의 의도와 메시지를 바꾸는 것은 신학적 범죄다.

나의 사역 경험에 편안함을 느끼기 위해 성경의 의도와 메시지를 바꾸는 것은 신학적 범죄다. 성경의 기준을 나의 경험의 수준으로 낮추는 것에 우리 모두는 욕지기를 해야 한다. 그것은 잘못된 것이다. 어떤 사람들은 성경의 명령을 넘어서는 기적에 대해 책임을 져야 한다는 생각에 수치와 죄책감을 갖는다. 수치와 죄책감은 모두 자기중심적이다. 기적의 사역은 그리스도 중심적이다. 수치와 죄책감은 하나님이 우리를 불러 행하게 하신 것[병자를 고치는 것. 그것은 마치 우리의 의무인 것처럼 되어 있다(마 10:8을 보라)]에 대해 원수가 우리로 하여금 부자연스러운 책임감을 갖도록 하는 술책이다. 결국 불신앙으로 좌절에 빠질 때 그는 하나님의 불가능한 부르심에 대해 더 큰 좌절로 우리를 이끌려 한다. 당신은 이런 결론을 보기 위해 멀리 볼 필요가 없다. 이런 반응들은 우리를 돌파 사역의 더 깊은 곳으로 데려가지 못한다. **만일** 그분이 우리를 불러 시키시는 일에 대한 성경적 책임을 지는 것이 우리를 그분에게로 데려간다면 그것은 선하고 옳은 일이다.

만일 내가 극히 간단한 말로 나의 삶을 정의한다면 그것은 다음과 같을 것이다. 즉 나는 개인적으로 돌파를 더하기 위해 하나님에게 부르짖은 후에 대중 앞에서 위험을 감수하는 법을 배운다. 만일 돌파가 있으면 나는 하나님에게 모든 영광을 돌린다. 만일 돌파가 없으면 나는 은밀히 기도 가운데 하나님에게 다시 한 번 더 외친다. 물론 그런 다음에 다시 한 번 대중 앞에서 위험을 감수한다. 이것이 바로 나의 삶의 사이클이다.

용기에서 태어난 말

용기는 오순절 날 교회에게 주어진 **두나미스** 파워에서 나타난 것 중에 하나다. 용기는 하나님의 사람들이 하나님을 그 순간에 초청하는 담대함을 가지고 말할 수 있게 한다. 우리가 그분에게 "아멘"으로 화답할 무언가를 드리는 방식이 바로 이렇다. 우리가 그분이 말씀하시는 것을 담대함으로 선포하면 그분은 우리 메시지의 주장에 대한 반응으로 그분의 뜻을 보이려 나타나신다.

그분의 뜻을 보여 주려면 위험 감수가 요구된다: "제자들이 나가 두루 전파할새 주께서 함께 역사하사 그 따르는 표적으로 말씀을 확실히 증언하시니라"(막 16:20). 오늘날 교회가 가르치고 고백하는 것 중 많은 부분이 하나님 없이 성취될 수 있다. 그것은 인간의 재능과 기술에 호소하며 개인적 훈련과 일반적인 목표들을 통해 성취될 수 있다. 이런 것들이 여전히 중요하지만 이런 것들은 불가능의 영역에서 다루라고 우리를 부르신 것에 비하면 이차적이다. 만일 예수님이 주일에 대부분의 북미 강단에서 선포되는 것을 선포하셨다면 그분은 결코 십자가에 못 박히지 않으셨을 것이다. 옳은 말이 천국을 끌어내고 어둠의 세력들을 분노하게 한다. 어둠의 세력들이 우리 메시지의 초점이 되어서는 안 되지만, 우리의 선포를 통해 우리는 그들의 영향력을 대적하고 위협해야 한다.

주님을 위해 주어진 프로젝트를 달성하기 위해 인간의 재능을 규합하면 공동체, 초점, 훈련의 내적 필요가 채워진다. 이건 좋은 것이다. 하지만 인생의 불가능한 일들이 예수의 이름에 무릎 꿇는 것을 보고 싶어 하는 우리의 갈망은 결코 채워지지 못할 것이다. 주님은 그분의 신부를 향한 그분의 영원한 목적에 닻을 내릴 용기를 우리에게 불어넣고 계시다. 사도행전 4장 29~30절에서 베드로는 방금 감옥에서 나왔다. 그는 방금 전에 예수의 이름으로 설교를 하다가 그의 담대함 때문에 핍박을 당했다. 그러나 그는 한 단계 더 높일 준비를 했다. 그는 말했다: "주여 이제도 그들의 위협함을 굽어보시옵고 또 종들로 하여금 담대히 하나님의 말씀을 전하게 하여 주시오며"(행 4:29). 그는 하나님에게 그분의 담대함을 더 강하게 해 주시도록 간구했으며 그로 인해 그에게 제일 먼저 문제가 생겼다. 그러나 이제 그는 더 많은 용기를 구하고 있다!

우리는 하나님이 말씀하시는 것을 선포하고 그분의 임재를 온 땅에 풀어내라고 그분에게 택함을 입은 백성이다. 이 모든 것은 그분의 아이디어였다. 그것은 물이 바다를 덮음 같이 주님의 영광이 땅을 덮고(합 2:14을 보라), 그분의 정사의 더함이 무궁한 것이었다(사 9:7을 보라). 당신과 나는 이 세상 나라들이 그분의 통치를 받도록 데려오는 종들이다. 그리고 그분의 통치가 있는 삶의 모든 영역에서 우리는 하나님의 임재를 보게 된다. 주님은 용기를 가지고 선포된 그분의 말씀을 지금 찾고 계신다. 이는 그분이 그 말씀을 확증하기 위해 **나타나셔야만 하기** 때문이다. 주님이 우리에게 어둠의 세력을 대적하고 천국을 이 땅에 풀어내며 우리로 하나님이 주신 운명을 향해 달려가게 하실 말씀을 주시길 기도한다. 그것이 바로 하나님이 "아멘" 하실 내용이다.

의의 능력

사회 변혁은 부흥의 우연한 부산물이 아니다. 그것은 소망으로 가득한 사람들이 의도적으로 초점을 맞춘 결과다. 부흥이 올 때 교회는 큰 악보다 크신 하나님을 더욱 확신하게

> 부흥이 올 때 교회는 큰 악보다 크신 하나님을 더욱 확신하게 된다.

된다. 이와 같은 초점의 전환은 가능한 것을 바꾼다. 그러나 그분의 부어 주시는 영광 가운데 변화되어야 할 첫 번째 것은 우리의 내면세계다. 그런 변화가 우리 주변 세계에서 일어나려면 먼저 우리 내면의 세계부터 일어나야 한다. 내면세계에서 진실인 것만이 밖으로 풀어질 수 있다. 예수님은 평강을 가지고 폭풍을 정복하셨다. 그분은 폭풍 가운데서도 주무셨다. 그분을 주무시게 한 평강은 폭풍 자체에서 그분을 구원해 낸 평강이었다. 우리가 그분의 임재를 풀어내는 법을 배울 때 내적 현실들은 외적 현실들이 된다. 사역의 본질은 내면을 밖으로 보이며 사는 것이다.

성령의 부으심이 없으면 교회는 의로 세상을 '오염시키기' 보다는 악에 오염되는 것에 더 관심을 갖게 된다. 우리는 결코 죄를 가볍게 여겨서는 안 되지만 거룩의 능력에 무지해서도 안 된다.

모든 언약이 구약에 제시된 명백한 필요를 채우기 위해 주어졌다는 점에서 신약과 구약은 상황이 다르다. 예를 들어, 마태복음은 주로 유대인을 위해 쓰였다. 이 복음서에서 마태가 언급한 예수님 생애의 첫 번째 기적은 예수님이 문둥병자를 고치시는 것이었는데 이는 독자의 가치관을 예수님 자신의 가치관과 일치시키기 위해 그렇게 한 것처럼 보인다. 그분이 문둥병자를 만지셨을 때 문둥병자가 깨끗하게 되었다. 예수님은 금기사항을 행하심으로 율법이 할 수 없는 것을 이루셨다. 이 증거는 이 땅에서 그분이 지금 행하시는 은혜의 일을 감당할 수 없는 불완전한 사고방식에 도전이 되었다. 거룩의 능력은 믿음의 배우자가 믿지 않는 집안 전체를 거룩하게 하는 사건을 읽을 때 더욱 분명해진다. 그것은 거룩의 능력이다. 이 천국 사고방식은 삶 자체를 보고 평가하는 우리의 방식과 우리 안에 계신 그리스도의 생명의 효과에 대해 변화를 요구한다. 하나님 나라의 현실들에 대한 믿음은 하나님 나라의 현실들을 나타낸다.

거룩의 능력은 다니엘의 이야기에서 더욱 분명해진다. 하나님은 다니엘을 취하셔서 그로 하여금 느부갓네살 왕 앞에서 남녀 마술사들과 함께 있도록 허락하셨다. 그는 의롭게 살았으며 그 나라 전체에 거룩과 충성의 신약적 효과를 일으켜 마침내 경건치 않은 지도자가 회심했다. 거룩은 죄보다 더 강력하다. 그것은 당신 안에 계신 그리스도의 순수함이다.

소망을 가지고 살기

사도 바울은 구원이라는 주제에 대해 가장 위대한 신학적 논문으로 여겨지는 로마서에서 이 과정을 보여 준다. 첫 열한 장은 신학과 교리를 다루지만 12~16장까지는 대부분이 우리의 행실(conduct)을 다룬다. 12장의 중요한 몇 가지를 간략하게 살펴봐도 우리는 사회에 변화를 가져오는 참된 하나님 나라의 태도들에 대해 흥미로운 관점을 얻게 된다.

바울의 첫 선언에서 그는 우리가 예배하는 삶을 살아야 한다고 선언한다(롬 12:1을 보라). 예배는 우리 존재와 행위의 모든 것에 영향을 미치는 중요한 초점이다. 그것은 하나님 나라를 드러내는 데 절대적으로 필요한 새롭게 된 마음을 개발하는 맥락이다(롬 12:2을 보라). 우리 자신을 산제사로 예배 가운데 하나님에게 드리는 것은 우리의 마음을 새롭게 하는 맥락이다.

그는 이어서 우리 사역의 은사들을 가지고 충성하는 것에 대해 심오한 가르침을 준다. 이 강론에서 그는 사람들에게 "믿음의 분수대로" 예언하라고 가르친다(롬 12:6하). 이것은 우리가 약속과 소망의 말을 듣기보다는 심판의 말을 더 많이 듣는 이유를 설명해 줄지 모른다. 우리의 예언들은 종종 우리의 믿음을 드러낸다.

많은 예언의 말이 인간의 이성에서 나온다. 사회는 언제나 부흥이 없을 때 쇠퇴한다. 그리고 세상의 도덕적 쇠락의 상태는 하나님의 일하심이 없으면 언제나 심판으로 끝난다. 회개가 없이 죄가 증가하면 심판에 이른다. 그래서 우리는 인간의 이성이 아니라 믿음에 따라 예언해야 한다. 그럴 경우에 우리는 자연 세계에서 우리가 보는 것에 따라서가 아니라 믿음을 통해 성령 안에서 보는 것을 예언한다. 갈망하는 변화를 일으키는 데 도움이 되는 것은 예언적 말 그 자체라는 사실에 주의하라.

내가 젊었을 땐 교회의 휴거가 중요한 주제였다. 성경에서 주님의 재림은 "복스러운 소망"이라 불린다(딛 2:13). 그러나 어떻게든 우리는 사회에 변혁을 일으켜야 할 우리의 책임을 무시하지 않은 채 그분의 재림을 바라면서 사는 법을 배워야 한다. 그리고 부흥이 **인생의 딜레마에 대한 답변이기 때문에 주님의 재림을 전하는 데 초점을 맞출 때마다** 부흥은 끝난다.

초창기엔 예수님이 어느 때든 재림하실 것이라는 생각에 많은 친구들이 대학에 가지도 않고 영향력 있는 직업을 구하지도 않았다. 비극적이게도 인생을 이런 식으로 접근하는 방식의 배후에 있는 신학은 그 믿음에 있어서 변화에 대한 소망이 담겨 있지 않았다. 우리는 주님이 재림하실 때까지 상황이 점점 더 악화될 것이라는 말을 들었다. 그 맥락에서 변화를 추구하는 것은 우리가 소망해야 할 바로 그것, 즉 주님의 재림과 충돌한다. 이런 종류의 가르침은 결코 우리 아버지의 입에서 나오지 않았지만 교회 안에 팽배했다. 사회에서 영향력 있는 지위를 추구하는 것은 시간 낭비라는 개념이 우리 모두에게 분명했다. 왜냐하면 예수님이 어느 때라도 다시 오실 것이기 때문이었다. 우리가 지금 생명의 일에 참여할 수 있는데 왜 학교에서 시간을 낭비해야 한단 말인가? 왕의 왕이신 그분의 영향력을 지구에 미치는 것에서 지구를 떠나 그 왕과 함께 있는 것으로 우리의 초점을 바꾸는 책들이 쓰이고, 그런 설교들이 전파되고, 그런 입맛이 생겨났다. 이 위대한 작가들과 설교자들의 의도는 결코 그것이 아니었지만 한 세대의 소망이 훼손되고 잃어졌다. 내면에서부터 경건치 않은 교육제도를 변화시킬 수 있는 교사와 교수가 될 수 있었던 젊은 남녀들이 인생의 다른 길을 선택했다. 변호사, 판사, 정치가와 사업가들은 대부분의 경우에 하나님 나라의 가치를 거의 가지고 있지 않거나 그런 가치가 없는 사람들이 되었다. 가장 큰 열정을 지닌 사람들이 영향력 없는 지위를 선택했다. 우리의 현 혼돈의 일부는 미래에 대한 소망이 없는 그 시대의 실수들(errors)의 결과다. 그리고 미래에 대한 소망이 없는 곳은 언제나 믿음에서 나오는 예언들이 부족하다. 참된 예언적 규례들(decrees)은 촉매제다. 이런 예언들은 예언을 통해 말한 변화를 일으키기 위해 말해져야 한다. 비극적이게도 낙태가 합법화된 것은 이때였다. 이는 내일을 위한 믿음의 말을 하지 않은 것의 자연스러운 부산물이 아닌가? 책임을 맡은 자인 교회가 내일에 대한 믿음을 잃어버렸을 때 우리는 우리 젊은이들의 삶을 희생한다.

후에 바울은 로마서 12장 14절에서 "축복하고 저주하지 말라"고 말한다. 신자들이 자신들을 핍박하는 자들을 저주하는 경향이 있다는 건 분명하다. 그들의 '원수'의 라이프스타일 때문에 그들은 논리적으로 그런 결론에 도달한다. 그러나 환경을 바꾸고 변화를 가능하게 하는 것은 받을 자격이 없는 축복이다.

12장은 "악에게 지지 말고 선으로 악을 이기라"로 끝난다(롬 12:21). 이것은 의가 죄보다 더 강력하다는 확신에서 나온 행동이 아닌가? 이것은 도망가길 원하는 사람들보다 우리를 변화의 대리자의 위치에 두는 태도가 아닌가? 어떤 면에서 주님이 지금 재림하시길 갈망하는 것은 아마도 신자가 가질 수 있는 가장 이기적인 갈망일지 모른다. 예수님이 지금 재림하시면 그리스도가 없어 영원히 잃어질 수십억의 사람들을 보라. 이것은 우리에게 중요하다! 우리는 그들의 구원을 위해 이 땅에 남겨진 자들이다. 그러나 그분이 속히 오시길 원하는 갈망은 마치 영원한 파급이 없는 것처럼 박수를 받지만 사회적 변혁을 갈망하는 자들은 균형을 잃은 사람으로 여겨진다. 하나님의 선하심은 이런 종류의 표현이 우리에게서 나오길 요구한다!

어쨌든 우리는 복스러운 소망과 사회 변혁을 합한 메시지를 만드는 법을 배워야 한다. 우리는 그리스도와 그분의 재림을 갈망하지만 여전히 이적과 기사와 표적을 통해 그분의 나라의 현실을 보여 줌으로써 도시들과 국가들을 변혁하는 우리의 임무에 온전히 관여할 수 있어야 한다. 그분이 "한 국가가 하루 만에 구원을 받을 수 있느냐?"라고 물으실 때 그분은 대답을 구하신 것이 아니다. 그분은 증거(testimony)를 구하셨다. 그 증거는 그분에게 그들의 수고의 열매인 국가를 드리는 세대다(사 66:8을 보라). 만일 예수님이 **만국의 보배**(desire of the nations)시라면 아마 그분의 몸인 우리는 이 시대의 문제들에 대한 답을 갖고 있는 종들이 되어 나라들이 원하는 자가 되어야 한다. 교회는 세상이 묻지 않는 질문들에 답해 왔다. 이제는 그들이 묻는 질문들을 해결할 수 있는 방법을 배워야 할 때다. 이것이 바로 젊은 사울에게 일어난 일이다. 그는 자기 아버지의 암나귀들을 찾으면서 선지자 사무엘의 조언을 구하기로 결정했다. 그는 사울에게 암나귀들을 발견했다고 말하고 나서 아침에 자신을 만나러 오라고 말했다. 그는 사울의 마음의 갈망들을 드러내고 싶었다. 사무엘은 그가 가진 질문들에 답했고 이로 인해 사무엘은 사울이 질문했던 문제에 답할 위치에 서게 되었다. 그것은 사울의 인생의 목적에 대한 것이었다(삼상 9:15~21을 보라).

> 만일 예수님이 만국의 보배시라면 아마 그분의 몸인 우리는 이 시대의 문제들에 대한 답을 갖고 있는 종들이 되어 나라들이 원하는 자가 되어야 한다.

아직 손대지 않은 약속들을 기도하라!

참으로 우리의 성정을 사로잡고 우리의 중보기도에 급진적인 영향을 미칠 예언 중에 성취되지 않은 것들이 많다. 여기 간략히 몇 가지만 적어 보자.

"내가 내 영을 만민에게 부어 주리니" (욜 2:28)

"그들이 다 나를 앎이라" (렘 31:34, 히 8:11)

"그 날에 많은 나라가 여호와께 속하여" (슥 2:11)

"많은 백성과 강대한 나라들이 예루살렘으로 와서" (슥 8:22)

교회의 가장 중요한 책임 중 하나는 기도와 중보기도다. 그것은 제사장들에게 주어진 임무의 일부이며 또한 우리의 부르심이다(벧후 2:9을 보라). 이것은 우리가 하나님 앞에 사람들을 제시해야 하며 그분의 자비를 열방에 보여 주길 힘써야 함을 의미한다.

거룩한 고속도로

성령의 부으심이 있을 때 생기는 환경이 있는데, 여기서 거룩은 그분의 임재 안에 자신을 담근 사람들이 정상적으로 표현하는 것이다. 이사야는 이것을 **거룩한 고속도로**(highway of holiness, 개역개정 성경에는 "거룩한 길"이라고 되어 있다-옮긴이)라고 말한다. 고속도로는 장애물이 제거되었기 때문에 여행을 용이하게 해 준다. 보통 고속도로는 접근이 쉽고 동행하는 여행객도 있다. 거룩한 고속도로는 하나님의 백성들이 힘들이지 않고 순수함 가운데 살 수 있는 운동력을 생성해 준다. 그것은 너무 의미심장해서 심지어 우매함도 덮어진다. 이는 죄나 우매함을 최소화하는 것이 아니다. 단지 많은 사람들이 의롭게 살면 그것이 약자들도 성공하게 하는 운동력을 만들어 낸다는 것을 깨닫도록 도우려는 것일 뿐이다.

성령의 부으심이 있을 때 생기는 환경이 있는데, 여기서 거룩은 그분의 임재 안에 자신을 담근 사람들이 정상적으로 표현하는 것이다.

> "거기에 대로가 있어 그 길을 거룩한 길이라 일컫는 바 되리니 깨끗하지 못한 자는 지나가지 못하겠고 오직 구속함을 입은 자들을 위하여 있게 될 것이라 우매한 행인은 그 길로 다니지 못할 것이며"(사 35:8)

타협할 경우엔 이 거룩한 대로를 알지 못할 것이다. 그곳엔 겉으로 거룩한 척하지만 안으로는 부패한 사람들도 없을 것이다: "우매한 행인은 그 길로 다니지 못할 것이며"(사 35:8). 이는 하나님이 성령을 부어 주실 때 이런 고속도로를 만드셔서 길에서 벗어나기가 어렵게 될 것임을 의미한다. 이런 개념은 많은 사람들이 수용하기가 어렵다. 왜냐하면 우리는 반대 개념에 익숙하기 때문이다. 우리는 '위대한 이탈'(great falling away)은 빨리 말하지만 마지막 때의 예언의 한 부분인 위대한 추수와 도시의 변혁에 대해서는 빨리 말하지 않는다. 사람을 두려워하거나 형벌에 근거한 것이 아니라 그분의 임재의 현현, 즉 그분의 영광에 근거한 의로운 압력이 존재하는 날이 오고 있다.

나는 거룩이란 우리가 할 수 있는 것과 할 수 없는 것의 목록이며 '할 수 없는 것'이 '할 수 있는 것'보다 더 길다고 배운 것이 기억난다. '할 수 있는' 목록에 기재된 대부분의 것은 교회에 가고 십일조를 하고 전도하고 성경을 읽고 기도하는 것이다. 그런 뒤에 우리는 가끔씩 포트럭(potluck) 파티를 하고 선한 삶을 살면서 예수님의 재림을 기다린다. 그러나 예수님은 우리가 종교적 활동에 바쁘도록 하기 위해 그분이 겪으신 모든 것을 겪으신 것은 아니었다. 이런 활동들이 의미가 있긴 하지만 그것들은 무언가를 '위한' 것이다. 그분은 우리 안에 부활하신 그리스도의 영을 두셨는데 이는 우리로 무언가를 점령하도록 하기 위함이다. 그분은 주님이 능하게 되신 그 동일한 성령으로 능하게 하신 자들에게서 불가능의 열매를 기대하고 계시다. 왜냐하면 그분이 전적으로 선하시기 때문이다.

신약 신학은 죄의 능력이 아니라 거룩의 능력을 강조한다. 아마도 죄와 대비해서 거룩을 붙들었다고 말하는 것이 더 나을 것이다. 이는 우리가 죄의 능력을 두려워하지 않거나 무시해야 한다는 말은 아니다. 죄는 언제나 심각하다. 그러나 초점의 전환을 하면 우리는 세상을 향해 우리에게 오라고 요구하는 대신에 세상을 침공할 준비를 하게 될 것이다. 이런 관점의 전환은 열방을 그분에게로 인도하는 위치에 서는 데 필수적이다. 만일 이 진리를 마음으로부터 발견하지 못하면 소금과 빛이 되는 것은 아무런 목적이 없을 것이다. 그럴 경우에 소금은 언제나 소금 통에 담겨 있기만 한다.

거룩에 대해 나는 대부분의 신자들이 신약 시대인데도 여전히 구약의 견해를 가지고 있다고 확신한다. 그리고 두 시대는 목적과 특히 가능성의 영역에서 완전히 다르다. 구약은 인류로 하여금 구원자에 대한 준비를 시켰다. 그러나 그 준비는 그들로 구원자를 받아들이도록 준비시킨 것이 아니라 그들로 구원자를 요청하도록 준비시켰다. 율법과 선지자는 사람들이 지킬 수 없는 하나님의 요구들을 계속해서 노출했다. 당신이 아무리 선한 일을 해도 하나님 앞에 자신을 정결하게 할 수는 없다. 우리는 구세주가 절실하게 필요하고 2천 년이 지난 지금 아무리 열심히 노력해도 하나님의 은총을 얻을 수 없다는 인식을 가지고 사는 것이 중요하다. 우리는 그분의 은총을 받았으며 그 은총으로부터 우리가 이미 가지고 있는 것을 더 하는 삶을 살아야 한다.

> 구약은 인류로 하여금 구원자에 대한 준비를 시켰다. 그러나 그 준비는 그들로 구원자를 받아들이도록 준비시킨 것이 아니라 그들로 구원자를 요청하도록 준비시켰다.

하나님 나라의 강력한 개념 중 하나는 당신이 가지고 있는 것을 잘 관리하면 더 많은 것을 얻는다는 것이다. 만일 우리가 조정(adjust)을 하고 은혜 가운데 사는 것을 배울 수 있다면 우리의 행동은 우리가 은총을 얻기 위해 애쓰는 것보다 훨씬 더 극적으로 바뀐다. 하나님의 명령 중에 일부는 올바른 식욕을 창출하는 데 필요한 만큼의 성과를 요구하지 않는다. 열정으로 사는 것은 단지 훌륭한 절제 가운데 사는 것보다 더욱더 그리스도를 닮았다.

예레미야 선지자는 사람들을 위한 대로의 아름다운 그림을 다음과 같이 보여 준다.

"성문으로 나아가라 나아가라 백성이 올 길을 닦으라 큰 길을 수축하고 수축하라 돌을 제하라 만민을 위하여 기치를 들라"(사 62:10)

앞서 이사야 60장 18절에서 여러 번 언급했듯이 나는 이 말씀에서 성문은 찬송을 가리킨다고 믿는다. 하나님의 백성이 하나님에게 찬양을 드릴 때 무언가가 대기 중에서 발생한다. 찬송은 실제적으로 사람들을 위해 길을 치운다. 찬송은 불순한 사상과 문화 그리고 영적 진들의 장애물들을 대적한다. 계속해서 희생적이고 순수한 찬송을 드리면 결국 모든 열등한 현실들이 제거되고 지리적 위치에 천국과 같은 영역이 세워진다. 하나님의 사람들이 모여 예배할 때마다 이런 일이 일어난다. 그러나 그 찬송이 유지되고 순수할 때 결국 도시 전체에 영향을 미친다. 천국의 분위기가 현실에 대한 사람들의 인식을 바꿔 준다. 이 과정을 **대로 건설**(building a highway)이라 부른다. 예배하는 공동체는 도시의 분위기를 바꾸며 실제로 그리스도를 모르는 사람들에게 그분을 쉽게 알 수 있는 접근로를 만들어 준다. 우리의 찬양과 그분의 영광, 그분의 선하심 그리고 영혼의 위대한 추수 사이에는 보이지 않는 영역에서 심오한 연결성이 있다. 이 부분은 더욱 연구할 만하다.

능력 가운데 나타난 거룩

성품의 거룩은 인간의 본성을 만지신 하나님의 능력의 나타남이다. 또한 거룩은 인간의 몸에 치유의 영향을 미친다. 그래서 "공의로운 해가 떠올라서 치료하는 광선을 비추리니"라고 말씀한다(말 4:2). 거룩은 표현을 요하며 그 표현은 능력의 나타남이다. 이는 하나님의 영이 하고 계시는 일을 설명한다. 주님은 "성결의 영으로는 죽은 자들 가운데서 부활하사 능력으로 하나님의 아들로 선포되셨"다(롬 1:4). 부활과 같은 기적은 거룩의 정상적인 표현이다.

때로 하나님에 대한 우리의 사랑이 우리가 미워하는 것으로 측정된다. 그분은 여전히 재판장이시고 언제나 사랑을 방해하는 모든 것을 정죄하실 것이다. 하나님은 질병을 얼마나 싫어하셨는가? 죄만큼이나 싫어하셨다. 질병과 죄는 거의 동일하게 다뤄진다. 죄가 내 영혼과 상관이 있는 것처럼 질병은 내 몸과 상관이 있다. 그분은 아들이 그런 잔인한 구타를 경험하게 하실 정도로 질병을 싫어하셨다. 보혈이 우리의 죄를 덮는 것처럼 상처는 우리의 치유를 위해 값이 치러졌다. 이것이 바로 그분이 죄와 질병을 얼마나 미워하시는지를 보여 준다. 우리는 이런 것들을 용납할 수 없다. 우리가 용납하면 그것이 지배하기 때문이다.

우리의 위임령

거룩은 모든 피조물에게 변혁의 영향을 미친다. 로마서 8장은 "피조물이 다 이제까지 함께 탄식하며 함께 고통을 겪고 있는 것을 우리가 아느니라"고 말한다(롬 8:22). 자연도 하나님의 나라가 나타나길 갈망한다. 땅도 이것을 갈망하며 탄식하고 치유를 원한다. 최근에 누군가가 말했듯이 심지어 물도 누군가가 자기 위를 다시 걷길 갈망한다. 나는 우리가 지상에 유토피아를 만들길 애써야 한다고 주장하는 것이 아니다. 그러나 또한 나는 피조물이 자신이 누구인지를 참으로 발견한 그분의 백성들에게 하나님의 임재가 나타날 때 그로 인해 영향을 받는다는 사실을 무시하지 않는다.

영에서 일어난 일은 자연 세계에서 측정 가능해야 한다. 만일 당신이 볼 수 없는 하나님을 사랑한다고 말하면서 볼 수 있는 형제를 미워한다면 하나님을 사랑한다는 당신의 말은 거짓말이다(요일 4:20을 보라). 바꿔 말하면, 당신이 보이지 않는 영역에서 경험한다고 주장하는 것을 보이는 세계에서 보여 줄 수 있어야 한다. 그렇지 않으면 당신의 주장은 의심이 간다. 그분은 우리가 시험으로 입증할 수 없는 이론들로 살기를 원치 않으신다. 그 이론들은 지금 적용할 수 있어야 한다.

선지자들은 영적 현실들을 가르치는 데 자연의 언어를 사용했다. 이사야 35장 1절에서 사막이 기뻐한다. 2절에서 사막이 기뻐하고 노래하며 활짝 만개하고 주의 영광이 나타날 것이다. 3~4절은 위임령이다: "너희는 약한 손을 강하게 하며 떨리는 무릎을 굳게 하며 겁내는 자들에게 이르기를 굳세어라, 두려워하지 말라, 보라 너희 하나님이 오사 보복하시며 갚아 주실 것이라 하나님이 오사 너희를 구하시리라 하라." 불안해하는 사람에게 달려가 말하라: "지금은 불안해할 때가 아닙니다. 지금은 우리의 때이며 당신은 이를 위해 태어났습니다. 두려워하지 마십시오." 적시에 바른 메시지를 전하면 초자연적인 활동의 비교할 수 없는 영역이 풀어진다. 이것이 바로 우리가 그분의 위임령을 수용할 때 천국이 보이는 반응이다: "그 때에 맹인의 눈이 밝을 것이며 못 듣는 사람의 귀가 열릴 것이며 그 때에 저는 자는 사슴 같이 뛸 것이며 말 못하는 자의 혀는 노래하리니 이는 광야에서 물이 솟겠고 사막에서 시내가 흐를 것임이라"(사 35:5~6). 이것은 우리가 바른 메시지를 전파할 때 보이시는 하나님의 "아멘"이다. 그리고 그분은 풍성한 그리스도인의 삶을 설명하기 위해 자연의 비유를 사용하신다: "뜨거운 사막이 변하여 못이 될 것이며 메마른 땅이 변하여 원천이 될 것이며"(7절).

만남의 변혁

예수님이 죄가 되셔서 당신과 나는 하나님의 의가 된다. 우리는 이 땅에서 하나님의 의가 되었다. 그분이 변화시키고 계신 것은 우리의 정체성이다. 만남을 통한 이 변혁의 과정은 성경을 통해 계속된다. 그분은 "일어나라 빛을 발하라 이는 네 빛이 이르렀고"라고 말씀하시지 "일어나 빛을 반사하라"고 말씀하지 않으신다. 왜냐하면 일단 당신이 빛의 터치를 받으면(그리고 순복하면) 당신은 빛이 **되기** 때문이다(사 60:1). 만일 우리가 그분에게로 가서 마시면 그분은 우리의 가장 깊은 내면에서 생수의 강이 흘러나올 것이라 말씀하신다(요 7:38을 보라). 그러므로 그분을 마시면 당신의 가장 깊은 내면은 강물을 만들어 내고 그 물줄기는 당신이 처음 받았던 물보다 훨씬 더 클 것이다. 당신은 당신에게 영향을 주고 당신을 변화시킨 바로 그 하나님 나라를 풀어내는 자가 될 것이다. 당신의 본성, 당신의 존재, 딩신의 인격(당신에 관한 모든 것)은 왕 되신 그분과 그분의 나라와 연결되는 순간에 극적으로 변한다.

변화의 모멘텀(momentum)을 유지하기 위해 산만해질 수는 없다.

그리고 그런 것들이 찾아올 것이다. 우리가 도전받는 주요 영역 중 하나는 하나님이 기뻐하시는 것을 기뻐하는 법을 배우는 것이다.

우리는 개인적으로 구체적인 돌파를 위해 그분을 찾을 책임이 있다. 기도 가운데 얻은 승리들은 대중 앞에 보이는 승리들이 된다. 또한 우리는 우리가 필요한 영역들에서 이미 돌파를 경험한 사람들에게 배워야 한다. 그들의 사역으로부터 우리도 동일한 일을 행할 수 있는 은혜를 얻는다. 그러나 당신의 신학적 선호 밖에 있는 사람들에게 받을 준비를 하라. 왜냐하면 하나님은 우리가 가장 원하는 선물들을 가장 가능성이 없어 보이는 꾸러미에 감춰 두시기 때문이다. 만일 우리가 우리의 차이점들을 간과하는 갈망과 겸손을 가지고 있다면 우리는 이런 식으로 오직 이런 영역들만을 추구할 것이다. 이렇게 하면 우리는 은사 가운데로 들어가고 그것을 충성되게 수행할 겸손함을 갖게 된다. 불가능한 것을 추구하고 이를 대면할 위험을 감수하며 기적이 일어날 기회를 주라.

> 하나님은 우리가 가장 원하는 선물들을 가장 가능성이 없어 보이는 꾸러미에 감춰 두신다.

하나님이 지혜와 계시의 영을 그분의 백성들에게 한 번 더 풀어 주셔서 우리로 이 예수님을 보다 더 분명하게 그리고 보다 더 정확하게 제시할 수 있게 하시길 기도한다. 모세의 얼굴이 무한하신 하나님의 선하심을 본 후에 그분의 영광으로 빛났던 것과 동일하게 하나님은 그분의 선하심에 대한 동일한 계시를 통해 우리 세대의 교회를 변화시키고 싶어 하신다. 하나님의 선하심은 우리 신학의 머릿돌이다. 그것은 우리가 살고, 선포하고, 보여 줘야 할 신학이다.

그것은 모두 예수님에 대한 이야기다. 그분은 완전한 신학이시다.

BILL
JOHNSON

GOD

— is —

그분은 당신이 생각하는 것보다 더 선하시다

GOOD

...

신비의 중요성

기독교의 임무는 모든 질문에 쉬운 답을 제공하는 것이
아니라 우리로 하여금 점차 신비를 인식하게 만드는 것
이다. 하나님은 우리의 지식의 대상이 아니라 우리가 느
끼는 경이로움의 원인이시다.

_ 칼리스토스 웨어

우리가 모르는 것이 우리가 알고 있는 것만큼 중요한 때가 가끔
있다. 성경은 무지를 한 번도 높이지 않지만 신뢰를 존중한다. 그리
고 신뢰는 상황이 혼란스럽고 그에 상응하는 질문들이 있을 때 가
장 많이 입증된다. 실제로 신뢰는 하나님에 대해 우리가 참된 것으
로 알게 된 것이 그것을 부인하는 모든 상황적 증거보다 더 크다는
것을 의미한다. 이것은 이 땅에서 그분이 펼치시는 목적들을 보여
주는 사람들에게 매우 중요하다.

이 시점에서 하나님의 목적들을 기억하는 것은 결정적이다. 그
분은 순전함과 능력 가운데 예수님을 정확히 대표하고, 그분의 가
족을 분열시키지 않으며, 그분의 생각(reasoning)을 왜곡시키지 않으
면서 신뢰 가운데 그분과 동역할 수 있는 사람들을 갖기를 갈망하
신다. 간략히 말해 이것은 그리스도와 함께 통치하는 것을 의미한

다. 그분의 열정은 그분의 임재와 영광을 그들에게 점점 더 많이 나타내시는 것이다. 이것은 하나님의 영광의 무게가 나뉘지 않은 마음을 가지고 사는 사람들에게 임할 것을 의미한다. 요점은 이 땅에서 하나님의 아름다우심과 영광을 전할 수 있는 사람이 되기 위해 우리는 신뢰의 백성으로 입증되어야 한다는 것이다. 그리고 우리가 가지고 사는 신뢰의 측정은 우리가 기대하거나 혹은 기도한 것과 다르게 나타날 때 가장 명확해진다.

강력해지기

아는 것이 힘이다. 이 유명한 말은 하나님을 아는 일에 있어서는 착각이다. 하나님을 아는 우리의 지식이 우리로 하여금 더 큰 순종의 자리로 이끌지 못할 때 그것은 우리를 더 큰 좌절로 이끈다. 그분이 완전히 진실하시고 사랑하시며 신실하시고 정직하시고 우리의 미래에 대해 기뻐하며 흥분하신다는 점에서 그분은 예측 가능하다. 그러나 그분이 끝에서 시작을 보시고, 상황이 그분의 약속과 목적에 반대로 나가는 것처럼 보일 때조차도 인생에서 취해야 할 최선의 길을 아신다는 점에서 그분은 예측 불가하다. 그분은 어느 누구의 조정도 받지 않으신다. 만일 당신이 하나님을 당신의 종으로 본다면 그분은 계속해서 당신을 좌절시키실 것이다. 그러나 당신이 그분의 종이라면 당신은 계속해서 놀라게 될 것이다. 이것은 모두

> 만일 당신이 하나님을 당신의 종으로 본다면 그분은 계속해서 당신을 좌절시키실 것이다. 그러나 당신이 그분의 종이라면 당신은 계속해서 놀라게 될 것이다.

관점의 문제다.

우리가 그분을 이해할 수 있다고 생각할 때 우리는 우리가 그분을 통제할 수 있다는 잘못된 느낌을 갖는다. 우리는 그분의 뜻을 인식해서 그분으로 하여금 우리가 원하는 일을 그분이 하시도록 할 수 있다고 생각한다. 이것은 종교적 조작(manipulation)이 될 수 있다. 그분은 이를 미워하시며 이에 순복하지 않으실 것이다. 이러한 기만을 드러내면 하나님이 실제로 우리에게 무언가를 빚지고 계시다고 믿는 자격을 가진 사람이 되는 것을 막을 수 있다. 또한 이 신뢰의 영역을 배우면 우리가 다음에 일어날 일을 언제나 알고 있다는 생각으로 살아가는 것을 막을 수 있다. 이것은 신뢰가 발전하는 방법이다. 그리고 신뢰는 우리를 강력하게 만든다.

신비를 지닌 사랑 안에서

이 장의 서두에서 사용한 인용구는 내가 여러 해 동안 읽은 인용구 중에서 가장 의미심장한 것 중 하나다. 하나님은 토론장에서 누구하고도 머리를 맞대고 논쟁하실 수 있는 분 이상이시다. 하나님이 인간의 질문에 위협을 받을 거라고 생각하는 것은 매우 웃기는 일이다. 그분은 우리를 이 대화로 초청하신다(사 1:18을 보라). 그는 우리와 다른 가치관을 가지고 계시지만 우리는 매일 그분과 함께 걷고 있다. 그리고 그분과의 관계를 유지하는 것은 언제나 그분의 조건에 달려 있다. 그러나 우리는 그분의 조건이 언제나 우리의 최선을 위한 것임을 알고 있다. 하나님은 그분에게 나아오는 모든 사람에게 한 가지 기본적인 것을 요구하신다. 그것은 믿음이다: "믿음이 없이는 하나님을 기쁘시게 하지 못하나니"(히 11:6). 이것이 그분의 가치관이다.

담대한 믿음은 조용한 신뢰의 어깨 위에 서 있다.

신뢰의 자리에서 살면 우리는 돌파의 위치에 서게 된다. 담대한 믿음은 조용한 신뢰의 어깨 위에 서 있다. 믿음은 마음의 활동이다. 진정한 믿음은 두뇌의 날조된 활동이 아니라 내어 줌(yieldedness)을 통해 온다. 믿음은 애씀(striving)아니라 순복(surrender)에서 온다. 믿음은 아무 생각이 없는 게 아니다. 새로워진 마음(롬 12:2을 보라)으로 이해하는 것은 종종 강의 둑이 강물의 흐름의 한계를 정하는 것처럼 믿음의 맥락을 설정하는 데 사용될 수 있다. 믿음엔 생각이 있지만 그것이 생각(mind)으로만 가득한 건 아니다. 그것은 본질적으로 지성이 아니다. 참된 믿음은 그것이 우리의 지성에 안전하게 성장할 수 있는 맥락(하나님을 아는 지식에서)을 제공한다는 점에서 이성보다 뛰어나다. 자기 마음에 하나님이 없다고 말하는 사람은 바보라는 사실을 기억하라(시 14:1, 53:1을 보라). 영원하신 하나님은 모든 논리와 이성의 머릿돌이시다.

우리는 하나님을 이해할 수 없다. 만일 그렇다면 그분이 아니라 우리가 하나님이 될 것이다. 유한한 존재는 결코 무한을 감쌀 수 없다. 그분은 관계를 통해 알아야 한다. 심지어 우리가 그분을 알길 원하시는 전능하신 하나님의 경이로움을 생각해 보라. 예수님이 우리의 죄를 친히 감당하셨기 때문에 우리는 예수님이 자신의 아버지 앞에 나아갈 때 가지셨던 동일한 자격을 가지고 아버지 하나님에게 다가갈 수 있는 권세를 받았다. 언제나 선하신 완전하신 하늘 아버지는 예수님을 받으시고 축하하신다. 우리가 그리스도 안에 있기 때문에 그분은 모든 참된 신자도 동일하게 받으시고 축하하신다.

하나님을 아는 것은 누구에게나 주어지는 가장 위대한 특권이다. 예수 그리스도의 십자가는 하나님을 알라는 궁극의 초대다. 그분은 그분의 초청에 우리가 성공적으로 반응할 수 있도록 비용을 조금도 아끼지 않으셨음을 우리는 여기서 분명히 알 수 있다.

머리와 가슴의 이러한 신비를 분명히 말해 주는 구절이 에베소서 3장 18~19절이다: "지식에 넘치는 그리스도의 사랑을 알고 … 하나님의 모든 충만하신 것으로 너희에게 충만하게 하시기를 구하노라." **알다**라는 단어는 '경험을 통해 얻어진 지식'이란 뜻이다. **지식**이란 단어는 '이해하다'를 의미한다. 바울이 많은 단어를 사용해서 하는 말은 다음과 같다: **우리는 결코 이해할 수 없거나 온전히 알 수 없는 방식으로 경험을 통해 하나님의 사랑을 알게 되길 구한다.** 지식은 잘못된 것이 아니며 무지를 높이려는 것도 아니다. 지식은 너무 중요하다. 우리는 그리스도의 몸 가운데 교사들을 가지고 있다. 그래서 우리는 배울 것이다. 실제로 성령님의 주요 책임 가운데 하나는 우리를 가르치시는 것이다. 그것은 거룩한 우선순위다. 그러나 우리는 그분을 아는 지식이 우리를 그분에게로 데려간다는 것을 우리 자신의 마음(heart)에게 요구해야 한다. 하나님과의 만남을 통해 우리는 거룩한 지혜 안에서 자라 간다. 믿음에 지식이 요구되는 건 아니다.

나의 아버지

나의 아버지는 너무나 놀라운 분이셨다. 그는 사람들을 너무나 깊이 사랑한 위대한 영적 지도자였다. 많은 사람들의 삶이 아버지의 사랑의 보살핌을 통해 영원히 바뀌었기에 그들은 그를 믿음의 영웅으로 여겼다. 또한 오늘날 전 세계에서 복음 사역으로 섬기는 이들 중에 아버지의 격려 때문에 그들의 섬김의 자리에 가게 되었다고 말하는 사람들이 많다. 그는 무언가 다른 사람들을 찾아내는 재주가 있었다. 그리고 그 사람들은 그들이 추구하는 직위가 요구하는 모든 사항들을 충족하지 못했을지 모른다. 그들은 너무 어리거나, 너무 나이가 많거나, 배경이 너무 안 좋거나, 자녀가 너무 많거나, 너무 담대하거나, 너무나 많은 실수를 저질렀다. 그러나 아버지는 그런 자들을 특히 사랑하셨다. 그는 그들에게서 동료 가운데 뛰어난 무언가를 보셨다. 나는 그를 바나바라 불렀다. 바나바의 이름은 **위로의 아들**이란 뜻이다. 바나바는 모든 교회가 두려워하는 사람, 즉 다소의 사울에게 그와 같이 행했다. 오직 주님만이 이 사람에게 무슨 일이 일어났는지 아신다. 바나바가 사울을 채택해서 그를 격려 가운데 사람들에게 데려오지 않았다면 그에게 무슨 일이 일어났는지는 오직 주님만이 아시고 사울은 단지 핍박하던 자로만 알려졌을 것이다. 나의 아버지도 바나바와 같았다. 그리고 그는 참으로 내 인생에서 가장 위대한 격려자였다.

그는 우리 교단에서 오랫동안 매우 높은 직책에서 섬겼다. 나는 그가 그처럼 사랑했던 그 직위를 떠났을 때를 기억한다. 그는 가족들과 함께하고 싶어 했지만 또한 교회 지도자들의 통제를 받지 않고 하나님이 원하시는 것을 함으로써 하나님이 하나님 되실 수 있는 곳에 있기를 원했다. 그는 부흥을 정말 사랑했고 다시 한 번 부흥에 참여하고 싶어 했다. 그는 우리가 캘리포니아 레딩에 있는 벧엘교회에서 경험하고 있는 것을 사랑했다. 우리가 증거하게 된 성령의 임재와 능력은 그가 성장하면서 경험했던 것과 매우 흡사했다. 그래서 그는 이 놀라운 하나님의 역사를 최대한 돕기 위해 레딩으로 이주했다. 그가 쏟아낸 지혜와 격려는 영원에서만 측량될 수 있는 도움을 우리에게 주었다. 나는 그 시절에 대해 너무 감사를 드린다.

나는 나의 가장 친한 친구 중 한 사람인 랜디 클라크(Randy Clark)와 함께 브라질에서 사역을 하고 있었다. 나는 긴급한 전화를 받았는데 그것은 가장 예기치 못한 뉴스였다. 우리 아버지에게서 췌장암이 발견되었다. 너무나 충격이었다! 그는 쓸개에 대한 간단한 진단을 받으러 갔지만 우리 중 어느 누구도 이와 같은 큰 병을 예상하지 못했다. 나는 즉시 귀국해야 했다. 랜디는 이 여행을 위해 나를 모든 스케줄에서 놓아 주었다. 그리고 나는 집으로 날아갔다. 기적을 구할 때였다.

암은 우리의 매우 특별한 목표가 되었다. 나는 많은 그리스도인들이 일종의 경외감을 가지고 **암**이란 단어를 언급하는 것을 너무 많이 들었다. 그것을 강력한 독립체(entity)로 인정할 때 그 대가는 너무 컸다. 그것은 마치 바알이나 다른 거짓 신을 존중하는 이스라엘과 같다. 이러한 질병의 배후에 있는 영은 우리의 두려움을 인지할 수 있다. 암과 모든 다른 질병은 예수의 이름보다 열등한 이름이다. 그것들은 무릎을 꿇어야 한다. 우리 중 어느 누구도 이런 질병을 조금도 존중해서는 안 된다(나는 영예란 의미에서의 존중을 뜻하는 게 아니다. 나는 그렇게 하는 사람을 그 누구도 알지 못한다. 나는 하나님의 사람들의 마음과 생각에 자리 잡은 '경외감' 대신에 갖는 존중을 의미한다). 암은 북미에서 신약 교회의 골리앗이 되었다. 우리는 다윗이 행한 것을 행해야 하며 그것이 죽어 넘어지는 것을 보기 위해 그 거인에게 달려가야 한다!(삼상 17장을 보라) 골리앗이 하나님의 군대를 조롱했을 때 사울과 그의 군대가 그랬던 것처럼 존중감 가운데 후퇴하는 것은 용납할 수 없다. 우리는 우리 하나님의 크기가 (우리 눈에) 우리 문제의 크기보다 더 작을 때 가장 불쌍한 사람이 된다. 우리는 크신 하나님에게 돌아가야 한다. 마귀는 너무나 작은 존재다.

나는 암이 다시 한 번 무릎 꿇는 것을 보기로 결심하고 집으로 돌아왔다. 우리는 수많은 사람들이 온갖 문제에서 고침 받는 것을 보았다. 그중에는 암도 들어 있었다. 이것은 예수의 이름이 높아지는 또 한 번의 경우가 될 것이며 우리 가족이 영적으로 그리고 자연적으로 축하하는 또 다른 시점이 될 것이다. 도착하자마자 나는 즉시 그를 보고 기도하러 갔다. 나는 자주 방문하면서 기도했고 우리 스태프와 교회 식구들도 많이 와서 기도에 동참해 주었다. 기도 시간에 경험한 하나님의 임재는 크고 강력했다.

여기서 이야기를 자세히 할 필요는 없다. 당신이 알아야 할 중요한 것은 그가 6개월밖에 못 살았다는 것이다. 그 상실감은 고통스러웠고 정말 괴로웠다. 그리고 솔직히 아직도 그렇다. 그는 75세였고 많은 사람들이 충분히 오래 살았다고 생각한다는 것도 안다. 그러나 내 가족의 양가 어르신들은 80세 이상을 족히 사셨고, 그보다 먼저 돌아가신 사람 중에 가장 어린 사람이 86세였다. 그의 어머니도 97세까지 사셨다. 그리고 아버지는 그들 모두 중에 가장 건강했다. 나는 그가 우리와 함께 20년은 아닐지라도 최소한 10년은 더 함께할 것이라고 생각했다. 그러나 일이 그런 식으로 전개되지는 않았다. 그냥 내 생각일 뿐이지만, 우리는 또한 예수님이 멸하신 질병으로 죽어야 한다고 생각지 않는다. 우리가 질병으로 죽어야 한다는 생각은 잘못된 것이다. 그러나 그는 죽었다.

아버지가 주님과 함께하기 위해 가셨을 때 직계가족 대부분이 그의 임종의 침상에 함께했다. 정확히 몇 명이 있었는지 잊어버렸지만 손주들을 포함해 2, 30명 정도였다. 우리는 그의 침대에 둘러서서 찬양하고 기도하고 웃고 간증을 하며 그저 가족이 되었다. 이것이 그에게 중요했고 나머지 우리에게도 그랬다. 그와 그의 아내인 나의 어머니는 우리 가족 가운데 기쁠 때나 슬플 때나 함께하는 전통을 세웠다. 그가 마지막 숨을 거뒀을 때 사람들은 숨을 죽였다. 그것은 마치 누군가가 우리의 배를 단체로 강타하는 것 같았다. 5분 정도가 지난 후에 나는 가족 모두에게 침상 둘레로 모이라고 말했다. 우리는 찬송을 한 곡 부르고 그분의 선하심에 대해 하나님을 찬양했다. 나는 우리 모두가 천국에서는 그와 같은 제사를 하나님에게 드릴 기회가 없을 거라는 것을 알고 있다고 생각한다. 거기에는 고통도 혼란도 실망도 슬픔도 환멸도 없다. 이런 깃들은 이 세상에서 갖는 경험이며 나는 가장 합리적이지 않아 보이는 때에 이처럼 값비싼 제사를 그분에게 드릴 기회를 놓치고 싶지 않았다. 그리고 우리는 그렇게 했다. 우리는 그분의 선하심과 그분이 치유하시겠다는 약속에 대해 하나님을 공경했다. 그것은 제사였다. 그러나 그것은 내가 그분에게 드린 것을 후회할 그런 제사가 결코 아니었다.

아버지는 많은 것으로 유명하다. 그러나 내 생각에 그가 미친 가장 심오한 영역 중 하나는 그가 예배자였다는 것이다. 그와 어머니는 이 임무와 특권을 너무나 훌륭하게 수행하셨다. 그들은 나머지 우리 모두에게 **예배자의 마음**을 모델로 보여 주셨다. 우리는 이미 감사와 찬양과 경배를 통해 하나님을 공경하기로 헌신된 가족이었지만 그가 놓은 그 기초를 유지하고 세워 가는 책임의 망토(mantle)가 있다는 것을 이제야 깨달았다. 나는 가족들에게 예배의 '망토'에 대해 그리고 그것을 집어 드는 것이 어떻게 우리의 책임인지에 대해 말했다. 우리는 우리 가족에 대한 이 부르심에 신실하기로 하나님 앞에서 언약을 맺었다. 그것은 아름다웠고 부드러웠다. 우리는 약간의 시간을 드려 하나님에게 "예"로 화답했고 그분의 선하심으로 인해 찬양을 드렸다.

인내하는 믿음

지금까지 전한 설교 중에 가장 어려운 설교는 아버지가 돌아가시기 전 주일과 돌아가신 후 첫 주일이었다. 나는 두 설교의 제목을 '인내하는 믿음'이라고 했다. 나는 40년간의 사역에서 다른 메시지보다 이 두 메시지에 대해 더 많은 피드백을 받았다. 피드백은 정직했고 슬픔과 소망으로 가득했다. 믿음은 문제의 존재를 부인하지 않는다. 믿음은 단지 문제의 영향력의 자리를 부인한다. 그 메시지의 요점은 기본적으로 다음과 같다. 즉 나는 **하나님이 주신 나의 임무**를 내 생각에 자격이 있거나 잘할 수 있는 것으로 바꿀 권리가 없다는 것이다. 그분은 우리에게 병자를 위해 기도하라고 말씀하셨다. 그것은 그분의 생각이다. 이처럼 아버지를 잃었다고 해서 그것이

> 믿음은 문제의 존재를 부인하지 않는다. 믿음은 단지 문제의 영향력의 자리를 부인한다.

축소되어선 안 된다. 우리는 일어나지 않은 일에 근거한 신학을 만들어 낼 수 없다. 마가복음 9장에 나오는 소년을 해방시키는 장면에서 예수님은 제자들이 그 아이를 축사하지 못한 것에 대해 신학을 만들도록 허락하지 않으셨다.

큰 소리로 살아 내라

나는 본성상 다소 개인적인 것을 추구하는 사람이지만 우리가 교회 가족으로서 함께 배울 수 있도록 열린 마음으로 살아가는 것이 중요하다는 것을 느낄 수 있었다. 그런 자리에 있는 것은 매우 취약하다. 왜냐하면 당신은 그 결과가 어떻게 될지 모르기 때문이다. 그러나 우리는 하나님이 선하시고 여전히 책임을 맡고 계시다는 사실을 알았다. 그래서 우리는 예배에서 그리고 하나님의 선하심을 축하하는 자리에서 우리 삶을 있는 그대로, 큰 소리로 드러냈다. 우리는 지식을 초월하는 평강에 대해 함께 많은 것을 배웠다. 이해에 대한 당신의 권리를 포기할 때에야 비로소 지식을 초월하는 평강을 얻게 된다. 우리가 권세를 주지 않는다면 어떤 질문도 하나님이 이미 우리에게 보여 주신 것을 훼손할 능력이 없다는 것을

배웠다. 그리고 마침내 우리는 질문에 대해 답을 갖지 않아도 괜찮다는 사실을 배웠다. 사실 그것은 용납하기가 쉽지 않다. 우리는 이것이 신자들의 가족으로서 가장 아름답고 중요한 직책 중 하나임을 알게 되었다.

이해에 대한 당신의 권리를 포기할 때에야 비로소 지식을 초월하는 평강을 얻게 된다.

하나님은 약함과 깨어짐에 끌리신다. 그리고 그것은 우리 마음의 상태였다. 목이 곧아서 하나님에게 저항하기 때문에 깨어지지 않고 우울해하지 않는 것이 아니라, 우리 삶을 통치할 권리를 가지신 유일하신 그분에게 부드러운 마음을 가졌기 때문에 깨져야 한다. 우리는 결과가 어떻게 될지 알기 오래전에 이미 그분에게 "예"라고 말씀드렸다. 그리고 우리가 "예"라고 한 바로 그 자리에 측량할 수 없을 정도로 선하신 하늘 아버지가 오셔서 우리의 깨어진 마음을 치유해 주셨다. 그 결과는 힘과 평강 그리고 돌파다.

변호의 아름다움

아버지가 돌아가시기 이틀 전에 릭 조이너와 전화로 대화를 나눴다. 그는 내가 이번 상실로 인해 이 질병에 대해 일곱 배나 더 많은 기름부음을 받게 될 것이라고 말했다. 어떤 사람들에겐 이 말이 다소 생경하게 들릴지 모르겠다. 하지만 나는 솔로몬이 잠언 6장 30~31절에 제일 먼저 세운 원리를 알았다: "도둑이 만일 주릴 때에 배를 채우려고 도둑질하면 사람이 그를 멸시하지는 아니하려니와 들키면 칠 배를 갚아야 하리니 심지어 자기 집에 있는 것을 다 내주게 되리라." 마귀는 도둑이라 불린다. 그리고 그는 우리 가족에게서 도둑질을 했다. 나는 또한 더 큰 기름부음이 자동으로 주어지지 않는다는 것을 알았다. 그것은 **비밀한 장소**에서의 시간과 하나님이 약속하신 것을 더 많이 소리쳐 구할 것을 요구했다. 그것은 하나님이 그분의 약속을 지키지 않으실지 모른다는 두려움에서 애걸하는 것이 아니었다. 나는 단지 모든 것이 저절로 되지 않는다는 것을 알았다. 때로 그분은 약속이 우리가 간구한 응답의 무게를 지탱할 수 있는 무언가를 일깨우게 될지 기다리며 지켜보신다. 기도의 응답이 마음의 순복으로 이어질 때 그 응답은 더 큰 힘을 풀어낸다. 그러나 응답이 마음의 저항으로 이어질 때 그 응답은 독립성을 심화시킬 가능성이 높으며, 그것은 무엇보다도 하나님과 갈등을 일으킨다. 그분과 일치하려면 우리의 가치관의 재조정이 필요했다.

이 여정에서 사무엘상은 우리에게 중요한 이야기를 담고 있다. 이 책에는 한나라 불리는 여인이 등장하는데 그녀는 아이를 낳지 못했다. 그녀는 남편의 사랑을 많이 받았지만 아이가 없어서 인생이 충만하지 못했다. 동시에 우리는 이스라엘이 다시 곤경에 빠졌음을 발견한다. 그리고 하나님은 해결책을 원하셨다. 그분은 그들에게 신실한 선지자가 있길 원하셨다. 한나는 절실한 기도를 드리면서 만일 하나님이 자기를 축복하셔서 아들을 주신다면 그 아이를 하나님에게 돌려보내 그를 평생 사역에 헌신하게 하겠다고 서원했다. 부지불식간에 그녀는 아들을 달라는 그녀의 마음의 외침을 선지자를 원하시는 하나님의 마음의 외침과 일치시켰다. 우리가 하늘이 땅을 침노하는 모습을 보게 되는 때는 이처럼 두 세계가 합의에 이르고 그녀에게 바라던 아들을 주시는 때다. 그녀는 이스라엘이 하나님으로부터 신뢰할 수 있는 목소리를 가지기를 갈망하시는 그분의 마음을 흡족하게 해 드렸기에 하나님은 그녀의 마음의 제사를 존중하시어 그녀로 하여금 계속해서 더 많은 자녀를 얻게 하셨다.

나는 하나님이 암을 싫어하시며 자기 백성이 이 질병에 대해 그분의 증오를 가지고 일어나길 원하신다고 믿는다. 그러나 은밀한 곳에서 하나님을 찾으며 공개적으로 위험을 감수할 정도로 충분히 질병을 미워하라. 앞서 언급한 것처럼 하나님에 대한 우리의 사랑이 우리가 미워하는 것으로 측정될 때가 있다. 이런 경우에 그분이 미워하시는 것, 즉 질병을 미워하라.

당신은 우리의 완전하신 아버지 하나님이 질병에 대해 어떻게 느끼신다고 생각하는가? 그분의 아들 예수 그리스도는 모든 시대의 인간의 모든 고통을 짊어지셨다. 그분은 우리로 나음을 얻게 하기 위해 고통을 받으시면서 그분의 몸에 우리의 질병을 짊어지셨다. 자기 아들에게 이처럼 고통스러운 영향을 주는 질병에 대해 하늘 아버지는 어떻게 느끼셔야 하는가? 그것이 바로 우리가 느껴야 하는 것이다. 우리는 그분이 싫어하시는 것을 싫어하고 그분이 사랑하시는 것을 사랑해야 한다.

세례 요한

어느 날 요한이 강에서 사람들에게 세례를 주면서 멀리 있는 한 사람을 보았다. 그는 그분을 가리켜 "보라 세상 죄를 지고 가는 하나님의 어린 양이로다"라고 말했다(요 1:29을 보라). 요한은 그분의 오심을 예언했다. 하지만 지금 그분이 와 계시다.

우리가 요한의 이야기를 빨리 앞으로 돌리면 그가 감옥에서 죽음을 앞두고 있는 것을 발견한다. 지금 그의 생각의 틀은 완전히 다르다. 그래서 그는 자기 제자 두 사람을 예수님에게 보내어 그분이 **오실 그분**인지 아닌지를 묻는다. 자신이 이미 모든 사람이 기다리던 바로 그분으로 선포한 분에게 질문을 한다는 것이 흥미롭다.

나는 요한이 지금 감옥에 있고 그의 임무는 광야의 외치는 자의 소리였다는 사실을 상기시키고자 한다. 그의 임무의 일부는 감옥에서 풀어 주실 자의 길을 예비하는 것이었다(눅 4:18을 보라). 요한은 그가 감옥에서 나가지 못할 것을 감지했다. 갇힌 자들을 풀어 주실 자로 알려질 그분의 길을 예비하는데 당신이 그들 중 한 사람이 아닐 것 같을 때의 느낌은 어떨까? 아마 그래서 요한은 그 질문을 하고 있을지도 모른다. 그는 자신이 제대로 알고 있는 건지 분명히 하고 싶었다. 예수님의 대답은 그 자체가 교훈이다. 그분은 요한의 제자들에게 그들이 보고 들은 것을 요한에게 말하라고 말씀하셨다(마 11장을 보라). 예수님은 자신의 정체성을 입증하시기 위해 선지자들의 말을 한 구절씩 연구해서 요한에게 설명해 줄 수 있으셨다. 그분은 요한에게 마구간 이야기부터 천사의 선언, 목자들과 동방박사들에 대해 쉽게 말해 줄 수 있으셨다. 대신에 주님은 그분이 하시는 일(기적들)을 가리키셨다. 그것은 성경 연구에 반하는 선언이 아니다. 그것은 예수님이 사용하신 도구를 단순하게 인정하는 것이다. 아마 요한의 관심은 하나님이 하고 계시지 않는 일(자기를 감옥에서 풀어 주는 일)에 있었을지 모른다. 예수님은 요한의 생애가 잘 마무리되길 원하셨기 때문에 그분이 하고 계시던 일에 그의 관심을 돌리셨다. 그것은 치유와 축사를 가져오고 복음을 선포하는 것이었다. 우리 삶에서 볼 수 없는 것을 중심으로 믿음의 체계를 세우는 것은 위험하다. 그것은 경험에 기초한 신학이지 성경에 기초한 신학은 아니다.

우리 아버지는 치유를 받지 못했다. 그는 지금 천국에 있다. 솔직히 말해서 이 모든 상황은 신자에게 윈윈(win/win)이다. 나는 예수님이 한 번도 예상하거나 가르치거나 혹은 우리에게 모델을 보여주신 적이 없는 무언가["도둑질하고 죽이고 멸망시키려는 것"(요 10:10)]를 기대하면서 발견되길 원치 않는다. 그것은 그분의 경험이 아니었다. 그리고 그것은 우리의 경험도 아니다.

두 세상 사이에 살기

영원은 우리의 혈관 속을 달리지만 우리는 아직도 시간 속에서 살고 있다. 우리는 이 땅의 시민이지만 우리는 이미 천국 시민이다. 우리는 구원을 받았지만 예수님이 우리를 위해 오실 때 구원을 받을 것이다. 우리의 옛 성품은 그리스도와 함께 십자가에 못 박혔지만 죄를 짓는 우리의 능력은 사라지지 않았다. 우리는 지금 여기에 임한 하나님 나라에 들어갔지만 이 동일한 그 나라는 아직도 오고 있는 중이다. 우리는 긴장 가운데 살면서 두 개의 충돌하는 현실 사이에 살 때가 많다. 그것이 신자의 삶이다. 그래서 원리나 이론에 근거해서가 아니라 하나님의 선하심이라 불리는 견고한 바위 위에 신뢰의 삶이 세워져야 한다. 때로 영혼에 갈등이나 마음에 혼돈이 있을 때 우리는 가장 신뢰하고 의지할 만한 것, 즉 하나님의 선하심에 얼굴을 맞대고 대하게 된다. 시편 기자는 자신에게 폭력적으로 위협하는 대적들과 거짓 증인들에 충돌했을 때 이 진리를 정확히 알았다. 마귀가 우리의 길을 방해하는 것과 상관없이 그의 반응은 우리의 반응이 되어야 한다: "내가 산 자들의 땅에서 여호와의 선하심을 보게 될 줄 확실히 믿었도다"(시 27:13).

신뢰 때문에

신비에 대한 필요는 고통스럽거나 두려워할 필요가 없다. 그것은 우리의 계속되는 이야기의 일부분이다. 우리는 마땅히 결과(기적, 돌파 그리고 거룩한 개입)를 중요시한다. 그러나 그분은 과정(우리가 결과에 도달하는 길)을 소중히 여기시는 것처럼 보인다. 그분에 대한 우리의 헌신을 드러내고 보여 주는 것은 과정이다. 신뢰가 세워졌음을 보여 주는 영역인 헌신은 그분이 기초를 삼고 세우시는 어떤 것이다. 하나님은 궁극의 사업가이시며 그분이 신뢰하는 성도들의 삶을 통해 이 땅에서 예기치 못한 것을 세우신다.

우리가 그분에 대해 정말 무엇을 믿는가는 시련 가운데 분명해진다. 기도의 응답은 하나님의 경우에 이 세상에서 가장 쉬운 일이다. 그분은 전능하시다. 그분이 통제하지 않으시는 것은 우리가 그분에게 보이는 반응이다. 그분은 영향력을 가지고 계시지만 통제하지 않으신다. 왜냐하면 그분은 우리에게 가장 소중한 선물인 자유의지를 주셨기 때문이다. 우리의 의지가 그분의 목적에 순복할 때 피조 세계의 모든 것은 하나님이 약속하신 치유에 더 가까이 가며 그분의 백성들은 자신이 누구인지를 발견한다(롬 8:19을 보라). 우리는 그리스도와 함께 통치하기로 되어 있다. 우리의 사랑하는 왕이 그분의 팔에 수건을 걸치시고 제자들의 발을 씻기시듯이, 이 운명(destiny)을 우리에게 제시된 대로 보는 것이 중요하다. 그분은 섬김의 본이시다. 인생에서 우리의 특권은 왕의 마음을 가지고 섬기며 종의 마음으로 다스리는 것이다. 그리스도와 함께 통치할 때 우리는 사람들 위에 군림하는 힘이 아닌 예수님이 우리에게 보여 주신 모범을 따라 희생적으로 섬기는 기회를 얻게 될 것이다.

이 시점에서 구약성경의 위대한 선언 중 하나가 우리를 잘 섬겨 줄 것이다. 하나님이 우리에게 무엇을 주시고 무엇이 그분의 소유로 남을 것인지를 깨닫는 것이 지혜다. 신뢰가 입증되는 곳이 바로 이곳이다.

"감추어진 일은 우리 하나님 여호와께 속하였거니와 나타난 일은 영원히 우리와 우리 자손에게 속하였나니 이는 우리에게 이 율법의 모든 말씀을 행하게 하심이니라"(신 29:29).

나는 기적을 믿는다. 그리고 나는 젊은 시절에 내가 보길 바랐던 것보다 훨씬 더 많은 것을 목도했다. 내가 경험한 것은 예수님이 약속하신 것이었다. 그것은 맹인이 눈을 뜨고, 못 듣는 자가 들으며, 못 걷는 자가 걷고, 가난한 자들에게 복음이 선포되는 것이었다. 나는 기적은 온전히 그분의 은혜로 일어난다고 결론지었다. 나는 큰 믿음이 있을 때뿐 아니라 기도 가운데 단순하게 순종하지만 기적을 진짜로 기대하지 않을 때에도 기적이 일어나는 것을 보았다. 그것은 모두 여전히 은혜로 말미암는다. 그리고 예수님을 따르는 이런 삶이 초자연적인 개입으로 가득한 삶일 때 우리는 다음의 말씀을 그 이유로 받는다: "우리가 알거니와 하나님을 사랑하는 자 곧 그의 뜻대로 부르심을 입은 자들에게는 모든 것이 합력하여 선을 이루느니라"(롬 8:28). 만일 우리가 기대한 대로 모든 일이 진행되었다면 이러한 약속은 결코 필요 없었을 것이다. 하나님은 동전을 넣고 손잡이를 당기면 우리가 요청한 것을 얻는 자판기가 아니시다. 그분은 우리가 알아야 하는 하늘 아버지시다. 신비를 선물로 받아들이기에 충분할 정도로 그분을 신뢰하는 것은 지식을 초월하고 항상 그 길이 선하신 분을 알게 되는 가장 빠른 길 중 하나다.

나는 운동을 좋아하는 가정에서 성장했기 때문에 언제나 스포츠에 많이 참여했다. 지금 내가 스포츠에 참여하는 대부분은 손주들이 노는 것을 보는 것이다. 그래도 너무 재미있다. 베니와 나는 또한 야구, 축구, 농구에서 우리가 좋아하는 프로 팀이 있다. 우리는 텔레비전을 통해 우리가 좋아하는 팀의 경기를 관전하길 좋아한다. 그리고 때로는 큰 소리로 우리 가족실에서 응원하기도 한다. 우리 팀이 잘할 때는 때로 기쁨의 함성이 들리기도 하지만 그들이 형편없는 경기를 할 때는 깊은 한숨 소리가 들린다. 우리의 일정 때문에 경기를 항상 생중계로 보지는 못한다. 하지만 감사하게도 우리는 경기를 녹화해서 나중에 볼 수 있다. 베니와 나는 녹화된 경기를 보는 방식에 있어서 사뭇 다르다. 그녀는 보기 전에 경기 결과를 알고 싶어 하지 않는다. 그녀는 경기 과정을 좋아하고 마치 그것이 생중계인 것처럼 경기를 즐긴다. 반대로 나는 결과를 알고 싶어 한다. 내 팀이 졌을 경우에 나는 보통 그 경기를 보지 않는다. 이 두 접근 방식에 다 좋은 이유가 있지만 나의 방법이 신비의 주제에 잘 어울리는 이점이 있다. 만일 내가 좋아하는 투수가 경기의 첫 번째 이닝(inning)에서 홈런을 맞아서 마운드를 내려오거나 나의 팀의 쿼터백이 달려가다가 상대방에게 잡힐 때에도 나는 이미 그것이 경기 결과에 영향을 미치지 않는다는 것을 안다. 왜냐하면 나의 팀이 이미 경기를 이겼기 때문이다. 야구 경기에서 나의 팀이 실수를 하거나 미식축구에서 공을 실수로 놓쳐도 스트레스가 거의 없다. 왜 그런가? 나는 결과를 알고 있기 때문이다. 우리가 주님과 동행하면서 확신할 수 있는 한 가지는 결과다. 그분은 그분의 책에 경기 스코어를 이미 기록해 놓으셨으며 우리는 승리한다! 이 때문에 곤경이나 갈등 혹은 문제를 만나도 당황해하거나 실망할 필요가 없다. 나는 이미 그것이 어떤 결과를 낳을지 알고 있다. "모든 것이 합력하여 선을 이루느니라!"(롬 8:28) 이로 인해 나는 그 일이 실제로 발생하기 전에 내가 필요한 것에 대해 그분에게 감사의 제사를 합법적으로 드릴 수 있다. 왜냐하면 그분의 책에 그 스코어가 이미 기록되어 있기 때문이다. 선하시고 완전하신 하늘 아버지의 약속에 근거해서 일이 어떻게 될지를 안다면 매일의 삶의 본질이 바뀐다.

12장

BILL
JOHNSON

GOD

— is —

그분은 당신이 생각하는 것보다 더 선하시다

GOOD

...

이제 뭘?

예수님의 부활은 사람들을 이 땅에서 천국으로 낚아채 가는 것이 아니라 천국의 생명을 가지고 이 땅을 식민지화하는 새로운 프로젝트의 시작이다. 결국 그것은 주기도문이 말하는 바다.

_ N. T. 라이트

하나님의 선하심은 피조 세계 자체보다 더 크고 값지다. 그것은 존재하는 것 중에 가장 탐구되지 않은 현실이다. 그것은 너무 위대한 현실이어서 믿음의 부속물처럼 수동적으로 볼 수가 없다. 시간과 공간보다 더 큰 이것은 순복하는 마음, 즉 담대하고 용기 있는 순복의 마음을 가지고 수용해야 한다. 하나님의 백성들의 마음에조차 속임의 수준이 너무 강해서 자신의 길로 오는 악을 하나님의 신비한 손처럼 받아들이도록 가르치는 겸손으로 가장한 교만이 있다. 그것은 성경적 뿌리도, 성경적 순복도 없는 사람들이 만들어 낸 영원한 이상에서 나왔기 때문에 교만이다. 하나님의 선하심에 굴복하는 것은 작금의 상황보다는 더 쉬워야 한다. 그러나 그것은 이 시

하나님의 선하심은 피조 세계 자체보다 더 크고 값지다. 그것은 존재하는 것 중에 가장 탐구되지 않은 현실이다.

대의 도전이 되었다. 왜냐하면 이러한 순복은 어느 누구도 하나님이 우리 안에서 행하신 것에 대한 공로를 인정할 수 없는 전적인 천국의 은혜의 표현이기 때문이다.

　나는 등반가들에게 왜 산에 오르는지에 대해 묻는 것을 들은 적이 있다. 그들의 공통된 대답은 "산이 그곳에 있기 때문입니다"였다. 바꿔 말하면, 불가능해 보이는 일이 존재한다는 사실 자체가 탐구와 정복에 대한 초청인 것이다. 그리고 하나님의 선하심도 이해하고 통제한다는 의미에서 결코 정복될 수 없지만 우리는 그것을 탐구해야 한다. 선하심이 존재한다는 그 자체가 압도적인 초청이다. "여호와의 말씀은 정직하며 그가 행하시는 일은 다 진실하시도다 그는 공의와 정의를 사랑하심이여 세상에는 여호와의 인자하심이 충만하도다"(시 33:4~5). **충만하다**는 단어의 정의 중 하나는 '빈 공간이 없다'는 것이다. 참으로 멋진 말이다. 이 세상에는 하나님의 선하심이 미치지 않은 빈 공간이 없다. 이럴 경우에 어느 누구도 이 보물을 찾기 위해 멀리 쳐다볼 필요가 없다. 그러나 사람들은 다르게 봐야 할 수도 있다.

　나는 그분의 선하심에 대한 지식을 간수할 책임이 있다. 실제로 이 모든 것이 사실이라면 내 생각도 이 현실과 일치해야 한다. 변해야 할 사람은 나다. 나는 그분이 누구시며 그분이 어떤 모습이신지에 따라 생각해야 한다. 그렇지 않을 경우에 나는 내 영혼에 열등

> 나는 그분이 누구시며 그분이 어떤 모습이신지에 따라 생각해야 한다. 그렇지 않을 경우에 나는 내 영혼에 열등한 것을 먹이고 내가 안다고 생각하는 것이 진리라는 가정을 가지고 살 것이다.

한 것을 먹이고 내가 안다고 생각하는 것이 진리라는 가정을 가지고 살 것이다. 우리의 영혼의 닻을 그분의 선하심이 아닌 다른 것에 내리는 것은 궁극적으로 시간 낭비다.

모세는 **하나님을 더 많이** 추구하기 위해 그분에게 놀라운 요구를 했다: "주의 길을 내게 보이사 내게 주를 알리시고"(출 33:13). 그분의 어떠하심을 발견하는 것이 하나님과의 관계를 심화시키는 하나님의 초청이다. 바꿔 말하면, 하나님과의 관계는 그분의 선하심을 기초로 세워지기 때문에 바로 그 발견은 충만하고 진실하신 하나님의 풍성을 추구하는 데 더 큰 위험을 감수할 기회를 우리에게 제공한다. 왜냐하면 그분은 신실하시고 진실하시기 때문이다.

내겐 빚이 있다

나는 이 세상에 빚을 지고 있다는 확신을 가지고 산다. 이는 재정적인 빚을 지고 있다는 뜻이 아니다. 나는 어떤 현실들이 내 삶에서 활동하지 않으면 내 주변 사람들은 자신들이 누구인지 혹은 왜 그들이 살아 있는지를 결코 알지 못할 것이라는 단순한 인식을 말하는 것이다. 나/우리는 이 과정에서 역할을 맡고 있다. 이런 현실들이 내 안에 건강하게 살아 있다면 하나님은 삶을 위한 압도적인 보물이 되신다. 마크 트웨인은 한 사람의 인생에서 가장 중요한 두 날은 그가 태어난 날과 태어난 이유를 발견한 날이라고 말했다. 이는 위대한 선언이다. 우리는 하나님이 복음을 통해 우리를 위해 가능하게 하신 것에 대한 책임을 짐으로써 이 발견에 공헌할 수 있다.

다음은 내가 이 세상에 빚을 지고 있다고 생각하는 세 영역이다.

1. 하나님과의 만남

2. 모범

3. 복음의 메시지

하나님과의 만남

하나님의 영으로 충만한 삶을 사는 것이 다른 사람들을 계속해서 하나님과 만날 수 있게 하는 유일한 방법이다. 그분이 원하시는 모든 것을 기꺼이 하려는 의지와 더불어 그분에 대한 인식을 계속 유지하면 이처럼 도전적인 목표는 실행 가능해진다.

때때로 사람들은 기적을 받기 위해 레딩까지 먼 거리를 여행한다. 나는 하나님이 행하신 모든 일과 치유를 받거나 귀신에게서 벗어난 수많은 사람들에게 감사한다. 주일 아침 예배를 마치면 나는 뒷문으로 가서 사람들이 떠날 때 그들을 축복해 준다. 짧은 시간이지만 내가 사랑하는 사람과 연결되기 때문에 그것은 나에게 있어 위대한 순간이다. 내가 그들을 위해 기도해 주길 기다리는 사람들의 줄이 길게 늘어설 때가 많다. 보통 그 줄은 기적이 필요한 사람들로 이뤄진다. 예배가 끝날 때마다 이 목적을 위해 훈련된 사람들이 팀을 이뤄 섬기는데, 어떤 이들은 내가 다른 사람들보다 치유에 대해 더 많은 기름부음을 가지고 있다고 생각해서 내게로 올 것이다. 그건 사실이 아니다. 그러나 어떤 사람이 아프거나 죽어 가고 있을 때, 그때는 신학적 논쟁을 위한 시간이 아니다. 그래서 나는 기도한다. 예수님이 오셔서 기적을 베푸실 때 그건 너무 놀랍다. 나는 그 사람과 함께 기뻐하며 하나님에게 영광을 돌린다. 그러나 더 많은 경우에 사람들은 변화를 알아차리지 못한 채 떠난다. 내가 주님에게 머물러 있을 때 나는 다음과 같이 기도한다: "아버지, 저 사람은 당신을 만나기를 소망하며 먼 거리를 왔습니다. 그리고 그들이 만나는 건 저였습니다. 그리고 우리 중 어느 누구도 인상적이지 않습니다. 당신이 저의 삶에 깊이 무언가를 행하셔서 사람들이 저에게 올 때 그들이 당신을 만나게 해 주십시오." 이 기도는 지금도 계속되고 있는 외침이다.

성령의 충만함을 받은 모습이 어떤지를 설명하기 위해 나는 종종 뚜껑을 열지 않은 물병의 예를 든다. 그런 다음에 질문을 한다: "이 물병은 충만한가요?" 그러면 물론 "예"라고 대답한다. 그것은 제조업체가 정한 허용 기준에 의해 가득 차 있다. 그러나 그것은 적어도 본래 물병이 충만할 수 있는 만큼 충만하지 않다. 그런 다음에 나는 물병을 따서 다른 물병의 물을 그 물병에 물이 흘러넘칠 때까지 붓는다. 모든 사람들은 이 설명을 재빨리 알아차리는 것 같다. 물병에 물이 흘러넘칠 때에야 비로소 충만하다. 충만은 흘러넘침으로 측정된다. 우리도 마찬가지다. 성령으로 충만하다는 것은 몇 년 전에 우리가 가졌던 경험을 가리키지 않는다. 그것은 내가 담고 있는 것이 아니라 내게서 흘러넘치는 것으로 측정된다. 그분의 임재가 우리의 삶을 통해 계속해서 흘러넘칠 때에만 우리는 참으로 성령 충만하다. 그리고 우리가 다른 사람들을 하나님과 만나게 할 수 있는 가능성이 가장

> 성령으로 충만하다는 것은 몇 년 전에 우리가 가졌던 경험을 가리키지 않는다. 그것은 내가 담고 있는 것이 아니라 내게서 흘러넘치는 것으로 측정된다.

높은 때가 바로 이 상태일 때다.

그분이 우리에게서 흘러넘친다는 개념이 어떤 사람들에겐 다소 추상적일지 모른다. 그러나 이 개념은 예수님이 제자들에게 주신 가르침에 그 뿌리를 두고 있다. 요한복음 7장 38~39절에서 예수님은 다음과 같이 말씀하셨다: "나를 믿는 자는 성경에 이름과 같이 그 배에서 생수의 강이 흘러나오리라 하시니 이는 그를 믿는 자들이 받을 성령을 가리켜 말씀하신 것이라." 주님이 이 말씀에서 우리에게 주신 그림은 심오하다. 그분은 우리가 그분의 기름부으심 가운데 사역할 때 무슨 일이 일어나는지를(하나님이 우리를 통해 그분의 길을 내실 때 무슨 일이 일어나는지) 가르치신다. 그것은 우리에게서 흘러나오는 강과 같다. 그리고 그 강은 성령님이시다. 이보다 더 분명할 수는 없다. 그분은 우리에게서 흘러나오신다. 그리고 이번에 그 그림은 그분을 담은 물병이 아니다. 그분은 우리 주변의 영적 지형에 영향을 미칠 강으로서 우리 안에 계신다. 그분은 우리 안에 사시지만 흘러나가길 원하신다. 그분은 호수가 아니라 강이시다. 그분은 흘러넘치는 임재시며, 하늘 아버지의 마음을 담고 계시고, 예수님의 일들로 이 땅을 적시길 갈망하신다.

모범

사람들은 삶을 사는 법을 설명해 줄 멘토와 모범들이 필요하다. 우리보다 앞서 간 사람에게서 배우는 것이 훨씬 더 빠르다. 성경은 그것을 **학습자**(learner)를 의미하는 제자가 되는 것이라 부른다. 그리고 제자도의 개념에 이 점이 포함되어 있지만 **모범**(example)이 된다는 것은 그것보다 훨씬 더 크다. 그것은 우리가 누구인지와 더 관련이 많다. 왜냐하면 우리는 우리가 할 수 있는 것보다 선하신 그분을 발견했기 때문이며 또한 영적 기술을 개발했기 때문이다. 그분이 선하시고 완전하신 아버지이시기 때문에 그분의 본성과 약속에 나를 일치시키는 꿈을 꿔야 한다.

예수님은 오직 완전한 아버지만이 주실 수 있는 좋은 선물을 주시는 선하신 하나님이라는 주제를 소개하셨다(마 7:11을 보라). 이 구절에서 예수님은 우리의 성품이나 이에 상응하는 우리의 자원보다 더 좋은 선물을 주시는 하늘 아버지를 가리키시면서 "하물며"란 말로 물으셨다. 이런 설명은 우리를 향한 꿈을 꾸라는(자녀로서 꿈을 꾸라는) 초청이다.

나는 세 명의 자녀를 두고 있는데, 각각은 훌륭한 배우자와 함께 살며 베니와 나에게 아홉 명의 손주를 주었다. 나는 내가 받은 것보다 더 축복받는 것을 상상할 수 없다. 열다섯 명 모두가 우리 삶의 절대적인 기쁨이다.

우리가 살고 있는 세상의 모든 아이들은 어렸을 때 슈퍼맨, 배트맨, 원더 우먼 등의 망토를 입는 것처럼 보인다. 아이들이 꿈을 꾸고 노는 모습을 보면 너무 재미있다. 인생의 이 소중한 시기에 그들은 자신들이 실제의 그들보다 훨씬 더 크다고 생각한다. 최근에 내 손자 중 한 명이 티볼(T-Ball) 게임(이 게임은 다섯 살짜리 아이들에게 맞는 야구의 형태다)을 하면서 자기 아빠에게 다칠지 모르니까 운동장 밖에 있어야 한다고 말했다. 그는 아빠를 보호해야 한다고 확신했고 또한 그렇게 할 수 있을 만큼 충분히 컸다고 생각했다. 그들이 자신의 정체성 근육 운동을 하는 모습을 지켜보는 것은 귀엽고 재미있다. 삶에 대한 어린아이와 같은 접근 방식, 특히 꿈을 꿀 수 있는 사람들은 훨씬 더 좋은 자존감을 가지고 있으며 일반적으로 그렇게 큰 꿈을 꾸지 말라고 말하는 사람들보다 더 많은 것을 성취한다.

비극적이게도 우리의 교육 시스템은 순응을 이루려고 시도하다가 종종 아이의 꿈꿀 수 있는 능력을 죽인다. 부모들도 아이가 실망하는 것을 막기 위해 이처럼 영혼의 질병에 일조할 때가 많다. 그들은 이렇게 생각한다: **'얼마나 많은 미국 대통령이 있을 수 있는가?'**, **'전 세계에 우주 비행사가 너무 많아. 내 아이가 그들 중 한 사람이 될 확률은 실제로 높지 않아'**, **'실제로 세계적인 프로 스포츠 선수가 된 사람은 매우 적어.'** 실망에 대한 두려움은 어떤 사람들의 경우에 실망 그 자체보다 더 크다. 그러나 시도하다 실패하는 것이 전혀 시도하지 않은 것보다 훨씬 더 낫다. 건강한 꿈은 조만간 성과를 낼 수 있는 내면 인격의 근육을 훈련시킨다.

우리는 하나님이 꿈을 이루길 좋아하시는 사람이 되어야 한다. 우리가 쥔 하나님의 은총의 축복은 심지어 열방이 하나님에게 끌릴 정도의 놀라운 방식으로 하나님의 본성을 보여 준다. 이것은 시편 67편 전체의 다소 충격적인 주제이기도 하다: "주의 도를 땅 위에, 주의 구원을 모든 나라에게 알리소서"(2절). 그리고 앞에서도 이 시편을 인용했지만, 이 진리는 이 마지막 장에 완벽하게 들어맞는다. 하나님의 본성(그분의 선하심)의 계시는 열방을 그분에게로 이끈다. 그러나 그분의 본성은 자기 자녀에 대한 그분의 축복 안에서 나타난다. 우리에게 주신 하나님의 축복은 그분이 우리 마음의 꿈들을 성취하시는 것과 깊은 관계가 있다고 믿는다. 그 꿈들은 우리 삶에서 그리고 그 삶을 통해 성취되는 그분의 목적에 대한 우리의 독특한 표현을 항상 드러낼 것이다. 원래의 꿈꾸는 자처럼 꿈꾸는 동역자라는 것이 이처럼 아름답게 드러날 때 그것은 하나님에게 위협이 되는 것이 아니라 부모로서 우리 자녀들이 자신의 꿈과 삶의 목적을 성취하는 것을 보는 것과 같다. 실제로 삶에서 꿈을 이루는 것은 성품과 생활방식과 마음이 그분의 아들과 같은 사람들의 꿈을 성취한 것이라 말할 수 있다. 우리 자신의 개성과 결합된 자유와 자유에 대한 하나님의 기쁨은 우리가 이해할 수 있는 능력을 넘어선 것이다. 나는 종종 사람들에게 하나님이 그들이 어떤 사람이 되도록 창조하셨는지를 안다면 그들은 결코 다른 사람이 되고 싶지 않을 거라는 말을 자주 한다! 이것은 사람들을 향한 그분의 마음이다. 능력은 없고 형식만 있는 종교는 반대다. 종교는 죽이고 질식시키고 통제한다. 그렇기 때문에 하나님의 선하심을 발견하는 것이 우리 모두에게 압도적인 돌파가 된다. 그래서 이 세상에서의 우리의 영향력은 이상과 개념 혹은 원리에만 근거를 두지 않는다. 대신에 그것은 남들이 부러워하는 자유의 삶에 근거한다. 나는 사도행전 14장 17절에 나오는 주님의 일들이 그분의 본성을 보여 주는 증거로서 우리 삶에 남겨진 그분의 명함임을 상기시켜 주고 싶다. 마찬가지로 우리의 자유는 사람들의 삶에서 우리 아버지의 본성을 증거하는 **하나님의 명함**이 된다. 당신이 상상할 수 있듯이 이것은 눈에 보여야 한다. 그것은 교리나 훈계(discipline)가 될 수 없다. 이런 것들도 중요하지만 그분의 축복은 이 세상에 영향을 미칠 수 있도록 측정 가능해야 한다.

지혜의 능력

잠언이란 단어는 '통치하다' 란 의미를 지니는 낱말에서 왔다. 브라이언 시몬스는 그의 놀라운 번역 성경인 패션성경(Passion Translation)에서 잠언을 이해하는 열쇠가 무엇인지 그리고 잠언의 궁극적인 목적이 무엇인지를 지적한다. 그것은 지혜는 우리로 하여금 생명 가운데 통치하게 만들어 준다는 것으로 요약된다. 그렇다고 해서 사람들 위에 군림해서 통치한다는 뜻은 아니다. 지혜는 권력에 굶주린 사람을 돕는 일을 거의 하지 않는다. 대신에 그것은 우리에게 지혜로 불리신(고전 1:30을 보라) 예수 그리스도가 인자(the Son of Man)로서 승리 가운데 어떻게 사셨는지를 보여 준다. 삶을 통치하는 것은 돈이 나를 다스리지 않는다는 것을 의미한다. 나는 돈을 다스리며, 그것을 하나님이 의도하신 도구로 사용해서 내가 소유한 것에 의해 나의 영성을 측정하려는 함정에 빠지지 않는다. 생명 가운데 통치한다는 것은 내가 사람에 대한 두려움에 의해 통제되는 것이 아니라 하나님을 두려워하며 산다는 것을 의미한다. 상황이 나의 삶을 움직이지 않는다. 내가 상황을 다스린다. 생명 가운데 통치한다는 것은 내가 건강한 가족을 가질 수 있는 도구들과 함께 산다는 것을 의미한다. 이것은 지혜의 역할이며 유익이다. 이런 지혜는 우리가 삶의 포도원을 망쳐 놓은 작은 여우들에 의해 지배받는 사람들을 끌어들일 수 있는 승리의 삶을 모델로 보여 줄 수 있게 해 준다. 지혜는 다른 사람들을 개인적인 승리로 이끌 수 있는 곳으로 우리를 인도한다.

예수님처럼 되기

만일 당신이 예수님처럼 되는 것이 그분이 이 땅에서 순수함과 능력 가운데 걸었을 때처럼 되는 거라고 생각한다면 당신에게 놀랄 일이 생길지 모르겠다. 사도 요한은 예수님이 이 땅에서 사역하시는 동안에 그분과 동행했으며 최후의 만찬에서도 그분과 함께 있었다. 그런 뒤에 그는 요한계시록 1장 13~17절의 주님을 보았다. 이번에 주님은 이전의 모습과 완전히 다르셨다.

> "촛대 사이에 인자 같은 이가 발에 끌리는 옷을 입고 가슴에 금띠를 띠고 그의 머리와 털의 희기가 흰 양털 같고 눈 같으며 그의 눈은 불꽃 같고 그의 발은 풀무불에 단련한 빛난 주석 같고 그의 음성은 많은 물 소리와 같으며 그의 오른손에 일곱 별이 있고 그의 입에서 좌우에 날선 검이 나오고 그 얼굴은 해가 힘있게 비치는 것 같더라 내가 볼 때에 그의 발 앞에 엎드러져 죽은 자 같이 되매"

이 동일한 사도 요한은 우리의 정체성과 형상에 대해 모든 선언 중에 가장 놀라운 선언을 했다. 그는 "주께서 그러하심과 같이 우리도 이 세상에서 그러하니라"고 말했다(요일 4:17). 우리는 실제로 부활하시고 승천하셔서 영광의 상태에 계신 예수님의 형상으로 지금 변화하고 있는 중이다. 나는 이 선언이 이해를 초월해서 우리의 마음과 믿음을 무한히 가장 크게 확장한 것이라는 사실을 인정한다.

그렇다면 예수님은 지금 어떻게 존재하시며 어디에 계시는가? 그분은 하나님 아버지 우편의 하늘 보좌에 앉아 계시며 그분의 영광의 빛을 발하시고 우리를 위해 중보하신다. 그렇다! 우리도 그리스도 안에서 하늘에 앉아서 그분과 함께 통치한다(엡 2:6을 보라). 성경은 "너희 안에 계신 그리스도시니 곧 영광의 소망이니라"고 말한다(골 1:27). 이는 우리에게 하나님의 영광이 우리 안에서 그리고 우리를 통해 나타날 기회는 모두가 우리 안에 거하시는 예수 그리스도의 현실에 따라 이루어질 것이라고 분명하게 말한다. 그러므로 마지막으로 그분이 우리를 위해 지금 중보하시는 것처럼 우리도 하나님의 자비가 우리에게 주어진 방식과 동일하게 다른 사람에게도 확장되도록 기도해야 한다(롬 8:34를 보라).

물론 그것은 너무나 놀라운 일이지만, 우리의 삶은 십자가를 향하신 그분의 형상을 본받고 있지 않다. 대신에 우리는 죽은 자 가운데 부활하시고 아버지 하나님 우편으로 승천하시고 하늘과 땅에 있는 모든 것보다 먼저 영화롭게 되신 그분의 형상으로 변화되고 있다.

우리는 사람들이 순수함과 능력과 임재를 통해 따라야 할 모범을 보여야 한다. 이런 영향력들은 모든 것을 변화시킨다.

복음의 메시지

나는 사람들에게 하나님 나라의 복음에 대한 메시지를 빚지고 있다. 복음은 전파되어야 한다. 이 놀라운 메시지는 잃어지고 깨어진 인류(우리 모두가 여기에 포함된다)를 위한 구원의 복음을 담고 있다. 그러나 복음은 이것보다 더 크다. 복음은 하나님이 영적인 세계뿐만 아니라 자연 세계에 존재하는 모든 것을 통치하신다는 사실을 선포한다. 그리고 이 모든 것은 **지금 여기에** 존재한다. 그분이 통치하는 것이 무엇이든 그것은 생명과 자유, 아름다움과 질서를 지닌다. 규례 자체는 중요하다. 왜냐하면 어떤 것들은 말해지기 전에는 나타나지 않기 때문이다. 우리가 말하는 것이 선한 천사나 악한 영의 영적인 힘을 어떻게 끌어들이는지를 깨닫는다면 우리는 우리가 말하는 것을 보다 더 신중하게 살펴야 한다. 우리는 또한 진리를 선포하는 데 더 신중할 것이다. 하나님은 책임을 지시고 그분의 선하심을 모든 곳에서 나타내시길 갈망하신다.

때로 우리는 우리가 바로 믿기만 하면 모든 일이 잘될 것이라고 생각하는 실수를 범한다. 바른 믿음은 필수적이지만 그것보다 더 많은 것이 있다. 만일 사람들이 하나님이 그들에게 선포하라고 말씀하신 것을 선포하지 않았다면 성경에 나오는 수많은 돌파들은 일어나지 않았을 것이다. 예수님은 "내가 진실로 너희에게 이르노니 누구든지 이 산더러 들리어 바다에 던져지라 하며 그 말하는 것이 이루어질 줄 믿고 마음에 의심하지 아니하면 그대로 되리라"(막 11:23)고 말씀하신다. 예수님이 여기서 가르치시는 개념은 신구약 성경 모두에서 모범이 된다. 담대한 선포는 중요하다(나는 고백과 반포의 원리들이 오용되었다는 것을 알고 있다. 그러나 다른 사람들이 실수했다고 해서 이 진리를 회피하자는 생각은 위조지폐가 존재하기 때문에 현금 사용을 거부하는 것과 비슷하다. 다른 사람들이 오용한다고 해서 그것이 내가 사용하지 않는 것을 정당화하지는 못한다).

복음은 좋은 소식이다. 그것은 전파되어야 한다. "그런즉 그들이 믿지 아니하는 이를 어찌 부르리요 듣지도 못한 이를 어찌 믿으리요 전파하는 자가 없이 어찌 들으리요"(롬 10:14). 하나님 나라의 메시지는 회개와 함께 받는다. 사람들은 자기의 죄에서 돌이켜 하나님의 아들을 믿어야 한다. 죄를 가벼이 다루는 것은 우리가 섬기는 사람들에게 도움이 되지 않는다. 죄를 고백하는 것은 우리에게 용서가 필요하다는 것과 예수님을 떠나서는 소망이 없다는 우리의 상태에 동의하는 것이다. 회개는 우리가 생각하는 방식을 바꾼다는 것을 의미하기 때문에 죄를 슬퍼하는 것은 현실에 대한 우리의 관점이 내적인 변화를 일으킬 정도로 깊어야 한다. 우리는 그것을 계속해서 지켜야 한다.

하나님 나라의 메시지는 예수님이 전파하신 것이다. 그리고 그것이 그분의 제자들을 위한 것임을 보여 주기 위해 바울도 그것을 전했다. 사도행전 마지막에 우리는 사도 바울의 생애의 메시지를 요약해 주는 다음과 같은 선언을 읽는다: "바울이 온 이태를 자기 셋집에 머물면서 자기에게 오는 사람을 다 영접하고 하나님의 나라를 전파하며 주 예수 그리스도에 관한 모든 것을 담대하게 거침없이 가르치더라"(행 28:30~31).

이와 같은 메시지를 전하는 데 있어서 담대하면 우리는 천국을 끌어당긴다. 성경의 기록은 하나님이 복음을 담대하게 전파할 때 어떻게 반응하시는지를 보여 준다(행 4:28~29을 보라). 이는 참으로 아름답다. 그러나 여전히 많은 사람들이 이 위임령을 심각하게 취하지 않는다. 왜냐하면 우리를 통치하시는 하나님의 메시지가 너무 공격적으로 보이기 때문이다. 이 경우에 전도자인 우리는 사람들이 회개하기를 기대하기 전에 먼저 회개해야 한다. 바꿔야 한다는 것은 잘못된 생각이다.

통치의 개념은 권력에 굶주린 자들이 이를 남용했기 때문에 불쾌하다. 그러나 남용하는 사람들은 하나님을 보여 주거나 정의하지(define) 못한다. 그들은 사랑 대신에 두려움으로 자신의 유익을 위해 통치한다. 우리가 하나님의 선하심을 이해한다면 우리를 다스리는 왕에 대한 주제는 우리 마음에 큰 기쁨을 가져다줄 것이다. 그분은 모든 정부의 모델이시며 통치와 섬김이라는 그분의 두 가지 기본 목적을 보여 주신다. 이 원리는 그것이 국가든, 기업이든, 가정이든 상관없이 모든 통치에 적용된다. 먼저 우리는 **보호하기 위해 통치하고**, 둘째로 **능하게 하기 위해 섬긴다**. 베드로는 우리에게 다음과 같이 명령한다: "인간의 모든 제도를 주를 위하여 순종하되 혹은 위에 있는 왕이나 혹은 그가 악행하는 자를 징벌하고 선행하는 자를 포상하기 위하여 보낸 총독에게 하라"(벧전 2:13~14). "악행하는 자를 징벌"하는 것은 이 방정식에서 보호의 부분이다. **징벌**은 희생자에게 정의와 복수를 가져다주고 지속적인 보호를 위한 경계선을 만든다. "선행하는 자를 포상"하는 것은 정부의 능하게 하는 (empowering) 부분이다. 이런 방법으로 인도하는 것은 당신이 정치 지도자라면 그 땅에서, 그리고 부모라면 가정에서 당신이 증가시키고자 하는 것에 주의를 기울이는 것이다. 지도자들에게서 오는 명예는 우리 문화의 건강한 부분으로서 증진과 흥왕을 위한 기초를 세우는 일에 있어 많은 도움이 된다. 이와 같은 의로운 리더십이 있을 때 모든 사람에게 깊은 개인적 성취가 온다. 이런 이유 때문에 '**하나님의 나라가 가까이 왔다**'는 우리의 메시지는 큰 기쁨을 가져다주어야 한다. 왜냐하면 우리는 그것이 가져다주는 자유를 알기 때문이다(막 1:15). 또한 우리는 예수님이 모든 나라의 보배라는 것을 안다(학 2:7을 보라). 이런 메시지를 담대하게 선포할 때 우리는 우리가 아는 모든 사람의 내적 외침에 대해 유일하고도 가능한 해답을 제시한다.

하나님의 마음

우리에게 더욱 충격적인 발견 중 하나는 하나님이 실제로 계속해서 기분이 좋으셨다는 사실이다. 그분은 끝에서 시작을 보시고, 사람들을 그들의 죄에서 구속해서 그리스도와 함께 통치할 수 있도록 하는 그분의 계획이 실제로 이루어질 것을 확신하신다. 그분은 우리에게 그분의 최선(하나님의 아들이신 예수님과 성령님)을 주셔서 우리 안에 살도록 하셨다. 어떤 면에서 하나님의 기분에 관한 이런 선언은 많은 사람들에게 더 놀라운 선언 중 하나이며, 특히 그분을 계속해서 분노 폭발 일보직전으로 보는 사람들에겐 더욱 그렇다. 나의 주요 목적은 적어도 사람들이 우리가 어떻게 그분을 인지하는지를 생각하게 만드는 것이다. 그분은 우리가 생각하는 것보다 더 나으시기 때문에 우리의 생각하는 방식을 바꾸어 세상 모든 사람들에게 그분이 정말로 기분이 좋으시다는 것을 알려 주도록 하자.

부록

BILL
JOHNSON

GOD

is

그분은 당신이 생각하는 것보다 더 선하시다

GOOD

...

하나님은 자신을 은혜롭고 긍휼이 많고 노하기를 더디 하며 사랑이 많다고 묘사하신다. 하나님은 선하시고 본질적으로 기분이 좋으시다.

시편 119:68

"주는 선하사 선을 행하시오니 주의 율례들로 나를 가르치소서"

창세기 1:31

"하나님이 지으신 그 모든 것을 보시니 보시기에 심히 좋았더라 저녁이 되고 아침이 되니 이는 여섯째 날이니라"

시편 104편

"내 영혼아 여호와를 송축하라 여호와 나의 하나님이여 주는 심히 위대하시며 존귀와 권위로 옷 입으셨나이다 주께서 옷을 입음 같이 빛을 입으시며 하늘을 휘장 같이 치시며 물에 자기 누각의 들보를 얹으시며 구름으로 자기 수레를 삼으시고 바람 날개로 다니시며 바람을 자기 사신으로 삼으시고 불꽃으로 자기 사역자를 삼으시며 땅에 기초를 놓으사 영원히 흔들리지 아니하게 하셨나이다 옷으로 덮음 같이 주께서 땅을 깊은 바다로 덮으시매 물이 산들 위로 솟아올랐으나 주께서 꾸짖으시니 물은 도망하며 주의 우렛소리로 말미암아 빨리 가며 주께서 그들을 위하여 정하여 주신 곳으로 흘러갔고 산은 오르고 골짜기는 내려갔나이다 주께서 물의 경계를 정하여 넘치지 못하게 하시며 다시 돌아와 땅을 덮지 못하게 하셨나이다 여호와께서 샘을 골짜기에서 솟아나게 하시고 산 사이에 흐르게 하사 각종 들짐

승에게 마시게 하시니 들나귀들도 해갈하며 공중의 새들도 그 가에서 깃들이며 나뭇가지 사이에서 지저귀는도다 그가 그의 누각에서부터 산에 물을 부어 주시니 주께서 하시는 일의 결실이 땅을 만족시켜 주는도다 그가 가축을 위한 풀과 사람을 위한 채소를 자라게 하시며 땅에서 먹을 것이 나게 하셔서 사람의 마음을 기쁘게 하는 포도주와 사람의 얼굴을 윤택하게 하는 기름과 사람의 마음을 힘있게 하는 양식을 주셨도다 여호와의 나무에는 물이 흡족함이여 곧 그가 심으신 레바논 백향목들이로다 새들이 그 속에 깃들임이여 학은 잣나무로 집을 삼는도다 높은 산들은 산양을 위함이여 바위는 너구리의 피난처로다 여호와께서 달로 절기를 정하심이여 해는 그 지는 때를 알도다 주께서 흑암을 지어 밤이 되게 하시니 삼림의 모든 짐승이 기어나오나이다 젊은 사자들은 그들의 먹이를 쫓아 부르짖으며 그들의 먹이를 하나님께 구하다가 해가 돋으면 물러가서 그들의 굴 속에 눕고 사람은 나와서 일하며 저녁까지 수고하는도다 여호와여 주께서 하신 일이 어찌 그리 많은지요 주께서 지혜로 그들을 다 지으셨으니 주께서 지으신 것들이 땅에 가득하니이다 거기에는 크고 넓은 바다가 있고 그 속에는 생물 곧 크고 작은 동물들이 무수하니이다 그 곳에는 배들이 다니며 주께서 지으신 리워야단이 그 속에서 노나이다 이것들은 다 주께서 때를 따라 먹을 것을 주시기를 바라나이다 주께서 주신즉 그들이 받으며 주께서 손을 펴신즉 그들이 좋은 것으로 만족하다가 주께서 낯을 숨기신즉 그들이 떨고 주께서 그들의 호흡을 거두신즉 그들은 죽어 먼지로 돌아가나이다 주의 영을 보내어 그들을 창조하사 지면을 새롭게 하시나이다 여호와의 영광이 영원히 계속할지며 여호와는 자신께서 행하시는 일들로 말미암아 즐거워하시리로다 그가 땅을 보신즉 땅이 진동하며 산들을 만지신즉 연기가 나는도다 내가 평생토록 여호와께 노래하며 내가 살아 있는 동안 내 하나님을 찬양하리로다 나의 기도를 기쁘게 여기시기를 바라나니 나는 여호와로 말미암아 즐거워하리로다 죄인들을 땅에서 소멸하시며 악인들을 다시 있지 못하게 하시리로다 내 영혼아 여호와를 송축하라 할렐루야"

시편 103:8~13

"여호와는 긍휼이 많으시고 은혜로우시며 노하기를 더디 하시고 인자하심이 풍부하시도다 자주 경책하지 아니하시며 노를 영원히 품지 아니하시리로다 우리의 죄를 따라 우리를 처벌하지는 아니하시며 우리의 죄악을 따라 우리에게 그대로 갚지는 아니하셨으니 이는 하늘이 땅에서 높음 같이 그를 경외하는 자에게 그의 인자하심이 크심이로다 동이 서에서 먼 것 같이 우리의 죄과를 우리에게서 멀리 옮기셨으며 아버지가 자식을 긍휼히 여김 같이 여호와께서는 자기를 경외하는 자를 긍휼히 여기시나니"

스바냐 3:17

"너의 하나님 여호와가 너의 가운데에 계시니 그는 구원을 베푸실 전능자이시라 그가 너로 말미암아 기쁨을 이기지 못하시며 너를 잠잠히 사랑하시며 너로 말미암아 즐거이 부르며 기뻐하시리라 하리라"

갈라디아서 5:22~23

"오직 성령의 열매는 사랑과 희락과 화평과 오래 참음과 자비와 양선과 충성과 온유와 절제니 이같은 것을 금지할 법이 없느니라"

마태복음 7:11
"너희가 악한 자라도 좋은 것으로 자식에게 줄 줄 알거든 하물며 하늘에 계신 너희 아버지께서 구하는 자에게 좋은 것으로 주시지 않겠느냐"

출애굽기 34:5~7
"여호와께서 구름 가운데에 강림하사 그와 함께 거기 서서 여호와의 이름을 선포하실새 여호와께서 그의 앞으로 지나시며 선포하시되 여호와라 여호와라 자비롭고 은혜롭고 노하기를 더디하고 인자와 진실이 많은 하나님이라 인자를 천대까지 베풀며 악과 과실과 죄를 용서하리라 그러나 벌을 면제하지는 아니하고 아버지의 악행을 자손 삼사 대까지 보응하리라"

사도행전 14:16~17
"하나님이 지나간 세대에는 모든 민족으로 자기들의 길들을 가게 방임하셨으나 그러나 자기를 증언하지 아니하신 것이 아니니 곧 여러분에게 하늘로부터 비를 내리시며 결실기를 주시는 선한 일을 하사 음식과 기쁨으로 여러분의 마음에 만족하게 하셨느니라 하고"

사도행전 17:22~31 (바울이 아덴 사람들에게 말하다)
"바울이 아레오바고 가운데 서서 말하되 아덴 사람들아 너희를 보니 범사에 종교심이 많도다 내가 두루 다니며 너희가 위하는 것들을 보다가 알지 못하는 신에게라고 새긴 단도 보았으니 그런즉 너희가 알지 못하고 위하는 그것을 내가 너희에게 알게 하리라 우주와 그 가운데 있는 만물을 지으신 하나님께서는 천지의 주재시니 손으로 지은 전에 계시지 아니하시고 또 무엇이 부족한 것처럼 사람의 손으로 섬김을 받으시는 것이 아니니 이는 만민에게 생명과 호흡과 만물을 친히 주시는 이심이라 인류의 모든 족속을 한 혈통으로 만드사 온 땅에 살게 하시고 그들의 연대를 정하시며 거주의 경계를 한정하셨으니 이는 사람으로 혹 하나님을 더듬어 찾아 발견하게 하려 하심이로되 그는 우리 각 사람에게서 멀리 계시지 아니하도다 우리가 그를 힘입어 살며 기동하며 존재하느니라 너희 시인 중 어떤 사람들의 말과 같이 우리가 그의 소생이라 하니 이와 같이 하나님의 소생이 되었은즉 하나님을 금이나 은이나 돌에다 사람의 기술과 고안으로 새긴 것들과 같이 여길 것이 아니니라 알지 못하던 시대에는 하나님이 간과하셨거니와 이제는 어디든지 사람에게 다 명하사 회개하라 하셨으니 이는 정하신 사람으로 하여금 천하를 공의로 심판할 날을 작정하시고 이에 그를 죽은 자 가운데서 다시 살리신 것으로 모든 사람에게 믿을 만한 증거를 주셨음이니라 하니라"

예수님은 그분의 사역과 희생에서 사랑과 우선순위와 하늘 아버지의 선하심을 계시하신다. 그분은 완전한 신학이시다.

히브리서 1:2~3

"이 모든 날 마지막에는 아들을 통하여 우리에게 말씀하셨으니 이 아들을 만유의 상속자로 세우시고 또 그로 말미암아 모든 세계를 지으셨느니라 이는 하나님의 영광의 광채시요 그 본체의 형상이시라 그의 능력의 말씀으로 만물을 붙드시며 죄를 정결하게 하는 일을 하시고 높은 곳에 계신 지극히 크신 이의 우편에 앉으셨느니라"

골로새서 1:19

"아버지께서는 모든 충만으로 예수 안에 거하게 하시고"

골로새서 2:9

"그 안에는 신성의 모든 충만이 육체로 거하시고"

요한복음 1:1, 18

"태초에 말씀이 계시니라 이 말씀이 하나님과 함께 계셨으니 이 말씀은 곧 하나님이시니라 … 본래 하나님을 본 사람이 없으되 아버지 품 속에 있는 독생하신 하나님이 나타내셨느니라"

요한복음 3:16~17

"하나님이 세상을 이처럼 사랑하사 독생자를 주셨으니 이는 그를 믿는 자마다 멸망하지 않고 영생을 얻게 하려 하심이라 하나님이 그 아들을 세상에 보내신 것은 세상을 심판하려 하심이 아니요 그로 말미암아 세상이 구원을 받게 하려 하심이라"

요한복음 14:6~7

"예수께서 이르시되 내가 곧 길이요 진리요 생명이니 나로 말미암지 않고는 아버지께로 올 자가 없느니라 너희가 나를 알았더라면 내 아버지도 알았으리로다 이제부터는 너희가 그를 알았고 또 보았느니라"

요한복음 8:1~11, 19(간음하다 붙잡힌 여자의 이야기)

"예수는 감람 산으로 가시니라 아침에 다시 성전으로 들어오시니 백성이 다 나아오는지라 앉으사 그들을 가르치시더니 서기관들과 바리새인들이 음행중에 잡힌 여자를 끌고 와서 가운데 세우고 예수께 말하되 선생이여 이 여자가 간음하다가 현장에서 잡혔나이다 모세는 율법에 이러한 여자를 돌로 치라 명하였거니와 선생은 어떻게 말하겠나이까 그들이 이렇게 말함은 고발할 조건을 얻고자 하여 예수를 시험함이러라 예수께서 몸을 굽히사 손가락으로 땅에 쓰시니 그들이 묻기를 마지 아니하는지라 이에 일어나 이르시되 너희 중에 죄 없는 자가 먼저 돌로 치라 하시고 다시 몸을 굽혀 손가락으로 땅에 쓰시니 그들이 이 말씀을 듣고 양심에 가책을 느껴 어른으로 시작하여 젊은이까지 하나씩 하나씩 나가고 오직 예수와 그 가운데 섰는 여자만 남았더라 예수께서 일어나사 여자 외에 아무도 없는 것을 보시고 이르시되 여자여 너를 고발하던 그들이 어디 있느냐 너를 정죄한 자가 없느냐 대답하되 주여 없나이다 예수께서 이르시되 나도 너를 정죄하지 아니하노니 가서 다시는 죄를 범하지 말라 하시니래] … 이에 그들이 묻되 네 아버지가 어디 있느냐 예수께서 대답하시되 너희는 나를 알지 못하고 내 아버지도 알지 못하는도다 나를 알았더라면 내 아버지도 알았으리라"

나훔 1:7

"여호와는 선하시며 환난 날에 산성이시라 그는 자기에게 피
하는 자들을 아시느니라"

로마서 8:28~32

"우리가 알거니와 하나님을 사랑하는 자 곧 그의 뜻대로 부르
심을 입은 자들에게는 모든 것이 합력하여 선을 이루느니라 하
나님이 미리 아신 자들을 또한 그 아들의 형상을 본받게 하기
위하여 미리 정하셨으니 이는 그로 많은 형제 중에서 맏아들이
되게 하려 하심이니라 또 미리 정하신 그들을 또한 부르시고
부르신 그들을 또한 의롭다 하시고 의롭다 하신 그들을 또한
영화롭게 하셨느니라 그런즉 이 일에 대하여 우리가 무슨 말
하리요 만일 하나님이 우리를 위하시면 누가 우리를 대적하리
요 자기 아들을 아끼지 아니하시고 우리 모든 사람을 위하여
내주신 이가 어찌 그 아들과 함께 모든 것을 우리에게 주시지
아니하겠느냐"

야고보서 1:17

"온갖 좋은 은사와 온전한 선물이 다 위로부터 빛들의 아버지
께로부터 내려오나니 그는 변함도 없으시고 회전하는 그림자
도 없으시니라"

사도행전 16:23~26

"많이 친 후에 옥에 가두고 간수에게 명하여 든든히 지키라 하

니 그가 이러한 명령을 받아 그들을 깊은 옥에 가두고 그 발을
차꼬에 든든히 채웠더니 한밤중에 바울과 실라가 기도하고 하
나님을 찬송하매 죄수들이 듣더라 이에 갑자기 큰 지진이 나서
옥터가 움직이고 문이 곧 다 열리며 모든 사람의 매인 것이 다
벗어진지라"

원수들은 훔치고 죽이러 오지만 예수님은 악한 영
의 일들을 멸하고 우리에게 풍성한 삶을 주시기
위해 오셨다.

요한복음 10:10~11

"도둑이 오는 것은 도둑질하고 죽이고 멸망시키려는 것뿐이요
내가 온 것은 양으로 생명을 얻게 하고 더 풍성히 얻게 하려는
것이라 나는 선한 목자라 선한 목자는 양들을 위하여 목숨을
버리거니와"

요한일서 3:8

"죄를 짓는 자는 마귀에게 속하나니 마귀는 처음부터 범죄함
이라 하나님의 아들이 나타나신 것은 마귀의 일을 멸하려 하심
이라"

베드로전서 5:8~10

"근신하라 깨어라 너희 대적 마귀가 우는 사자 같이 두루 다니
며 삼킬 자를 찾나니 너희는 믿음을 굳건하게 하여 그를 대적
하라 이는 세상에 있는 너희 형제들도 동일한 고난을 당하는

줄을 앎이라 모든 은혜의 하나님 곧 그리스도 안에서 너희를 부르사 자기의 영원한 영광에 들어가게 하신 이가 잠깐 고난을 당한 너희를 친히 온전하게 하시며 굳건하게 하시며 강하게 하시며 터를 견고하게 하시리라"

에베소서 6:12

"우리의 씨름은 혈과 육을 상대하는 것이 아니요 통치자들과 권세들과 이 어둠의 세상 주관자들과 하늘에 있는 악의 영들을 상대함이라"

마태복음 9:11~13

"바리새인들이 보고 그의 제자들에게 이르되 어찌하여 너희 선생은 세리와 죄인들과 함께 잡수시느냐 예수께서 들으시고 이르시되 건강한 자에게는 의사가 쓸 데 없고 병든 자에게라야 쓸 데 있느니라 너희는 가서 내가 긍휼을 원하고 제사를 원하지 아니하노라 하신 뜻이 무엇인지 배우라 나는 의인을 부르러 온 것이 아니요 죄인을 부르러 왔노라 하시니라"

마가복음 5:1~19(거라사인의 지방의 귀신 들린 자)

"예수께서 바다 건너편 거라사인의 지방에 이르러 배에서 나오시매 곧 더러운 귀신 들린 사람이 무덤 사이에서 나와 예수를 만나니라 그 사람은 무덤 사이에 거처하는데 이제는 아무도 그를 쇠사슬로도 맬 수 없게 되었으니 이는 여러 번 고랑과 쇠사슬에 매었어도 쇠사슬을 끊고 고랑을 깨뜨렸음이러라 그리하여 아무도 그를 제어할 힘이 없는지라 밤낮 무덤 사이에서나 산에서나 늘 소리 지르며 돌로 자기의 몸을 해치고 있었더라 그가 멀리서 예수를 보고 달려와 절하며 큰 소리로 부르짖어 이르되 지극히 높으신 하나님의 아들 예수여 나와 당신이 무슨 상관이 있나이까 원하건대 하나님 앞에 맹세하고 나를 괴롭히지 마옵소서 하니 이는 예수께서 이미 그에게 이르시기를 더러운 귀신아 그 사람에게서 나오라 하셨음이라 이에 물으시되 네 이름이 무엇이냐 이르되 내 이름은 군대니 우리가 많음이니이다 하고 자기를 그 지방에서 내보내지 마시기를 간구하더니 마침 거기 돼지의 큰 떼가 산 곁에서 먹고 있는지라 이에 간구하여 이르되 우리를 돼지에게로 보내어 들어가게 하소서 하니 허락하신대 더러운 귀신들이 나와서 돼지에게로 들어가매 거의 이천 마리 되는 떼가 바다를 향하여 비탈로 내리달아 바다에서 몰사하거늘 치던 자들이 도망하여 읍내와 여러 마을에 말하니 사람들이 어떻게 되었는지를 보러 와서 예수께 이르러 그 귀신 들렸던 자 곧 군대 귀신 지폈던 자가 옷을 입고 정신이 온전하여 앉은 것을 보고 두려워하더라 이에 귀신 들렸던 자가 당한 것과 돼지의 일을 본 자들이 그들에게 알리매 그들이 예수께 그 지방에서 떠나시기를 간구하더라 예수께서 배에 오르실 때에 귀신 들렸던 사람이 함께 있기를 간구하였으나 허락하지 아니하시고 그에게 이르시되 집으로 돌아가 주께서 네게 어떻게 큰 일을 행하사 너를 불쌍히 여기신 것을 네 가족에게 알리라 하시니"

하나님은 관대하시다. 우리가 신구약 성경을 통해 그분이 행하신 것을 기억하고 다시 말할 때 그분은 그것을 다시 행하실 수 있으며 그렇게 하시길 간절히 원하신다.

요한복음 3:16

"하나님이 세상을 이처럼 사랑하사 독생자를 주셨으니 이는 그를 믿는 자마다 멸망하지 않고 영생을 얻게 하려 하심이라"

요한계시록 12:11

"또 우리 형제들이 어린 양의 피와 자기들이 증언하는 말씀으로써 그를 이겼으니 그들은 죽기까지 자기들의 생명을 아끼지 아니하였도다"

요한계시록 19:10

"내가 그 발 앞에 엎드려 경배하려 하니 그가 나에게 말하기를 나는 너와 및 예수의 증언을 받은 네 형제들과 같이 된 종이니 삼가 그리하지 말고 오직 하나님께 경배하라 예수의 증언은 예언의 영이라 하더라"

여호수아 4:1~9(기념이 된 열두 개의 돌 이야기)

"그 모든 백성이 요단을 건너가기를 마치매 여호와께서 여호수아에게 말씀하여 이르시되 백성의 각 지파에 한 사람씩 열두 사람을 택하고 그들에게 명령하여 이르기를 요단 가운데 제사장들의 발이 굳게 선 그 곳에서 돌 열둘을 택하여 그것을 가져다가 오늘밤 너희가 유숙할 그 곳에 두게 하라 하시니라 여호수아가 이스라엘 자손 중에서 각 지파에 한 사람씩 준비한 그 열두 사람을 불러 그들에게 이르되 요단 가운데로 들어가 너희 하나님 여호와의 궤 앞으로 가서 이스라엘 자손들의 지파 수대로 각기 돌 한 개씩 가져다가 어깨에 메라 이것이 너희 중에 표징이 되리라 후일에 너희의 자손들이 물어 이르되 이 돌들은 무슨 뜻이냐 하거든 그들에게 이르기를 요단 물이 여호와의 언약궤 앞에서 끊어졌나니 곧 언약궤가 요단을 건널 때에 요단물이 끊어졌으므로 이 돌들이 이스라엘 자손에게 영원히 기념이 되리라 하라 하니라 이스라엘 자손들이 여호수아가 명령한 대로 행하되 여호와께서 여호수아에게 이르신 대로 이스라엘 자손들의 지파의 수를 따라 요단 가운데에서 돌 열둘을 택하여 자기들이 유숙할 곳으로 가져다가 거기에 두었더라 여호수아가 또 요단 가운데 곧 언약궤를 멘 제사장들의 발이 선 곳에 돌 열둘을 세웠더니 오늘까지 거기에 있더라"

하나님은 선하시다. 이 말은 무슨 뜻인가?

> 하나님은 우리를 위한 분이시다. 그분은 우리를 죄에서 구원하기로 선택하셨다.

로마서 5:8

"우리가 아직 죄인 되었을 때에 그리스도께서 우리를 위하여 죽으심으로 하나님께서 우리에 대한 자기의 사랑을 확증하셨느니라"

로마서 8:30~32

"또 미리 정하신 그들을 또한 부르시고 부르신 그들을 또한 의롭다 하시고 의롭다 하신 그들을 또한 영화롭게 하셨느니라 그런즉 이 일에 대하여 우리가 무슨 말 하리요 만일 하나님이 우리를 위하시면 누가 우리를 대적하리요 자기 아들을 아끼지 아니하시고 우리 모든 사람을 위하여 내주신 이가 어찌 그 아들과 함께 모든 것을 우리에게 주시지 아니하겠느냐"

고린도후서 5:19
"곧 하나님께서 그리스도 안에 계시사 세상을 자기와 화목하게 하시며 그들의 죄를 그들에게 돌리지 아니하시고 화목하게 하는 말씀을 우리에게 부탁하셨느니라"

> 하나님은 우리에게 화가 나 있지 않으시다.

베드로후서 3:9
"주의 약속은 어떤 이들이 더디다고 생각하는 것 같이 더딘 것이 아니라 오직 주께서는 너희를 대하여 오래 참으사 아무도 멸망하지 아니하고 다 회개하기에 이르기를 원하시느니라"

데살로니가전서 5:9
"하나님이 우리를 세우심은 노하심에 이르게 하심이 아니요 오직 우리 주 예수 그리스도로 말미암아 구원을 받게 하심이라"

로마서 14:17~18
"하나님의 나라는 먹는 것과 마시는 것이 아니요 오직 성령 안에 있는 의와 평강과 희락이라 이로써 그리스도를 섬기는 자는 하나님을 기쁘시게 하며 사람에게도 칭찬을 받느니라"

요한복음 10:10

"도둑이 오는 것은 도둑질하고 죽이고 멸망시키려는 것뿐이요 내가 온 것은 양으로 생명을 얻게 하고 더 풍성히 얻게 하려는 것이라"

로마서 2:4

"혹 네가 하나님의 인자하심이 너를 인도하여 회개하게 하심을 알지 못하여 그의 인자하심과 용납하심과 길이 참으심이 풍성함을 멸시하느냐"

스바냐 3:17

"너의 하나님 여호와가 너의 가운데에 계시니 그는 구원을 베푸실 전능자이시라 그가 너로 말미암아 기쁨을 이기지 못하시며 너를 잠잠히 사랑하시며 너로 말미암아 즐거이 부르며 기뻐하시리라 하리라"

> 하나님은 우리가 우리 삶의 모든 분야, 곧 신체, 정신, 영, 감정 그리고 직업에서 번성하길 원하신다.

시편 103:1~5

"내 영혼아 여호와를 송축하라 내 속에 있는 것들아 다 그의 거룩한 이름을 송축하라 내 영혼아 여호와를 송축하며 그의 모든 은택을 잊지 말지어다 그가 네 모든 죄악을 사하시며 네 모든 병을 고치시며 네 생명을 파멸에서 속량하시고 인자와 긍휼로 관을 씌우시며 좋은 것으로 네 소원을 만족하게 하사 네 청춘을 독수리 같이 새롭게 하시는도다"

고린도후서 9:8~10
"하나님이 능히 모든 은혜를 너희에게 넘치게 하시나니 이는 너희로 모든 일에 항상 모든 것이 넉넉하여 모든 착한 일을 넘치게 하게 하려 하심이라 기록된 바 그가 흩어 가난한 자들에게 주었으니 그의 의가 영원토록 있느니라 함과 같으니라 심는 자에게 씨와 먹을 양식을 주시는 이가 너희 심을 것을 주사 풍성하게 하시고 너희 의의 열매를 더하게 하시리니"

창세기 12:1~3
"여호와께서 아브람에게 이르시되 너는 너의 고향과 친척과 아버지의 집을 떠나 내가 네게 보여 줄 땅으로 가라 내가 너로 큰 민족을 이루고 네게 복을 주어 네 이름을 창대하게 하리니 너는 복이 될지라 너를 축복하는 자에게는 내가 복을 내리고 너를 저주하는 자에게는 내가 저주하리니 땅의 모든 족속이 너로 말미암아 복을 얻을 것이라 하신지라"

이사야 26:3
"주께서 심지가 견고한 자를 평강하고 평강하도록 지키시리니 이는 그가 주를 신뢰함이니이다"

이사야 53:4~6
"그는 실로 우리의 질고를 지고 우리의 슬픔을 당하였거늘 우리는 생각하기를 그는 징벌을 받아 하나님께 맞으며 고난을 당한다 하였노라 그가 찔림은 우리의 허물 때문이요 그가 상함은 우리의 죄악 때문이라 그가 징계를 받으므로 우리는 평화를 누리고 그가 채찍에 맞으므로 우리는 나음을 받았도다 우리는 다 양 같아서 그릇 행하여 각기 제 길로 갔거늘 여호와께서는 우리 모두의 죄악을 그에게 담당시키셨도다"

누가복음 9:6, 56
"제자들이 나가 각 마을에 두루 다니며 곳곳에 복음을 전하며 병을 고치더라 … 함께 다른 마을로 가시니라"

요한삼서 1:2
"사랑하는 자여 네 영혼이 잘됨 같이 네가 범사에 잘되고 강건하기를 내가 간구하노라"

예레미야 29:11
"여호와의 말씀이니라 너희를 향한 나의 생각을 내가 아나니 평안이요 재앙이 아니니라 너희에게 미래와 희망을 주는 것이니라"

> 하나님은 사람들에게 교훈을 가르치시거나 그들을 벌주시기 위해 병을 일으키시지 않는다. 예수님은 우리의 새 언약의 모델이시다. 그분은 만나는 모든 병자를 다 고쳐 주셨다.

마태복음 4:23
"예수께서 온 갈릴리에 두루 다니사 그들의 회당에서 가르치시며 천국 복음을 전파하시며 백성 중의 모든 병과 모든 약한 것을 고치시니"

마태복음 8:2~3

"한 나병환자가 나아와 절하며 이르되 주여 원하시면 저를 깨끗하게 하실 수 있나이다 하거늘 예수께서 손을 내밀어 그에게 대시며 이르시되 내가 원하노니 깨끗함을 받으라 하시니 즉시 그의 나병이 깨끗하여진지라"

사도행전 10:38

"하나님이 나사렛 예수에게 성령과 능력을 기름 붓듯 하셨으매 그가 두루 다니시며 선한 일을 행하시고 마귀에게 눌린 모든 사람을 고치셨으니 이는 하나님이 함께 하셨음이라"

> 우리는 하나님이 모든 사람을 구원하고 고쳐 주길 원하신다는 전제하에 산다.

디모데전서 2:4

"하나님은 모든 사람이 구원을 받으며 진리를 아는 데에 이르기를 원하시느니라"

사도행전 10:38

"하나님이 나사렛 예수에게 성령과 능력을 기름 붓듯 하셨으매 그가 두루 다니시며 선한 일을 행하시고 마귀에게 눌린 모든 사람을 고치셨으니 이는 하나님이 함께 하셨음이라"

에스겔 33:11

"너는 그들에게 말하라 주 여호와의 말씀이니라 나의 삶을 두고 맹세하노니 나는 악인이 죽는 것을 기뻐하지 아니하고 악인이 그의 길에서 돌이켜 떠나 사는 것을 기뻐하노라 이스라엘 족속아 돌이키고 돌이키라 너희 악한 길에서 떠나라 어찌 죽고자 하느냐 하셨다 하라"

마태복음 4:23~24

"예수께서 온 갈릴리에 두루 다니사 그들의 회당에서 가르치시며 천국 복음을 전파하시며 백성 중의 모든 병과 모든 약한 것을 고치시니 그의 소문이 온 수리아에 퍼진지라 사람들이 모든 앓는 자 곧 각종 병에 걸려서 고통 당하는 자, 귀신 들린 자, 간질하는 자, 중풍병자들을 데려오니 그들을 고치시더라"

마태복음 8:1~3

"예수께서 산에서 내려 오시니 수많은 무리가 따르니라 한 나병환자가 나아와 절하며 이르되 주여 원하시면 저를 깨끗하게 하실 수 있나이다 하거늘 예수께서 손을 내밀어 그에게 대시며 이르시되 내가 원하노니 깨끗함을 받으라 하시니 즉시 그의 나병이 깨끗하여진지라"

마태복음 8:16~17

"저물매 사람들이 귀신 들린 자를 많이 데리고 예수께 오거늘

예수께서 말씀으로 귀신들을 쫓아 내시고 병든 자들을 다 고치
시니 이는 선지자 이사야를 통하여 하신 말씀에 우리의 연약한
것을 친히 담당하시고 병을 짊어지셨도다 함을 이루려 하심이
더라"

마태복음 9:35

"예수께서 모든 도시와 마을에 두루 다니사 그들의 회당에서
가르치시며 천국 복음을 전파하시며 모든 병과 모든 약한 것을
고치시니라"

마태복음 14:34~36

"그들이 건너가 게네사렛 땅에 이르니 그 곳 사람들이 예수이
신 줄을 알고 그 근방에 두루 통지하여 모든 병든 자를 예수께
데리고 와서 다만 예수의 옷자락에라도 손을 대게 하시기를 간
구하니 손을 대는 자는 다 나음을 얻으니라"

마가복음 6:56

"아무 데나 예수께서 들어가시는 지방이나 도시나 마을에서
병자를 시장에 두고 예수께 그의 옷 가에라도 손을 대게 하시
기를 간구하니 손을 대는 자는 다 성함을 얻으니라"

누가복음 9:11

"무리가 알고 따라왔거늘 예수께서 그들을 영접하사 하나님
나라의 일을 이야기하시며 병 고칠 자들은 고치시더라"

> 하나님은 결코 우리의 삶에서 그분의 계획이나 선
> 물을 빼앗아가지 않으실 것이다.

로마서 11:29

"하나님의 은사와 부르심에는 후회하심이 없느니라"

로마서 8:28

"우리가 알거니와 하나님을 사랑하는 자 곧 그의 뜻대로 부르
심을 입은 자들에게는 모든 것이 합력하여 선을 이루느니라"

에베소서 1:4~6

"곧 창세 전에 그리스도 안에서 우리를 택하사 우리로 사랑 안
에서 그 앞에 거룩하고 흠이 없게 하시려고 그 기쁘신 뜻대로
우리를 예정하사 예수 그리스도로 말미암아 자기의 아들들이
되게 하셨으니 이는 그가 사랑하시는 자 안에서 우리에게 거저
주시는 바 그의 은혜의 영광을 찬송하게 하려는 것이라"

> 하나님은 우리를 걸작품으로 여기신다. 그분의 과
> 정과 전지 작업은 언제나 우리의 참된 정체성을
> 드러내시고 우리로 충만한 삶을 살도록 하시기 위
> 함이다.

에베소서 2:10

"우리는 그가 만드신 바라 그리스도 예수 안에서 선한 일을 위
하여 지으심을 받은 자니 이 일은 하나님이 전에 예비하사 우

리로 그 가운데서 행하게 하려 하심이니라"

시편 139:13~17

"주께서 내 내장을 지으시며 나의 모태에서 나를 만드셨나이다 내가 주께 감사하옴은 나를 지으심이 심히 기묘하심이라 주께서 하시는 일이 기이함을 내 영혼이 잘 아나이다 내가 은밀한 데서 지음을 받고 땅의 깊은 곳에서 기이하게 지음을 받은 때에 나의 형체가 주의 앞에 숨겨지지 못하였나이다 내 형질이 이루어지기 전에 주의 눈이 보셨으며 나를 위하여 정한 날이 하루도 되기 전에 주의 책에 다 기록이 되었나이다 하나님이여 주의 생각이 내게 어찌 그리 보배로우신지요 그 수가 어찌 그리 많은지요"

요한복음 15:1~2

"나는 참포도나무요 내 아버지는 농부라 무릇 내게 붙어 있어 열매를 맺지 아니하는 가지는 아버지께서 그것을 제거해 버리시고 무릇 열매를 맺는 가지는 더 열매를 맺게 하려 하여 그것을 깨끗하게 하시느니라"

히브리서 12:5~13

"또 아들들에게 권하는 것 같이 너희에게 권면하신 말씀도 잊었도다 일렀으되 내 아들아 주의 징계하심을 경히 여기지 말며 그에게 꾸지람을 받을 때에 낙심하지 말라 주께서 그 사랑하시는 자를 징계하시고 그가 받아들이시는 아들마다 채찍질하심이라 하였으니 너희가 참음은 징계를 받기 위함이라 하나님이 아들과 같이 너희를 대우하시나니 어찌 아버지가 징계하지 않는 아들이 있으리요 징계는 다 받는 것이거늘 너희에게 없으면 사생자요 친아들이 아니니라 또 우리 육신의 아버지가 우리를 징계하여도 공경하였거든 하물며 모든 영의 아버지께 더욱 복종하며 살려 하지 않겠느냐 그들은 잠시 자기의 뜻대로 우리를 징계하였거니와 오직 하나님은 우리의 유익을 위하여 그의 거룩하심에 참여하게 하시느니라 무릇 징계가 당시에는 즐거워 보이지 않고 슬퍼 보이나 후에 그로 말미암아 연단 받은 자들은 의와 평강의 열매를 맺느니라 그러므로 피곤한 손과 연약한 무릎을 일으켜 세우고 너희 발을 위하여 곧은 길을 만들어 저는 다리로 하여금 어그러지지 않고 고침을 받게 하라"

> 하나님은 개인적으로 들으시고 언제나 우리 기도에 응답하신다.

요한일서 5:14~15

"그를 향하여 우리가 가진 바 담대함이 이것이니 그의 뜻대로 무엇을 구하면 들으심이라 우리가 무엇이든지 구하는 바를 들으시는 줄을 안즉 우리가 그에게 구한 그것을 얻은 줄을 또한 아느니라"

야고보서 1:5, 17

"너희 중에 누구든지 지혜가 부족하거든 모든 사람에게 후히 주시고 꾸짖지 아니하시는 하나님께 구하라 그리하면 주시리라 … 온갖 좋은 은사와 온전한 선물이 다 위로부터 빛들의 아버지께로부터 내려오나니 그는 변함도 없으시고 회전하는 그림자도 없으시니라"

로마서 8:26~27, 32

"이와 같이 성령도 우리의 연약함을 도우시나니 우리는 마땅히 기도할 바를 알지 못하나 오직 성령이 말할 수 없는 탄식으로 우리를 위하여 친히 간구하시느니라 마음을 살피시는 이가 성령의 생각을 아시나니 이는 성령이 하나님의 뜻대로 성도를 위하여 간구하심이니라 … 자기 아들을 아끼지 아니하시고 우리 모든 사람을 위하여 내주신 이가 어찌 그 아들과 함께 모든 것을 우리에게 주시지 아니하겠느냐"

마태복음 7:7

"구하라 그리하면 너희에게 주실 것이요 찾으라 그리하면 찾아낼 것이요 문을 두드리라 그리하면 너희에게 열릴 것이니"

누가복음 18:1~8(불의한 재판장의 비유)

"예수께서 그들에게 항상 기도하고 낙심하지 말아야 할 것을 비유로 말씀하여 이르시되 어떤 도시에 하나님을 두려워하지 않고 사람을 무시하는 한 재판장이 있는데 그 도시에 한 과부가 있어 자주 그에게 가서 내 원수에 대한 나의 원한을 풀어 주소서 하되 그가 얼마 동안 듣지 아니하다가 후에 속으로 생각하되 내가 하나님을 두려워하지 않고 사람을 무시하나 이 과부가 나를 번거롭게 하니 내가 그 원한을 풀어 주리라 그렇지 않으면 늘 와서 나를 괴롭게 하리라 하였느니라 주께서 또 이르시되 불의한 재판장이 말한 것을 들으라 하물며 하나님께서 그 밤낮 부르짖는 택하신 자들의 원한을 풀어 주지 아니하시겠느

냐 그들에게 오래 참으시겠느냐 내가 너희에게 이르노니 속히
그 원한을 풀어 주시리라 그러나 인자가 올 때에 세상에서 믿
음을 보겠느냐 하시니라"

고린도후서 1:20

"하나님의 약속은 얼마든지 그리스도 안에서 예가 되니 그런
즉 그로 말미암아 우리가 아멘 하여 하나님께 영광을 돌리게
되느니라"

하나님은 선하시다. 다음을 오해하지 말라.

우리는 우리가 원하는 모든 것을 할 수 없고 하나
님이 언제나 우리를 축복해 주시기만을 기대한다.
하나님은 모든 인간을 심판하시는 궁극의 재판장
으로 남아 계신다.

요한일서 1:5~7

"우리가 그에게서 듣고 너희에게 전하는 소식은 이것이니 곧
하나님은 빛이시라 그에게는 어둠이 조금도 없으시다는 것이
니라 만일 우리가 하나님과 사귐이 있다 하고 어둠에 행하면
거짓말을 하고 진리를 행하지 아니함이거니와 그가 빛 가운데
계신 것 같이 우리도 빛 가운데 행하면 우리가 서로 사귐이 있
고 그 아들 예수의 피가 우리를 모든 죄에서 깨끗하게 하실 것
이요"

히브리서 10:26~27

"우리가 진리를 아는 지식을 받은 후 짐짓 죄를 범한즉 다시 속 죄하는 제사가 없고 오직 무서운 마음으로 심판을 기다리는 것과 대적하는 자를 태울 맹렬한 불만 있으리라"

디모데후서 2:19

"그러나 하나님의 견고한 터는 섰으니 인침이 있어 일렀으되 주께서 자기 백성을 아신다 하며 또 주의 이름을 부르는 자마다 불의에서 떠날지어다 하였느니라"

잠언 8:13

"여호와를 경외하는 것은 악을 미워하는 것이라 나는 교만과 거만과 악한 행실과 패역한 입을 미워하느니라"

히브리서 9:27

"한번 죽는 것은 사람에게 정해진 것이요 그 후에는 심판이 있으리니"

고린도후서 5:10

"이는 우리가 다 반드시 그리스도의 심판대 앞에 나타나게 되어 각각 선악간에 그 몸으로 행한 것을 따라 받으려 함이라"

갈라디아서 5:13~24

"형제들아 너희가 자유를 위하여 부르심을 입었으나 그러나 그 자유로 육체의 기회를 삼지 말고 오직 사랑으로 서로 종 노릇 하라 온 율법은 네 이웃 사랑하기를 네 자신 같이 하라 하신 한 말씀에서 이루어졌나니 만일 서로 물고 먹으면 피차 멸망할까 조심하라 내가 이르노니 너희는 성령을 따라 행하라 그리하면 육체의 욕심을 이루지 아니하리라 육체의 소욕은 성령을 거스르고 성령은 육체를 거스르나니 이 둘이 서로 대적함으로 너희가 원하는 것을 하지 못하게 하려 함이니라 너희가 만일 성령의 인도하시는 바가 되면 율법 아래에 있지 아니하리라 육체의 일은 분명하니 곧 음행과 더러운 것과 호색과 우상 숭배와 주술과 원수 맺는 것과 분쟁과 시기와 분냄과 당 짓는 것과 분열함과 이단과 투기와 술 취함과 방탕함과 또 그와 같은 것들이라 전에 너희에게 경계한 것 같이 경계하노니 이런 일을 하는 자들은 하나님의 나라를 유업으로 받지 못할 것이요 오직 성령의 열매는 사랑과 희락과 화평과 오래 참음과 자비와 양선과 충성과 온유와 절제니 이같은 것을 금지할 법이 없느니라 그리스도 예수의 사람들은 육체와 함께 그 정욕과 탐심을 십자가에 못 박았느니라"

> 하나님은 우리의 죄 된 행동에 상처를 받으시며, 만일 우리가 죄를 지을 때 우리를 사랑으로 대적하신다.

에베소서 4:17~32
"그러므로 내가 이것을 말하며 주 안에서 증언하노니 이제부터 너희는 이방인이 그 마음의 허망한 것으로 행함 같이 행하지 말라 그들의 총명이 어두워지고 그들 가운데 있는 무지함과

그들의 마음이 굳어짐으로 말미암아 하나님의 생명에서 떠나
있도다 그들이 감각 없는 자가 되어 자신을 방탕에 방임하여
모든 더러운 것을 욕심으로 행하되 오직 너희는 그리스도를 그
같이 배우지 아니하였느니라 진리가 예수 안에 있는 것 같이
너희가 참으로 그에게서 듣고 또한 그 안에서 가르침을 받았을
진대 너희는 유혹의 욕심을 따라 썩어져 가는 구습을 따르는
옛 사람을 벗어 버리고 오직 너희의 심령이 새롭게 되어 하나
님을 따라 의와 진리의 거룩함으로 지으심을 받은 새 사람을
입으라 그런즉 거짓을 버리고 각각 그 이웃과 더불어 참된 것
을 말하라 이는 우리가 서로 지체가 됨이라 분을 내어도 죄를
짓지 말며 해가 지도록 분을 품지 말고 마귀에게 틈을 주지 말
라 도둑질하는 자는 다시 도둑질하지 말고 돌이켜 가난한 자에
게 구제할 수 있도록 자기 손으로 수고하여 선한 일을 하라 무
릇 더러운 말은 너희 입 밖에도 내지 말고 오직 덕을 세우는 데
소용되는 대로 선한 말을 하여 듣는 자들에게 은혜를 끼치게
하라 하나님의 성령을 근심하게 하지 말라 그 안에서 너희가
구원의 날까지 인치심을 받았느니라 너희는 모든 악독과 노함
과 분냄과 떠드는 것과 비방하는 것을 모든 악의와 함께 버리
고 서로 친절하게 하며 불쌍히 여기며 서로 용서하기를 하나님
이 그리스도 안에서 너희를 용서하심과 같이 하라"

요한복음 15:2

"무릇 내게 붙어 있어 열매를 맺지 아니하는 가지는 아버지께
서 그것을 제거해 버리시고 무릇 열매를 맺는 가지는 더 열매
를 맺게 하려 하여 그것을 깨끗하게 하시느니라"

> 하나님의 선하심과 사랑에도 불구하고 어떤 사람들은 여전히 천국보다 지옥을 택할 것이다.

요한복음 3:17~18

"하나님이 그 아들을 세상에 보내신 것은 세상을 심판하려 하심이 아니요 그로 말미암아 세상이 구원을 받게 하려 하심이라 그를 믿는 자는 심판을 받지 아니하는 것이요 믿지 아니하는 자는 하나님의 독생자의 이름을 믿지 아니하므로 벌써 심판을 받은 것이니라"

로마서 1:20~23

"창세로부터 그의 보이지 아니하는 것들 곧 그의 영원하신 능력과 신성이 그가 만드신 만물에 분명히 보여 알려졌나니 그러므로 그들이 핑계하지 못할지니라 하나님을 알되 하나님을 영화롭게도 아니하며 감사하지도 아니하고 오히려 그 생각이 허망하여지며 미련한 마음이 어두워졌나니 스스로 지혜 있다 하나 어리석게 되어 썩어지지 아니하는 하나님의 영광을 썩어질 사람과 새와 짐승과 기어다니는 동물 모양의 우상으로 바꾸었느니라"

로마서 8:1~8

"그러므로 이제 그리스도 예수 안에 있는 자에게는 결코 정죄함이 없나니 이는 그리스도 예수 안에 있는 생명의 성령의 법이 죄와 사망의 법에서 너를 해방하였음이라 율법이 육신으로 말미암아 연약하여 할 수 없는 그것을 하나님은 하시나니 곧 죄로 말미암아 자기 아들을 죄 있는 육신의 모양으로 보내어 육신에 죄를 정하사 육신을 따르지 않고 그 영을 따라 행하는 우리에게 율법의 요구가 이루어지게 하려 하심이니라 육신을 따르는 자는 육신의 일을, 영을 따르는 자는 영의 일을 생각하나니 육신의 생각은 사망이요 영의 생각은 생명과 평안이니라 육신의 생각은 하나님과 원수가 되나니 이는 하나님의 법에 굴복하지 아니할 뿐 아니라 할 수도 없음이라 육신에 있는 자들은 하나님을 기쁘시게 할 수 없느니라"

마태복음 7:21~23

"나더러 주여 주여 하는 자마다 다 천국에 들어갈 것이 아니요 다만 하늘에 계신 내 아버지의 뜻대로 행하는 자라야 들어가리라 그 날에 많은 사람이 나더러 이르되 주여 주여 우리가 주의 이름으로 선지자 노릇 하며 주의 이름으로 귀신을 쫓아 내며 주의 이름으로 많은 권능을 행하지 아니하였나이까 하리니 그 때에 내가 그들에게 밝히 말하되 내가 너희를 도무지 알지 못하니 불법을 행하는 자들아 내게서 떠나가라 하리라"

신자의 삶은 시련이나 핍박에서 자유롭지 못하다.

디모데후서 3:12

"무릇 그리스도 예수 안에서 경건하게 살고자 하는 자는 박해를 받으리라"

요한복음 16:33

"이것을 너희에게 이르는 것은 너희로 내 안에서 평안을 누리

게 하려 함이라 세상에서는 너희가 환난을 당하나 담대하라 내
가 세상을 이기었노라"

로마서 8:31~39
"그런즉 이 일에 대하여 우리가 무슨 말 하리요 만일 하나님이
우리를 위하시면 누가 우리를 대적하리요 자기 아들을 아끼지
아니하시고 우리 모든 사람을 위하여 내주신 이가 어찌 그 아
들과 함께 모든 것을 우리에게 주시지 아니하겠느냐 누가 능히
하나님께서 택하신 자들을 고발하리요 의롭다 하신 이는 하나
님이시니 누가 정죄하리요 죽으실 뿐 아니라 다시 살아나신 이
는 그리스도 예수시니 그는 하나님 우편에 계신 자요 우리를
위하여 간구하시는 자시니라 누가 우리를 그리스도의 사랑에
서 끊으리요 환난이나 곤고나 박해나 기근이나 적신이나 위험
이나 칼이랴 기록된 바 우리가 종일 주를 위하여 죽임을 당하
게 되며 도살 당할 양 같이 여김을 받았나이다 함과 같으니라
그러나 이 모든 일에 우리를 사랑하시는 이로 말미암아 우리가
넉넉히 이기느니라 내가 확신하노니 사망이나 생명이나 천사
들이나 권세자들이나 현재 일이나 장래 일이나 능력이나 높음
이나 깊음이나 다른 어떤 피조물이라도 우리를 우리 주 그리스
도 예수 안에 있는 하나님의 사랑에서 끊을 수 없으리라"

빌립보서 3:10
"내가 그리스도와 그 부활의 권능과 그 고난에 참여함을 알고
자 하여 그의 죽으심을 본받아"

시편 34:19
"의인은 고난이 많으나 여호와께서 그의 모든 고난에서 건지
시는도다"

야고보서 1:2~4
"내 형제들아 너희가 여러 가지 시험을 당하거든 온전히 기쁘
게 여기라 이는 너희 믿음의 시련이 인내를 만들어 내는 줄 너
희가 앎이라 인내를 온전히 이루라 이는 너희로 온전하고 구비
하여 조금도 부족함이 없게 하려 함이라"

> 모든 신자는 하나님이 우리에게 주신 은사와 달란
> 트를 지키고 성장시킬 책임이 있다.

마태복음 25:14~30(달란트의 비유)
"또 어떤 사람이 타국에 갈 때 그 종들을 불러 자기 소유를 맡
김과 같으니 각각 그 재능대로 한 사람에게는 금 다섯 달란트
를, 한 사람에게는 두 달란트를, 한 사람에게는 한 달란트를 주
고 떠났더니 다섯 달란트 받은 자는 바로 가서 그것으로 장사
하여 또 다섯 달란트를 남기고 두 달란트 받은 자도 그같이 하
여 또 두 달란트를 남겼으되 한 달란트 받은 자는 가서 땅을 파
고 그 주인의 돈을 감추어 두었더니 오랜 후에 그 종들의 주인
이 돌아와 그들과 결산할새 다섯 달란트 받았던 자는 다섯 달
란트를 더 가지고 와서 이르되 주인이여 내게 다섯 달란트를
주셨는데 보소서 내가 또 다섯 달란트를 남겼나이다 그 주인이
이르되 잘하였도다 착하고 충성된 종아 네가 적은 일에 충성하

였으매 내가 많은 것을 네게 맡기리니 네 주인의 즐거움에 참여할지어다 하고 두 달란트 받았던 자도 와서 이르되 주인이여 내게 두 달란트를 주셨는데 보소서 내가 또 두 달란트를 남겼나이다 그 주인이 이르되 잘하였도다 착하고 충성된 종아 네가 적은 일에 충성하였으매 내가 많은 것을 네게 맡기리니 네 주인의 즐거움에 참여할지어다 하고 한 달란트 받았던 자는 와서 이르되 주인이여 당신은 굳은 사람이라 심지 않은 데서 거두고 헤치지 않은 데서 모으는 줄을 내가 알았으므로 두려워하여 나가서 당신의 달란트를 땅에 감추어 두었었나이다 보소서 당신의 것을 가지셨나이다 그 주인이 대답하여 이르되 악하고 게으른 종아 나는 심지 않은 데서 거두고 헤치지 않은 데서 모으는 줄로 네가 알았느냐 그러면 네가 마땅히 내 돈을 취리하는 자들에게나 맡겼다가 내가 돌아와서 내 원금과 이자를 받게 하였을 것이니라 하고 그에게서 그 한 달란트를 빼앗아 열 달란트 가진 자에게 주라 무릇 있는 자는 받아 풍족하게 되고 없는 자는 그 있는 것까지 빼앗기리라 이 무익한 종을 바깥 어두운 데로 내쫓으라 거기서 슬피 울며 이를 갈리라 하니라"

디모데후서 1:6

"그러므로 내가 나의 안수함으로 네 속에 있는 하나님의 은사를 다시 불일듯 하게 하기 위하여 너로 생각하게 하노니"

고린도전서 9:24~27

"운동장에서 달음질하는 자들이 다 달릴지라도 오직 상을 받는 사람은 한 사람인 줄을 너희가 알지 못하느냐 너희도 상을 받도록 이와 같이 달음질하라 이기기를 다투는 자마다 모든 일에 절제하나니 그들은 썩을 승리자의 관을 얻고자 하되 우리는 썩지 아니할 것을 얻고자 하노라 그러므로 나는 달음질하기를 향방 없는 것 같이 아니하고 싸우기를 허공을 치는 것 같이 아니하며 내가 내 몸을 쳐 복종하게 함은 내가 남에게 전파한 후에 자신이 도리어 버림을 당할까 두려워함이로다"

빌립보서 3:12~14

"내가 이미 얻었다 함도 아니요 온전히 이루었다 함도 아니라 오직 내가 그리스도 예수께 잡힌 바 된 그것을 잡으려고 달려가노라 형제들아 나는 아직 내가 잡은 줄로 여기지 아니하고 오직 한 일 즉 뒤에 있는 것은 잊어버리고 앞에 있는 것을 잡으려고 푯대를 향하여 그리스도 예수 안에서 하나님이 위에서 부르신 부름의 상을 위하여 달려가노라"

> 그분의 선하심에 있어서, 하나님은 우리가 기대하는 방식이나 시기에 언제나 우리 기도에 응답하시는 것은 아니다.

베드로후서 3:9

"주의 약속은 어떤 이들이 더디다고 생각하는 것 같이 더딘 것이 아니라 오직 주께서는 너희를 대하여 오래 참으사 아무도 멸망하지 아니하고 다 회개하기에 이르기를 원하시느니라"

이사야 55:8~9

"이는 내 생각이 너희의 생각과 다르며 내 길은 너희의 길과 다름이니라 여호와의 말씀이니라 이는 하늘이 땅보다 높음 같이 내 길은 너희의 길보다 높으며 내 생각은 너희의 생각보다 높음이니라"

누가복음 18:1~8(불의한 재판장의 비유)

"예수께서 그들에게 항상 기도하고 낙심하지 말아야 할 것을 비유로 말씀하여 이르시되 어떤 도시에 하나님을 두려워하지 않고 사람을 무시하는 한 재판장이 있는데 그 도시에 한 과부가 있어 자주 그에게 가서 내 원수에 대한 나의 원한을 풀어 주소서 하되 그가 얼마 동안 듣지 아니하다가 후에 속으로 생각하되 내가 하나님을 두려워하지 않고 사람을 무시하나 이 과부가 나를 번거롭게 하니 내가 그 원한을 풀어 주리라 그렇지 않으면 늘 와서 나를 괴롭게 하리라 하였느니라 주께서 또 이르시되 불의한 재판장이 말한 것을 들으라 하물며 하나님께서 그 밤낮 부르짖는 택하신 자들의 원한을 풀어 주지 아니하시겠느냐 그들에게 오래 참으시겠느냐 내가 너희에게 이르노니 속히 그 원한을 풀어 주시리라 그러나 인자가 올 때에 세상에서 믿음을 보겠느냐 하시니라"

빌립보서 4:6~7

"아무 것도 염려하지 말고 다만 모든 일에 기도와 간구로, 너희 구할 것을 감사함으로 하나님께 아뢰라 그리하면 모든 지각에 뛰어난 하나님의 평강이 그리스도 예수 안에서 너희 마음과 생각을 지키시리라"